Julia Finkernagel

Immer wieder Ostwärts

Julia Finkernagel

Immer wieder Ostwärts

Oder wie man in der Transsibirischen Eisenbahn duscht, ohne seekrank zu werden

KNESEBECK Stories

Inhalt

PROLOG

NORD-SÜD-OSTWÄRTS BIS SIBIRIEN!
Warum meine Kompassnadel immer das letzte Wort haben muss und sogar die Transsibirische Eisenbahn nach ihrer Pfeife tanzt

Wo Osten liegt, ist eine Frage des Ausgangspunkts. (Hier am Küchentisch zum Beispiel liegt es geradeaus.) Als meine Redaktion vor vielen Jahren die Idee zu der neuen Reiseserie *Ostwärts* hatte, wollte sie eigentlich, dass es von Deutschland aus immer und immer weiter Richtung Osten geht, einmal ganz herum – der ursprüngliche Untertitel hieß »In sieben Staffeln um die Welt«. Da wir uns jedoch beim öffentlichen Rundfunk befinden, hat die Produktionsleitung kurz laut gelacht – und dann empfohlen, weiterzuträumen. Beziehungsweise näher.

Gut – wenn ich jetzt nicht bloß ICH, sondern vielleicht Helene Fischer wäre, und demzufolge ICH UND MEINE ENTOURAGE in sieben Schlagerpolonaisen um den Globus touren würden, dann hätte der Sender eventuell sogar das nötige Kleingeld dafür zusammengekratzt.

Doch die Lage ist nun mal die: Ich bin nicht Helene, sondern Julia – und bin Ende 2007 als unbezahlte Praktikantin beim MDR gelandet, als Managerin-im-Sabbatjahr, nach Diktat verreist, und zwar mit Rucksack. Für die Schnupperwochen beim Fernsehen hatten meine auf der Weltreise verfassten und beim Sender gelandeten launigen Berichte gesorgt.

Mit großer Klappe, noch größerer Neugier und Ich-hab-hier-nichts-zu-verlieren-Einstellung schlug ich in diversen Redaktionen auf und fuchste mich Günter-Wallraff-mäßig in die Welt des Fernsehens ein. Meine ersten Beiträge waren zwar durchaus ausbaufähig, aber trotzdem so ordentlich, dass sie als sendefähig durchgingen. Und dann hieß es ziemlich schnell: »Du drehst jetzt *Ostwärts.*« Weswegen ich in den Managerjob nie zurückgekehrt bin. Macht nichts.

Dennoch produziere ich also weder Schlager noch sonstige Volksmusik – und deshalb machen wir auch nicht gleich die große Weltreise, sondern ziehen einfach immer wieder von neuem ostwärts. Außerdem sind wir nur zu dritt unterwegs, haben ein verschwindend kleines Budget und schlafen, wo es am günstigsten ist – Ende der Durchsage.

Macht auch nichts. So ist es ja viel spannender! Unser winziges Team könnte nämlich so als ganz normale Backpacker-Truppe durchgehen, die mit der Mission losstapft, östlich von Deutschland gelegene Galaxien zu erforschen, neues Leben und neue Zivilisationen! Um aufregende, kuriose und berührende Begegnungen zu machen, dabei aber niemals den Humor oder den Mut zu verlieren, wenn's mal nicht so klappt wie gedacht. Eine ganz normale Reisegruppe eben – bloß mit ein bisschen Kameratechnik unterm Arm, damit wir alles aufnehmen und zurück in Deutschland möglichst vielen davon erzählen können. Pannen eingeschlossen.

Ein bisschen ironisch kann man das schon finden. Ausgerechnet ich als in Westdeutschland geboren und Aufgewachsene ziehe in den Osten, der für mich wirklich eine fremde Galaxie ist, den Zuschauern des Mitteldeutschen Rundfunks aber naturgemäß am vertrautesten! Und Jahre später bin ich plötzlich hier im Westen die Ost-Reise-Expertin und schreibe auch noch darüber. (Was wäre mir doch als Managerin alles entgangen!)

Prolog

Im ersten Drittel dieses Buches berichte ich von meiner *Ostwärts*-Expedition nordostwärts – nach Litauen, Lettland und Estland. Lange Jahre Teil der Sowjetunion, haben sich drei wackere Länder ihre Identitäten zurückerobert, und nur noch äußerst selten weht irgendwo ein Resthauch Sowjetflair durch die Luft. Auf der estnischen Insel Kihnu, deren nordische Traditionen erstens durchaus schräg, zweitens uralt und drittens überlebenswichtig sind, finde ich so viel, von dem berichtet werden muss, dass ich wieder und wieder dorthin zurückkehre und mich schließlich sogar optisch dem Look der Inselfrauen annähere …

Im zweiten Teil holt die Kompassnadel noch mal richtig aus, von oben rechts nach unten rechts. Südostwärts reise ich auf den bunten Balkan: nach Montenegro, das als Teil des ehemaligen Jugoslawiens ebenfalls eine sozialistische Vergangenheit hat und heute ein Eins-a-Mosaik aus Volksgruppen, Ethnien und Religionen geworden ist. Diese tolerieren einander und teilen sich ein Eckchen Erde, das mir landschaftlich und kulinarisch die Schuhe auszieht.

Auf meiner noch frischesten Reise schwingt sich die Kompassnadel dann ein und zeigt schnurstracks auf: Osten. Frostwärts geht es, und zwar von Moskau bis zum Baikalsee mit der Transsibirischen Eisenbahn.

Frühling im Baltikum, Sommer auf dem Balkan und Winter in Sibirien – von diesen drei Stationen auf meiner Reise durchs Leben will ich jetzt erzählen.

Litauen

GUT ZU WISSEN:

Wogende Ostsee, blauer Himmel
und ab und zu ein Kloß im Hals.

Unbedingt probieren: Zeppelinis –
herzhafte Klöße in Form historischer Luftschiffe.
»Guten Tag« heißt »laba diena«,
»danke« heißt »atschu«.
Und »Zebrastreifen« heißt übrigens
»pästschjujuh päreja«.

- 1 -

Klar zum Ablegen ins Baltikum

Der erste Tag unserer Reise nordostwärts! Und für unsere Verhältnisse sind wir traumschiffmäßig am Start. Ich stehe an Bord der *MS Vilnius von Sassnitz* auf Rügen, in achtzehn Stunden werden wir in Klaipėda in Litauen vor Anker gehen. Neben mir Sascha Hehn. Eine leichte Brise weht ihm durch den Pony über das sonnengebräunte Gesicht. (Wenn ich Sascha Hehn sage, meine ich meinen Kameramann Michael. Ist klar.) (Er trägt auch die Haare anders.) Daneben Torsten, unser neuer dritter Mann und willfähriger Helfer für diese Drehreise. Er soll Michael unter die Arme greifen und ihm das Gepäck abnehmen, wenn wir aus- und umsteigen und das gefilmt werden muss. Das geht so schlecht mit Reiserucksack auf dem Rücken und Technikrucksack vor dem Bauch. Mein eigener Rucksack hingegen darf »bildwirksam« sein. Wiegt sechs Kilo weniger als auf der ersten *Ostwärts*-Reise, das heißt diesmal nur sechzehn Kilo, also quasi nichts. Wir haben dreißig Tage Zeit für sechs neue Episoden, die in einem halben Jahr auf Sendung gehen sollen. Es ist Mai, und drei Länder stehen auf unserm Zettel: Litauen, Lettland und Estland. Drei Ostseeanrainer. Drei ehemalige Sowjetrepubliken und alle drei jetzt wieder unabhängig.

Ich bin neugierig auf das Baltikum und will endlich mal diese legendären Weißen Nächte erleben, wenn die Sonne Mitte Juni durchmachen will und es nachts nicht wirklich dunkel wird. Das soll als krönender Abschluss der Reise kommen, also kurz vorm Abspann.

Die *MS Vilnius* ist nicht unbedingt für Touristen ausgelegt, sondern eher für Güterzüge, Frachtcontainer und deren menschliche Begleiter. Deshalb sieht man bestürzend wenige Frauen in weißen Leinenkleidern mit Korksandalen, großen Sonnenbrillen und Kaschmirstolas an der Reling lehnen, elegant ihren Hut festhaltend, die Haare im Wind fliegend. Im Prinzip – wenn ich mich so umsehe – sieht man überhaupt keine Frauen. Dafür jede Menge Männer in Räuberzivil, kernig ihr großes Pils festhaltend, die Schaumkrone im Wind fliegend.

Gut – der Blick von hier oben fällt auch nicht unbedingt auf das Sonnendeck mit beleuchtetem Pool, sondern auf das Heck der Laderampe mit den Containern. Aber wenn ich die Augen zumache, dann wird es vielleicht ein bisschen Traumschiff hier. Ich schlucke einen kleinen Kloß im Hals runter. Kameramann Michael und ich haben uns seit unserem legendären *Ostwärts*-Auftakt im letzten Sommer höchstens dreimal gesehen, und mit dem »Neuen« ist naturgegeben alles noch fremd und unvertraut. Aber schließlich sind wir zum Arbeiten hier, da ist kein Platz für Heimweh – oder Fremdeln. Auch nicht am ersten Drehtag.

Meine Gedanken werden unterbrochen vom charmanten Chefsteward, der in seiner perfekt sitzenden blauen Uniform herbeieilt. (Ein bisschen Sascha Hehn ist nämlich doch an Bord.) Er hatte uns schon beim Einsteigen den Weg zu unseren winzigen Stockbett-Kajüten im Schiffsbauch gewiesen. Eduard ist vom alten Schlag und hat einen bezaubernden litauischen Akzent. Offenbar hat er uns gesucht.

»Nicht alle Passagiere hat gekommt. Wir haben ja noch freie Kabinen, ja.«

Ich schaue ihn mit großen Augen an.

»Wünschen oder nein?«

Jetzt dämmert es mir. Ein Upgrade! Meine Stimmung hellt sich augenblicklich auf. »Und die sind schön?«

»Ja.«

»Können wir mal gucken?«

»Ja, bitte schön.«

Ich folge ihm (und die Kamera folgt uns beiden) hinunter in die Untiefen der Fähre durch endlose Gänge, die alle gleich aussehen. Dann öffnet Eduard mit stolzer Brust eine Kabinentür und hält sie für mich auf. Er strahlt.

»Bitte schön, bitte schön.«

Ein Traum in Kunststoffbeige. Alles abwaschbar. (Wir reden hier ja immer noch von einem Containerschiff.) Ich erblicke jedoch auch: ein Doppelbett, zwei Sessel an einem Tisch, eine Schale mit Früchten, ein Bad. Mit eigener Toilette! Ich muss nicht lange überlegen.

»Oh, toll, mit Obst! Ich nehm sie!«

»Ja, bitte schön, bitte schön.«

Michael bekommt auch so eine Kabine. Es gibt nämlich nur zwei davon an Bord. Der arme Torsten hingegen – des dritten Mannes Schicksal – muss sich weiterhin mit seiner Stockbett-Kajüte mit Waschgelegenheit begnügen. Dafür kriegt er dann woanders mal das schönste Zimmer, versprochen.

Die Fähre ist das älteste Schiff der Flotte. (Und fährt mittlerweile auch nicht mehr.) Sie hat für die Stunden in zollfreiem Gewässer einen winzigen Duty-free-Shop an Bord. Wir gehen da einfach mal mit laufender Kamera rein – irgendwas findet man immer. Ich erblicke sofort alle möglichen Alkoholika und dann: weitere Passagiere! Sie sind deutschsprachig, freundlich und, sagen wir mal, »betagten Alters«. Wir kommen schnell ins Plaudern. Dabei höre ich zum ersten Mal einen Begriff, der mir auf dieser und kommenden Reisen Richtung Osten noch oft begegnen wird: Heimwehtourismus. Menschen auf der Suche nach ihrem alten Zuhause. Ich bin elektrisiert.

Zwei rüstige Mitreisende erzählen mir, dass sie in Ostpreußen geboren wurden, in der Stadt Memel (dem heutigen Klaipėda, unserem Zielhafen). Und dass sie noch einmal auf den Spuren der Vergangenheit wandeln wollen.

Memel.

Noch einmal.

Einmal noch an den Ort ihrer frühesten Erinnerungen zurückkehren. Schauen, ob der Hof noch existiert, die Kirche, die Schule. Irgendetwas finden, das sich wie Heimat anfühlt. Sie bekommen feuchte Augen beim Erzählen. Und bei mir taucht der Kloß im Hals wieder auf. Ich kann diese Sehnsucht eins zu eins nachvollziehen, obwohl es nicht meine ist. Ostpreußen, Sudetenland, Schlesien: Das sind alles nicht bloß geographische Orte auf alten Landkarten, sondern Begriffe von früher. Heimat, Krieg, »der Pole«, »der Russe« (immer im Singular). Um diese Suche nach greifbaren Wurzeln einer vermeintlichen, nebulösen Erinnerung hat sich der *Heimwehtourismus* als Geschäftsfeld gebildet – das gerade boomt, dessen Ende aber auch abzusehen sein dürfte.

Etwas später fällt ein weiterer elementarer Begriff, und spätestens als ich diesen höre, werde ich in meine Baltikum-Reise hineingezogen wie von einem Unterwassersog ins Meer. Unmerklich bin ich mitten in der ersten *Ostwärts*-Geschichte gelandet. Der Begriff lautet: Wolfskind.

Der leicht Rührbare sei hier gewarnt: Wem es bei »Heimwehtourismus« schon im Herzen zieht, für den ist die Bezeichnung »Wolfskind« der Tropfen, der das Fass der Schwermut zum Überlaufen bringen wird.

»Wolfskind« ist der Begriff für ostpreußische Kriegswaisen, die sich vor und nach Kriegsende monate- bis jahrelang ALLEIN durch die Wälder geschlagen haben. Als Kinder! Auf der Suche nach Essbarem sind sie auch über die Grenze nach Litauen gekommen.

So. Aber wie erzähle ICH das? Wie baue ich das in eine Reportagereihe ein, die eigentlich frohgemut und reisefreudig sein soll? Ich beschließe: Auch wenn *Ostwärts* eher lustig angelegt ist und die Redaktion mich unter anderem deshalb für diese neue Sendung auserkoren hat, weil sie mich in meinem legendären Praktikum während meiner Auszeit vom Flughafenmanagement als eine der »eher unterhaltsameren Vertreterinnen« wahrgenommen hatte, will ich dieser Sache nachgehen. Ich werde die Augen und Ohren offen halten. Ich möchte unbedingt mit einem Wolfskind sprechen. Wenn ich erst mal da bin.

Litauen empfängt uns am nächsten Morgen mit Übergangsjackenbrise. Um uns herum wogt die Ostsee: Das »Mare Balticum« ist der Namensgeber für das Gebiet, auf das wir jetzt unmittelbar zusteuern. Wir tuckern durch den eher mittelschönen Frachthafen von Klaipėda und verabschieden uns schließlich von Eduard, der mir noch ein paar Tipps für ausgefallene Orte, coole Unterkünfte und kompetente Ansprechpartner in Sachen Wolfskind diktiert. Kaum an Land, besteigen wir die nächste Fähre. Sie bringt Fußgänger und Radfahrer auf die andere Seite des Haffs nach Smiltyne, früher Sandkrug.

(Zwischenbemerkung: Dieses »früher Dingsbums« – da sind wir uns einig – hat hier im ehemaligen Ostpreußen immer etwas von »früher war das alles mal deutsch«. Aber ich schreibe die deutschen Ortsnamen mal für die leichtere Verständlichkeit dazu, so wie ich auch Moskau oder Peking schreibe, und nicht Moskwa oder Beijing. Ist nicht reaktionär gemeint.)

Nach der Fahrt übers Haff sind wir nun also auf der berühmten Kuhrischen Nehrung – einer hundert Kilometer langen schmalen Landzunge, die sich von Südwesten (wo sie am Festland beginnt) bis zu ihrem Nordzipfel (mit dem sie ins Meer ragt) parallel zum Festland ausstreckt. In der Zeit, als Litauen zur Sowjetunion gehörte, also bis 1991, war die Kuhrische Nehrung sowjetisches Sperrgebiet. Das heißt: Niemand außer dem russischen Militär konnte an den Strand. Die breiteste Stelle der Nehrung misst keine vier Kilometer, die schmalste nur ein paar hundert Meter. Das Wasser zwischen der Landzunge und dem Festland ist das Kuhrische Haff. Es ist so flach, dass es im Winter hin und wieder zufriert.

Wir steigen am Nordzipfel in einen Linienbus. Dessen Fahrer versteht Englisch und/oder Deutsch und/oder Hände-und-Füße. Ich biete ihm vorsichtshalber mal alles an und kaufe drei Tickets für ein paar litauische Litas, also für ganz kleines Geld. Wir fahren auf der alten Poststraße in Richtung Süden (holla ihr Sentimentalen: von Memel nach Königsberg!). Lichte Kiefern- und Birkenwälder säumen die Landstraße, es ist unglaublich still hier. Kaum Verkehr, niemand unterwegs. Nach den Wäldern kommen Sandberge. Große Sandberge. Es sind die berühmten Wanderdünen, die der Kuhrischen Nehrung früher den Beinamen *Sahara des Nordens* gegeben und einige Dörfer unter sich begraben haben.

Die Landschaft ist sehr, sehr beruhigend. Nordisch, vielleicht etwas melancholisch. Sand, Bäume, Wasser, Himmel. Hier möchte man stundenlang am Strand spazieren gehen und Baltischen Bernstein zwischen den Muscheln finden. Ich bin nicht traurig, dass noch keine Horden von Sommergästen da sind. Es muss die Ruhe vor dem Sturm sein. Die Halbinsel war schon vor Jahrhunderten das Topreiseziel für die »Sommerfrische« der Gutbetuchten.

Fast genau auf der Hälfte der Landzunge verläuft quer drüber die Grenze zur Russischen Föderation. So hat jedes Land fünfzig Kilometer Strand und Dünen zur Verfügung. Die südliche Hälfte gehört heute zu Russland, die nördliche Hälfte zu Litauen.

Der letzte Ort auf der litauischen Seite heißt Nida (früher Nidden). Von diesem Ort war Thomas Mann 1929 so angetan, dass er sein Literaturnobelpreisgeld gleich mal in ein hübsches Sommerdomizil investierte. Das Haus im schmucken Niddener Fischerstil steht noch und beherbergt ein Kulturzentrum.

Wir finden eine schnuckelige Pension, blau-weiß gestrichen mit zentralem Treppenaufgang vor der Tür. Die Besitzerin ist eine freundliche, zarte Frau mit kurz geschnittenen Haaren und einem breiten Lächeln. Sie heißt Jovita. In drei hübschen Zimmern lassen wir unsere Rucksäcke auf drei geblümte Betten fallen (Torsten darf zuerst aussuchen). Einmal Rücken ausstrecken, Wasser ins Gesicht und weiterdrehen. Das machen wir ab jetzt gute vier Wochen lang.

Jovita spricht Deutsch, ist eigentlich Ärztin und wohnt hier mit ihrem Mann Regimantas. Sie erzählt, dass die beiden alles, was sie im Sommer mit den Feriengästen verdienen, im Winter in die Renovierung der alten Villa stecken.

Diese war in Sowjetzeiten vorübergehend zur Klinik umfunktioniert. Jovita zeigt mir alte Fotos. Ich stehe ja total auf alte Fotos, aber das hier, Entschuldigung, ist nicht das Gebäude, in dem wir gerade stehen. Jovita erklärt, dass in dem viel größeren Haus auf dem Bild vor langer Zeit die Familie eines Holzhändlers mit zehn Kindern wohnte. Und weil der Vater an der Quelle saß, konnte er feinste Sibirische Zeder verbauen (merke: wächst langsam, hält ewig, ist supergesund und sackteuer). Tragischerweise starb der Vater lange vor allen anderen, und die Witwe musste ihre zehn Kinder alleine durchbringen. Woraufhin sie buchstäblich das Holz ihrer vier Wände verkaufte. Woraufhin aus dem einen großen Haus drei kleinere Häuser aus feinster Sibirischer Zeder wurden. (Woraufhin es entweder ein Happy End mit dem hungrigen Nachwuchs oder eben Zeder und Mordio gegeben hat. Das ist leider nicht überliefert.)

Jedenfalls entstand auf diese Weise Ende der zwanziger Jahre des letzten Jahrhunderts auch das Gästehaus »Villa Waldhaus«, in dessen erstem Stock ich jetzt im Esszimmer stehe.

Nach dem Krieg wurde das Waldhaus in eine Polyklinik umgewandelt, und jetzt kommt Jovita ins Spiel. Sie hat nämlich »in der russischen Zeit« (das sagen sie hier gerne) vierzehn Jahre lang als Internistin in der Klinik gearbeitet. Als nach der Wende Anfang der neunziger Jahre so gut wie alles privatisiert wurde, kam Jovitas goldene Stunde: Die Klinik stand zum »Verkauf«. Für umgerechnet zweihundert Euro haben sie und ihr Mann sich ihrem Traum einer Frühstückspension genähert.

Das alte Zedernholz hält jedenfalls Bombe. Ich hingegen fühle mich klapprig und müde, als wir am nächsten Morgen schon wieder aufbrechen müssen. Gleich der erste Ort, an dem wir gelandet sind, ist so unverschämt idyllisch, dass es fast ein bisschen schmerzt, gleich weiterzureisen. »Unverschämt idyllisch« taugt in einem Film leider nur für dreißig Sekunden Montage. Wir brauchen Action – zumal am Anfang der Reise, wo sich bei mir noch kein Gefühl von: »Ruhig, Brauner, die spannende Geschichte kommt zu dem, der geduldig ist«, eingestellt hat.

Jovita bringt mir etwas bei, für das ich ihr bis heute dankbar bin, wann immer mich bleierne Müdigkeit befällt, obwohl ich gerade topfit sein muss: Sie stellt sich neben mich und haut mit voller Wucht auf ihre Beine! Erst auf die Waden, dann die Schienbeine, die Oberschenkel, den Po. Vorne, hinten, alles. Sie drischt auf ihren Bauch und die Brust und klopft sich selbst auf die Schultern und den Rücken. Nicht ein bisschen – volle Möhre! Jetzt noch die Arme verhauen, dann ein paar leichte Backpfeifen in der Rechts-links-Kombination. (Man darf halt nicht dabei beobachtet werden.) Wer jetzt noch nicht SO WAS VON WIEDER KNACKFRISCH ist, ja, der muss sich vielleicht doch kurz hinlegen.

- 2 -

Taschentücher raus: Ich besuche ein WOLFSKIND

Sind wir schon bereit für meine investigative Wolfskind-Geschichte? Chefsteward Eduard »Hehn« hatte ja dankenswerterweise einen Tipp, wo ich mit der Suche anfangen könnte. In der Nähe des Klaipėdaer Hafens gibt es einen deutschlitauischen Verein, der sich zum Ziel gemacht hat, das deutsche Erbe und die Erinnerungen an das Memelland aufrechtzuerhalten: große Gefühle im Simon-Dach-Haus.

Eine Mitarbeiterin namens Marta ist die Tochter eines Wolfskindes. Sie zeigt mir auf der Landkarte, wo überall – offensichtlich tipptopp katalogisierte – Wolfskinder wohnen, die bereit sein könnten, spontan eine vorwitzige Nachwuchsjournalistin samt Kamera ins Haus zu lassen. Wir mieten ein Auto, fahren sechzig Kilometer nach Süden und dann noch ein Stück nach Osten ins Landesinnere. Michael auf dem Beifahrersitz filmt ununterbrochen nach vorne und zur Seite raus. Und manchmal auch mich am Steuer. Torsten hockt auf der Rückbank zwischen Gepäck und Landkarte. Wir sind nervös, weil das hier irgendwie eine ernste Angelegenheit ist.

Es ist herrliches Maiwetter. Über uns: leuchtendes tiefes Blau, lediglich zu Dekozwecken stehen ein paar Wölkchen am Himmel. Für diese Jahreszeit ist es am späten Nachmittag schon recht warm. Litauen sieht gar nicht so anders aus als deutsche Landschaften. (Was habe ich auch gedacht? Alles schwarz-weiß?) Es sind jedenfalls irgendwie vertraute Bilder, die sich vor uns ausbreiten. Hübsche Alleen schlängeln sich durch weiche Wiesen und lichte Waldstücke. Wir kommen durch kleinere Orte mit schnuckeligen Kirchen, einfachen Häusern und dazwischen verstreuten Bäumen.

An einer idyllischen einspurigen Landstraße mit immer mal einer Kate rechts oder links werden wir stutzig. Laut Landkarte müsste hier der Ort sein, zu dem wir geschickt wurden: Laukstėnai. Das ist hier auch. Nur halt irgendwie ohne Dorf. Auf einer unbezäunten grünen Frühlingswiese steht ein bescheidenes schwarzes Holzhaus mit weißen Doppelfenstern. Es misst ungefähr sechs mal zehn Meter. Die gesamte Front ist mit schwarzer Dachpappe verkleidet und wird gerade filmreif von der schräg stehenden Sonne beleuchtet. So kann ich arbeiten! Ein einfacher Vorbau bildet den Eingang, und auch der hat ein kleines weißes Fenster.

Jetzt muss ich mich nur noch trauen anzuklopfen. Eine Klingel gibt es nicht, wohl aber einen Türspion. (Vielleicht weil durchs Fenstergucken zu auffällig wäre, wenn man dem Nachbarn nicht schon wieder ein Ei leihen will.)

Michael filmt mich beim Aussteigen aus dem Auto. (Denn was haben wir gelernt? Immer den Anfang filmen!) Dann beim Rübergehen, beim Anklopfen. Mein Herz klopft unisono mit, bis zum Hals.

Eine kleine Frau Mitte siebzig macht auf. Sie trägt ein Kopftuch über ihren weißen Haaren und eine schmale Brille. Darunter: eine blau-weiß gemusterte Strickjacke, eine Jogginghose und dicke Socken in Gummischlappen.

Ich weiß gar nicht, wie ich anfangen soll. Stelle mich vor. (Und stelle mich blöd an.) »Ich bin Julia. Sind Sie Edith?«

Mir wurde gesagt, Edith spreche Deutsch, trotzdem komme ich mir unhöflich vor, weil ich sie nicht auf Englisch anspreche (was ich definitiv netter fände, als in der eigenen Muttersprache draufloszureden). Aber so wie unsere erste Fremdsprache für alle Englisch ist, war es hier im Baltikum in den älteren Generationen natürlich alles andere als Englisch. Da müsste ich jetzt mein Russisch auspacken – das nicht vorhandene.

Sie tippt sich auf die Brust und sagt: »Liudvika.«

»Nicht Edith?«, frage ich.

Sie nickt, was mich noch mehr verwirrt, und bittet mich herein. Zwei Schritte später stehen wir in einem recht bescheidenen Zuhause: zwei Räume, ein Öfchen, kein Bad.

Ich gehe es an. Erkläre, dass ich auf der Suche nach Edith Melenk bin. Offenbar kann sie Deutsch wirklich zumindest etwas verstehen, doch sie antwortet auf Litauisch. Und trotzdem verstehe jetzt ich: Edith ist Liudvika! Sie führt mich noch einen Schritt weiter in die gute Stube. Es ist ein dunkler Raum mit bescheidener Einrichtung. Ein kleiner Tisch, ein paar Stühle, eine Anrichte mit Oberschrank. Wir unterhalten uns mit Händen und Füßen.

Ich fühle mich hilflos. Schäme mich ob meiner Neugier und finde das plötzlich alles total unangebracht. Der Fluchtreflex ist da. Aber ich kann jetzt nicht einfach zur Tür rennen, »Ja danke, tschühüs« rufen und wie Speedy Gonzalez das Weite suchen. Klar – würde keiner der Zuschauer jemals erfahren und wäre aus produktionswirtschaftlicher Sicht effizient. Aber ich kann es nicht.

Wir bleiben. Da die kleine Frau telefonisch vorgewarnt wurde, weiß sie, was ich möchte. Sie nimmt ein Kästchen, kaum größer als ein Schuhkarton, von der Anrichte und zeigt mir kleine, an den Ecken geknickte Schwarz-Weiß-Fotos. Von ihr selbst als Kind (vermute ich), von ihren Eltern (vermute ich), von ihrem Elternhaus (vermute ich). Das wird dann wohl in Ostpreußen gewesen sein. Ich schaue die Fotos an, lausche ihrem Litauisch, aber natürlich kommt kein Gespräch zustande. Einen Übersetzer haben wir nicht dabei, weil es ja hieß, sie spräche Deutsch. Wir reden eine ganze Weile aneinander vorbei, schauen uns an, reichen Fotos hin und her. Danach sitzen wir eine weitere ganze Weile zusammen draußen auf der Stufe vor ihrer Tür. In der wärmenden Sonne schweigen wir ein wenig miteinander, während Michael Außenaufnahmen des Hauses und des dahinter liegenden Klohäuschens macht.

Ich verabschiede mich freundlich von Edith-Liudvika, wünsche ihr alles Gute (sie uns möglicherweise auch) und steige wieder ins Auto. Torsten sitzt bereits auf der Rückbank, Michael steht noch am Haus, um aufzunehmen, wie wir abfahren. Nach fünfzig Metern halten wir an, und auch der Kameramann kommt zum Auto gespurtet und steigt ein.

Das war sie also, meine erste Begegnung mit einem Wolfskind. Befriedigt bin ich nicht. Doch für heute lassen wir es gut sein.

Wir fahren bis Kaunas, dort habe ich ein altes Jugendstilhotel ausfindig gemacht. Durch eine hölzerne Schwingtür mit gebogenen Fenstern obendrüber schaufeln wir uns und unser Gepäck in die Lobby des »Metropolis«. Die könnte ein Filmset sein: schwarz-weiße Schachbrettkacheln, zwei gegenüberliegende Rezeptionen, dunkelbraune Holzvertäfelung, breite Treppe, Kronleuchter, Stuck. Voll retro.

Ich verwalte unser Reisebudget, und das ist nicht allzu üppig. Also übernachten wir zu dritt in einer »Suite« (oh yeah). Die Jungs müssen ins Doppelbett, ich darf nebenan alleine nächtigen.

Bis morgen früh sollte ich die Nachdenklichkeit von heute in einer Nische meines Bewusstseins geparkt haben. Dann geht es in die Hauptstadt.

- 3 -

Man muss schon eine amtliche Meise haben, um mitten in einer europäischen Hauptstadt eine eigene Republik zu gründen. Willkommen in Užupis!

Vilnius (Wilna), Hauptstadt von Litauen! Und aktuell europäische Kulturhauptstadt! Wir sind da! Ich drehe durch.
Aber nicht vor Freude.

Wir logieren in der Altstadt in einem ehemaligen Karmeliter-Konvent. Jeder von uns hat sein eigenes Einzelzimmer bekommen, und wir bleiben sage und schreibe DREI NÄCHTE! Das fühlt sich an wie große Ferien! Es bringt uns etwas Ruhe und wird sich positiv auf unsere Gemüts- und Schlafhygiene auswirken. Kann ich gut gebrauchen, denn im Moment: hab ich Puls.

Diese Stadt ist lebensgefährlich! Was meiner Entspannung diametral entgegenwirkt ist das Fehlen einer Fußgängerzone in der Altstadt. ALTSTADT, bitte schön! Was macht man da? Gedankenverloren über Kopfsteinpflaster schlendern, die Augen gemächlich an Hausfassaden und Schaufenstern entlangwandern lassen, Einheimische bestaunen, möglichst viele Leckereien auf die Hand probieren, aber vor allem: selten auf die Füße schauen. Schon gar nicht auf die Straße.

Nicht so in Vilnius! Hier braucht man höchste Wachsamkeit, ein gutes Profil und Sprinterqualitäten. Sonst ist man schneller tot, als man null Sterne auf der Bewertungsskala geben kann.

MITTEN in der Altstadt, durch schnuckeligste engste Gässlein rasen in Vilnius Autos an einem vorbei! Man könnte ihnen zugutehalten, dass sie SO schnell sind, dass man sie fast nicht sieht. Wenn da nicht das Problem des Überfahrenwerdens bliebe.

Ich komme (zugegebenermaßen gedankenverloren, weil ich etwas herrlich duftendes Essbares in der Hand habe, und mich in Sicherheit wiegend ob des Zebrastreifens vor mir) aus der Patisserie eines hübschen Eckhauses. Ein verheißungsvolles Aroma von frisch gebackenem Blätterteig, Buttrigem, Vanilligem und Süßlichem zieht mir in die Nase. Jetzt gleich werde ich mir da drüben ein Plätzchen in der Nähe von Michael suchen, der gerade Parade-Aufnahmen von dieser lieblichen Stadtidylle macht. Mein Gesicht wechselt hin und wieder die Position zwischen schräg oben (Sonne) oder schräg unten (Gebäck).

MÄÄÄääppp.

Ein Auto kachelt heran und so schnell an mir vorbei, dass mir fast das Teilchen aus der Hand fällt und ich vom Windzug vornüberkippe. EY! Der hat mich fast über den Haufen gefahren! Ich sehe nur noch eine Qualmwolke. War das vielleicht gar kein Auto?

Ich konzentriere mich noch aufs leidenschaftliche Hinterherschimpfen, da kommt schon das nächste! Das gibt's doch wohl gar nicht. Eben noch mit dem zweiten Frühstück unter der Nase glücklich in die Stadt gestrahlt, jetzt schon dem Zebrastreifen als Muster hinzugefügt. ICH wohlgemerkt, nicht das Croissant.

Es ist gefährlicher, in der Innenstadt von Vilnius die Straße zu überqueren, als ohne Sicherung zwischen Eiffelturm und Kölner Dom auf einem Seil zu balancieren. Okay – blödes Beispiel. Jedenfalls rege ich mich furchtbar auf.

Die uns Deutschen innewohnende sture Zebrastreifenmentalität, die von einem unumstößlichen Vertrauen in das Einhalten der Straßenverkehrsordnung gespeist ist, wird in Vilnius fundamental in Frage gestellt. Diese Mentalität gibt es ja auch wirklich nur bei uns. Das Auto im Karacho anrollen sehen und dann immer noch – oder gerade deshalb? – mit hoch erhobenem Kopf und GANZ LANGSAM die Straße betreten, mit diesem stoischen Gesichtsausdruck, der kühn sagt: DIR, mein Freund, zeige ich jetzt mal, wer hier Vorrang hat, und dann mit dem Einkaufsköfferchen gemächlich weiterschlendern. Die ganz verwegenen Zebrastreifenbeharrer schauen nicht einmal in die Richtung des Autos, sondern lässig in die andere. Als Autofahrer möchte man Zwischengas geben und die Schnecke flitzen sehen, als Fußgänger denkt man: Geil! Einmaliges Gefühl der Macht!

Achtung: Gibt's nur bei uns!

Hier also meine dringende Reisewarnung an alle mit der deutschen Straßenverkehrsordnung sozialisierten Touristen, die neugierig und fußläufig gen Osteuropa streben: DIE ZEBRASTREIFEN SIND NUR ATTRAPPEN!

In Vilnius zum Beispiel muss man auch auf (selbst AUF!) einem Zebrastreifen um sein Leben fürchten, denn jeden Moment könnte ein tiefergelegter Audi 80 CC in Bronze-Metallic mit siebzig Sachen an einem vorbeidreschen. Notfalls über einen drüber. Daher, bitte: Auch in Gassen, die durch Kopfsteinpflaster, Tische und Stühle optisch wie Fußgängerzone anmuten oder durch die sich eigentlich kein Autofahrer freiwillig zwängen wollen dürfte, kann es passieren, dass aus dem Nichts ein Auto auftaucht und die Rallye Monte Carlo nachstellt. Da sollten kein Mensch und kein Croissant im Weg stehen.

Mein Adrenalinpegel hat jedenfalls sein Tageshoch jetzt schon erreicht. Und das bedeutet natürlich Punktabzug für Vilnius.

Ansonsten ist Vilnius fraglos wunderschön. Alte Hauptstadt, italienisch-barocke Bausubstanz, Unesco-Welterbe, langjähriges jüdisches Zentrum von Osteuropa, weil liberal und weltoffen. Es wurde sogar zeitweise als Jerusalem des Nordens bezeichnet. Und/oder als Rom des Ostens. (Kann man sich aussuchen.)

Zwei Flüsse schlängeln sich durch das Stadtgebiet. Der größere ist die Neris, die aus Weißrussland hierhergeströmt kommt. Der kleinere ist die Vilnia. Eine von deren steileren Flussbiegungen umrundet an zwei Seiten den wohl berühmtesten Stadtteil der litauischen Hauptstadt: Užupis. Gesprochen: »Uschupis«. Mit weichem »sch« wie in »je t'aime« oder in »Journalismus«. Užupis heißt »jenseits des Flusses«.

Užupis ist deshalb so bekannt geworden, weil die Bewohner nicht ganz so sind wie die anderen Vilniuser. Sie haben in dem Stadtteil eine unabhängige Republik gegründet! Kein Scherz. Mit Verfassung und Einreisestempel und Präsident. Der soll in einem Café nahe der »Landesgrenze« logieren. Ich rufe von der Rezeption meines Konvents dort an und klingele ihn aus dem Bett, um zu fragen, wann er denn heute regieren geht. Und bekomme eine Audienz um neun. Mit Kamera.

Um halb neun stehen wir am gegenüberliegenden Flussufer vor dem weißen Schild mit der Aufschrift »Republik Užupis«. Wir nehmen die »Anmod« für den »Vorklapp« auf. In späteren *Ostwärts*-Jahren verzichten wir auf so was, es ist irgendwie zu fernsehklassisch und sieht so nach Moderatorin aus. Das bin ich nicht, und ich mache es auch nicht entfernt so gern wie »einfach normal« vor der Kamera sein beziehungsweise wie Von-der-Kamera-beim-Normalsein-und-Reden begleitet werden. Aber noch sind wir ja am Anfang der *Ostwärts*-Entwicklung, der zweite *Ostwärts*-Dreh überhaupt, und wir haben auch erst 2009. Ich bin die Vorläuferin der Generation von

YouTube-Selbstfilmern, die ihre Reisen für alle Welt mitdokumentieren werden. ICH bin die Speerspitze der Bewegung, dass das klar ist.

Also nehmen wir heute ganz oldschool »Anmods« für den »Vorklapp« auf. Der Vorklapp ist dasjenige Stück Film, das man noch vor dem eigentlichen Vorspann sieht, bevor die Erkennungsmusik und die Landkarte und die Graphik kommen.

Wir drehen so acht, neun Takes, weil ich relativ viel Text habe und Michael zwischendurch mehrmals den Ausschnitt verändert, damit wir »Ransprünge« schneiden können und sich kein Zuschauer langweilt. Dann schultert Michael die Kamera, Torsten das Stativ, und wir schreiten – die Pässe in der Tasche – feierlich über die Brücke in die Republik Užupis.

Mutterseelenallein.

Komisch. Ich sehe keinen Grenzbeamten. Und auch keine Stempelstelle. Die werden doch jetzt hier nicht auf offene Grenze machen? Das wär ja blöd.

Am Ende der Brücke steht auf der linken Seite das Regierungsgebäude. Es ist ein Backsteinhaus mit flachem Giebel und hölzernen braunen Fensterläden. Und einem Schild »Café Užupio«. Das Haus hat schon mehrere Jahrhunderte auf dem Buckel, war mal eine Bäckerei, mal eine Fabrik und steht direkt am Flussufer. Eine seitlich angebaute Terrasse auf hölzernen Pfählen schmiegt sich in die Flussbiegung. Mit laufender Kamera betreten wir frech den »Regierungssitz« der Republik.

Ein supersympathischer Endvierziger mit Hipster-Schnurrbart (2009!) in Hemd und weichgetragener brauner Lederjacke sitzt am Tresen. Der muss es sein.

Ich marschiere schnurstracks auf ihn zu und schüttele ihm, flankiert von einem fröhlichen »Hallo, Mr. President!« die Hand. »Ich bin Julia!«

Er strahlt zurück und legt sich feierlich die Hand auf die Brust: »Romas!«

Wow, jetzt duzen wir uns quasi, der Präsident und ich. Ein Empfang ganz nach meinem Geschmack. Er bittet mich in einen Raum des Cafés, in dem wir selbst vom Barmann ungestört sind. Ich vermute, in dieser Art Republik gehört Ausschlafen zur Staatsräson, deshalb sind wir unter uns.

Ich will ja unbedingt einen Stempel in meinen Pass von ihm bekommen, aber erstens kann ich nicht gleich mit der Tür ins Haus fallen, und zweitens möchte ich zunächst in aller Ruhe folgende Frage erörtern: Wie groß muss die Meise sein, die man braucht, um eine Republik zu gründen? (Vielleicht steckt davon ja auch etwas in mir?)

Präsident Romas bietet mir einen der vier Stühle an einem kleinen Tisch am Fenster an und nimmt gegenüber Platz. Draußen plätschert der Grenzfluss vorbei, ein paar Vögel zwitschern. Ich bekomme einen Cappuccino (Ich will einen Stempel!) und beginne, ihn auszufragen.

Wenn er nicht gerade regiert, ist Romas Lileikis Künstler, Filmemacher und Poet. Und Weltverbesserer. Die Idee zu dieser Republik hatte er 1997. Eines Morgens war er einfach aufgewacht und hatte sich als Präsident gefühlt (kennen wir ja alle). Zu dieser Zeit war der Stadtteil Užupis noch völlig heruntergekommen und absolut verschrien. Tatsächlich war er in Sowjetzeiten ein Elendsviertel, in dem Kriminalität und Prostitution regierten. Die Hauptstraße von Užupis trug ernsthaft den Beinamen »Straße des Todes«. (Und da ging es nicht um Zebrastreifenignoranz.) In den Häusern gab es weder fließendes Wasser noch sanitäre Anlagen, alles war halb verfallen. Nach der Unabhängigkeit 1991 wollte niemand freiwillig hier leben. Wir stellen uns das mal in Schwarz-Weiß vor.

Aber wie das mit fast allen halb verfallenen Vierteln so ist: Irgendwann kommen ein paar Idealisten vorbei, die zwar kein Geld, aber den Kopf voller Visionen haben (damit meine ich nicht die Baulöwen), und sagen: »Och! Geht doch eigentlich!« Klemmen sich ihre Staffeleien, Pinseltäschlein, Batikeimer und Töpferscheiben unter den Arm und siedeln sich an. Sind zufrieden mit dem, was sie vorfinden, sehen und hören das Schöne. (Hier: das gemächlich rauschende Flüsschen an drei von vier Seiten, Kopfsteinpflaster, die Geschichten, die die alten Häuser flüstern, Scheunen aus Holz, einen winzigen Strand, kleine Brücken, alte Bäume, viel Grün.) Man nennt diese Idealisten auch Kreative. Sie haben die Fähigkeit, über das Elend hinauszusehen, und schaffen etwas Neues aus dem, was da ist.

Leider bleibt es dann nicht so. Innerhalb von ein paar Jahren (oder in hartnäckigen Fällen Jahrzehnten) vollzieht sich eine Metamorphose, die so oft in ehemals verlassenen oder armen Stadtteilen beobachtet werden kann: Ghetto → Elendsviertel → Künstlerkolonie → Hipsterkiez.

Diese Verwandlung namens Gentrifizierung schleicht sich herein, hält sich erst noch bedeckt und ordnet sich unter, bleibt unsichtbar. Mit der Zeit wird sie auffälliger, und die ersten Geheimtipps machen die Runde. Diese Phase ist die schönste, und solange sie währt, sollte man sie genießen (und bloß keinem davon erzählen). (Was ich hier mache, grenzt also an Verrat.) Leider wird die Gentrifizierung irgendwann total übermütig. Früher oder später trampelt sie rücksichtslos alles nieder, einschließlich der Ureinwohner und der ersten Entdecker.

Bei unserem Besuch ist Užupis noch ein Geheimtipp. In der Reihenfolge Ghetto, Elendsviertel, Künstlerkolonie, Hipsterkiez sind wir gerade mal bei Stufe drei.

Die Entwicklung hat der mir gegenübersitzende Präsident zusammen mit ein paar befreundeten Künstlern losgetreten. Sie wollten der »Straße des Todes« etwas entgegensetzen, den Tod mit engelhafter Schönheit überwinden. Deshalb haben sie auch einen Posaune spielenden Engel auf einer riesigen Säule aufgestellt. Im Interesse von Freiheit und Kreativität.

Užupis hat eigene Feiertage und eine sehr hübsche Flagge mit einer geöffneten Hand, darin ein kreisrundes Loch (also nicht in der Flagge), um zu symbolisieren, dass man nichts festhalten oder besitzen wollen soll. Alles soll fließen. Natürlich gibt es auch eine Hymne, die der Präsident höchstpersönlich komponiert hat.

Ich kommentiere: »Ach, Songschreiber bist du auch?«

Er nickt. »Und Filmemacher.«

»Und Filmemacher. Und Künstler«, denke ich laut, doch er protestiert.

»Ich möchte nicht Künstler genannt werden.«

Ich schaue auf. »Oh. Du möchtest nicht …«

»Einfach Präsident!« Er grinst frech.

Eine anständige Republik braucht natürlich auch eine amtliche Verfassung, ist klar. Die hat sich der Präsident zusammen mit seinem Freund, dem Außenminister von Užupis, ausgedacht. Mir berichtet er, sie hätten sehr lange und intensiv über die einzelnen Artikel diskutiert. Das kann ich mir lebhaft vorstellen: zwei Kette rauchende Nee-du-ich-bin-kein-Künstler, die mit jedem der vierzehn Biere immer ernster werden, weil es hier um nichts Geringeres als die neue Weltordnung geht. Sie scheinen sich immerhin geeinigt zu haben, denn nun hängen einundvierzig Paragraphen in vielen verschiedenen Sprachen (darunter Sanskrit und Esperanto) und Schriften (!) auf Spiegeltafeln an der ehemaligen Straße des Todes.
Die Artikel sind durchaus kreativ:

- Jeder hat das Recht zu lieben. (Ist doch schön?)
- Jeder hat das Recht, Fehler zu machen. (Gut.)
- Jeder hat das Recht, nichts zu verstehen. (Bitte?)

- Ein Hund hat das Recht, seinen Besitzer zu lieben. (Der Präsident ist ein Hundeliebhaber.)
- Jeder hat das Recht auf heißes Wasser, eine Heizung im Winter und ein Dach über dem Kopf. (Kam nicht von ungefähr.)
- Eine Katze ist nicht verpflichtet, ihren Besitzer zu lieben, aber sie muss für ihn da sein, wenn er sie braucht. (Der Außenminister ist ein Katzenfreund.)
- Jeder hat das Recht, einzigartig zu sein.
- Jeder hat das Recht zu sterben, aber das ist keine Verpflichtung.
- Jeder hat das Recht, die eigene Geringfügigkeit und Bedeutsamkeit zu erkennen.
- Niemand hat das Recht auf Gewalt.

Im Reiseführer hieß es ja eigentlich, Užupis sei eine Spaßrepublik. Ich weiß nicht, ob ich das unterschreiben kann. Hier im Café wundere ich mich noch, dass der Präsident so ernst bei der Sache ist. Doch je länger ich – mit Abstand – darüber nachdenke, umso mehr wird mir bewusst, was für ein tiefsitzendes gesellschaftliches Anliegen ihn umtreibt. Es geht ihm nicht um den schnellen Aufstieg in der Touristengunst oder um ein ausgefuchstes Marketingkonzept, das den verfallenen Stadtteil aufpimpen soll. Nein: Romas Lileikis möchte wirklich die Welt verändern. Aus tiefstem Herzen.

Wow.

(Ich will jetzt meinen Stempel.)

Was muss ich tun, frage ich ihn, um Bürger der Republik Užupis zu werden. Er sagt, das sei ein innerer Prozess. »Du musst nach innen spüren. Alles, was in Užupis abgeht, kommt von innen. Du musst sagen: ›Ich bin eine Bürgerin von Užupis‹, und wenn du Užupis liebst und Verantwortung dafür übernimmst, dann kannst du Bürgerin von Užupis werden.« (Bin ich oberflächlich?)

Der Präsident erzählt weiter. Seine Republik hat zweihundert Ehrenbotschafter in aller Welt. Auch der Dalai-Lama ist unter ihnen, der war sogar schon hier.

Auf einen mehr oder weniger kommt's da doch wohl nicht an. Ich werde übermütig. (Ich will einen Stempel.) »Wenn wir schon mal dabei sind, könnte ich nicht auch Ehrenbotschafterin werden?« (Stichwort: Jeder hat das Recht, die eigene Bedeutsamkeit …)

Ja, könne ich, sagt er, aber (Achtung, Schachzug) die Ernennungen macht nur der Außenminister. Dieser Fuchs.

»Aber du bist der Präsident – du bist der Chef!«, versuche ich, ihn an seine eigene Bedeutsamkeit zu erinnern.

»Nö. Ich unterschreibe nur und schüttle Hände.« So viel Selbstreflexion hört man ja derzeit von Staatsoberhäuptern eher selten.

Die Antwort auf meine Frage, ob denn der Außenminister im Lande sei, beantwortet er mit einem charmanten, diplomatischen Lächeln. »Nein, es tut mir SEHR leid, aber er ist nicht da.« Und fügt an, ich hätte mich ein bisschen zu spontan dafür gemeldet. Das sehe ich ein. Dennoch bin ich mir nicht zu schade, ihn nun WENIGSTENS nach einem Stempel für meinen Pass zu fragen.

Auch Fehlanzeige. Stempel bekommt man nur einmal im Jahr, am Unabhängigkeitstag von Užupis. Und der ist am 1. April. (Hm.)

Was für ein cooler Typ, dieser Präsident, und was für eine coole Republik. Was mich schmerzt, ist die Tatsache, dass – Stand heute – weitere hundert Ehrenbotschafter dazugekommen sind, und ICH bin nicht dabei. Was mich noch mehr schmerzt, ist allerdings, dass Užupis mittlerweile wirklich sehr, sehr gentrifiziert ist. Toll für die Yuppies und Dinks von Vilnius, blöd für die Künstler. Romas Lileikis ist aber immer noch da. Als Präsident vom Hipsterkiez.

- 4 -

Rent-A-Wreck und Spaghetti am Stück

Eigentlich wollen wir ja überall mit öffentlichen Verkehrsmitteln hinfahren. Aber wir haben schon gemerkt, dass wir die Ziele, die wir uns vornehmen, einfach nicht alle mit Öffis erreichen und dass wir auch viel schneller Strecke machen, wenn wir ab und zu ein Auto haben. Heute zum Beispiel, am letzten Morgen in Vilnius, brauchen wir ein Mietauto.

Jippieh, ich wollte schon immer mal *Rent-A-Wreck* (zu deutsch *Miete-Ein-Wrack*) ausprobieren, eine Mietwagenfirma, die 1968 in Los Angeles aus der Idee heraus gegründet wurde, gebrauchte Autos zu vermieten: billig und unauffällig, weil die Autos eben nicht wie Mietwagen, sondern wie das 08/15-Auto des Nachbarn aussehen. Die *Allianz der Ordentlichen Mietwagen* geht jetzt bestimmt auf die Barrikaden. Aber in meinem Reiseführer ist die Telefonnummer abgedruckt, und daneben steht, dass der Besitzer charismatisch sein soll. Wenn das kein Verkaufsargument ist! Beim Hotelfrühstück rufe ich ihn an: Er will in einer halben Stunde da sein. Wir verschwinden auf unsere Zimmer, packen in Windeseile und machen uns »drehfertig«.

Als wir gerade ausgecheckt haben und rauskommen, steht auch schon ein silberner Volvo im Hof, aus dem ein wohlgenährter Litauer in Trenchcoat und eingehüllt in Autovermieter-Aura aussteigt. »Nice car!«, rutscht es mir heraus (obwohl das glatt gelogen ist), und wir begrüßen uns mit Handschlag.

Er heißt Rimas, und ich finde ihn sofort urkomisch, denn er macht etwas Witziges, das in der Reportage total verpönt ist: Beim Händeschütteln schaut er nicht etwa mich an, sondern seitwärts direkt in die Kamera. Überhaupt gibt er mir alle Antworten mit diesem virtuellen Blick ins Publikum. Ich amüsiere mich prächtig, denn besser kann man das nicht inszenieren. Einen Schauspieler dafür zu briefen hätte länger gedauert! »Das Auto ist fünfzehn«, sagt Rimas in einem Ton, als wäre es sein erstgeborener Sohn und hochbegabt noch dazu.

Er will mir die Scherbe für zwanzig Euro am Tag vermieten. Da gebe ich mich natürlich empört. (Immer erst handeln, habe ich gelernt.) Daher schreite ich auch, wie ich es in diversen Urlaubs-Mietwagen-Gaus gelernt habe, einmal gebeugt ums Fahrzeug herum und dokumentiere sämtliche Schrammen und andere reparaturbedürftige Stellen. Ich habe keine Lust, hinterher eine dicke Rechnung zu bekommen, für Macken, die ich nicht selbst hineingefahren habe. Rimas beobachtet mich gespannt, und als ich am Ende meiner Runde hinter dem linken Vorderrad frisch heruntergetropftes Öl entdecke, beteuert er: »Das war schon!«

Das war schon? Weit und breit ist kein anderes Auto zu sehen. (Klar, sind ja auch alle im Renncorso in der Fußgängerzone.) Ich schaue das Auto an, dann ihn und kneife die Augen zusammen. Jetzt das Schweigen aushalten.

Nach ein paar Momenten knickt er ein: »Ich gebe Rabatt.«

Ich laufe innerlich an die Eckfahne. Nach außen: Pokerface.

Dann verkündet er mit einem Weltklasse-Seitenblick in die Kamera: »Zehn Euro pro Tag!«

»ZEHN Euro?«, frage ich ungläubig.

Rimas nickt.

So schnell kann er gar nicht gucken, da habe ich schon den Vertrag unterschrieben. Und als anschließend er ihn auf der Motorhaube abzeichnet, gebe ich über ihm ein Daumenhoch in die

Kamera und flüstere: »Zehn Euro am Tag!«

Er ergänzt (Seitenblick): »Sonderpreis.«

Für zehn Euro ist mir das bisschen Öl doch wurscht. Rimas verspricht mit einem weiteren Show-Handschlag, mich umgehend abzuholen, falls ich liegenbleibe. Egal wo in Litauen. Dann marschiert er zu Fuß vom Hof. Großartiger Typ.

Wir fahren nach Osten in Richtung Aukstatija-Nationalpark. Im Verlauf der hundertzwanzig Kilometer wird die Landschaft grüner und hügeliger, die Straße schmaler und leerer. Ich sehe meinen ersten Storch in natura! Wir überholen ein paar Sportlerinnen mit Langlaufstöcken und berollten Holzkonstruktionen unter den Füßen. Sieht aus wie selbstgebaute Sommerlanglaufbretter. Damit schaffen sie sich die hügelige Straße rauf und rollern nach der Kuppe todesmutig wieder runter. Wir witzeln im Auto, wie lange unsere Karre wohl halten wird.

Und dann kriegen wir wirklich unsere Panne.

Aber nicht bei unserem Auto. Am gegenüberliegenden Straßenrand steht ein alter Golf, und eine Frau winkt uns anzuhalten. Ich latsche in die Bremsen und mache meine Funke in der Hosentasche an.

(Kurzer Exkurs zur Funke: Das kleine Ansteckmikrophon klemme ich mir jeden Morgen im Ausschnitt fest, fädle das daranhängende Kabel unter meinen Klamotten durch und stecke sein anderes Ende in das Funkgerät in meiner Hosentasche. Nun bekommt Michael jedes Schnurren von mir über Funk auf den Empfänger an seiner Kamera und damit auf die Tonspur. So geht kein Gespräch verloren, und Michael weiß immer, was Sache ist. Im Film hört man mich sogar dann laut und deutlich, wenn ich ganz weit weg von der Kamera bin.)

So wie jetzt. Ich steige aus und überquere die Straße. Michaels Kamera läuft bereits, weil er vom Beifahrersitz aus Fahrbilder gemacht und die Langläuferinnen gefilmt hat. Die winkende Frau ist zwischen fünfzig und sechzig und redet sehr aufgeregt. Ich brauche eine Weile, um herauszufinden, dass sie nicht litauisch, sondern russisch spricht (eigentlich auch egal – ich kann weder noch). Schließlich zeigt sie ins Auto und gestikuliert »Schlüssel«.

Ich: »Problem?«

Sie: (irgendwas auf Russisch)

Ich: »Kaputt?«

Sie: (irgendwas auf Russisch)

Ich: »Springt nicht mehr an?«

Sie: (schweigt)

Ich: »Ich gucke, okay?«, und halte fest: »Ja, so'n schöner Golf ist kaputt. Mein Volvo fährt noch!«

Ich versuche, die Tür zu öffnen. »Ach, geht nicht mehr auf?«

Sie nickt ganz aufgeregt, fuchtelt mit den Armen, zeigt immer wieder hinter sich die Straße hinunter und ruft: »Dva kilometra!«

Ich übersetze (fast) einwandfrei für meine Zuschauer zu Hause:

»Aus irgendeinem Grund ist der Schlüssel von diesem Auto drei Kilometer weiter.« Und füge hinzu: »Also gut, das Auto ist nicht kaputt. Das ist nicht wirklich 'ne Panne. Ist eher so ein …« (soll ich das jetzt sagen?), »… so 'n Frauenthema: Sie hat den Schlüssel nicht dabei oder verloren, oder ein Schlüssel ist im Auto, und der Ersatzschlüssel ist woanders.« Ich sehe wieder zu ihr, haue mir jovial auf die Brust (es scheppert gefährlich auf der Tonspur) und sage: »Julia!«

Sie versteht die Botschaft sofort. »Rima!« (Klingt ja fast wie mein ausgebuffter Autovermieter.)

Wir nehmen Rima mit, der Schlüssel liegt ja ohnehin in unserer Richtung, wenn ich sie richtig verstanden habe. Nach zwei Kilometern kommt ein Ortseingang, und Rima zeigt nach links auf einen großen Hof. Wir biegen ein, und ein junger Mann mit skeptischer

Miene kommt uns entgegen. Als aber vom Rücksitz seine Mutter/Tante wortreich herausspringt, organisiert er sofort den benötigten Autoschlüssel und einen weiteren dazu, den von seinem Minibus.

Also alles paletti. Ich will aber die Gelegenheit noch nutzen, einen Tipp für eine Unterkunft zu bekommen. Dafür mache ich die internationale Schlafgeste (Hände zusammen unters Kinn und den Kopf schräg) und frage Rima: »Hotel? Pension?«

Offenbar hat sie einen Tipp, weiter die Straße runter. »Tri kilometra.« (Das heißt jetzt aber wirklich drei Kilometer.)

Ich folge ihrem Blick und frage: »Da?« (Deutsch für DORT.)

Ihre Antwort ist: »Da, da!« (Russisch für JA.) Dann fliegt sie mir in die Arme, Küsschen rechts, Küsschen links, klettert zu ihrem Sohn/Neffen auf den Beifahrersitz, winkt wie wild aus dem Fenster, und schwups, ist sie verschwunden.

Wir stehen am Auto, auf ihrem Hof. Sehen der Staubwolke hinterher und grinsen. Ich möchte das ja einmal zu Hause erleben, dass ich jemandem aus der Klemme helfe und dafür so überschwänglich geherzt und abgebusselt werde. Das ist für mich wirklich Osteuropa, und ich kann das verdammt gut leiden.

Wir folgen Rimas Beschreibung und mieten für eine Nacht ein Ferienhäuschen am Ufer eines der vielen Seen im Aukstatija-Nationalpark. Ob es das Haus ist, was sie meinte, werde ich nie erfahren. Ist auch egal. Es hat einen Anlegesteg mit einer gemütlichen Bank, einem Ruderboot und einem Kanu. Direkt um die Ecke ist ein winziger Tante-Emma-Laden. Der macht gleich zu. Kamera an, rein mit uns.

»Labadiene«, flöte ich auf Litauisch guten Tag und frage die Verkäuferin, ob sie Deutsch spricht. Nein? Englisch? Auch nicht, also Hände und Füße.

Ich gestikuliere »Kochen«, rühre in einem großen Topf und sage »Spaghetti«. Kennt sie nicht. Ich entdecke Nudeln hinter ihr im Regal, zeige darauf, sie nickt. Dazu kaufe ich Tomatensoße, Kräuter, Brot. Klappt alles spitze.

Jetzt wird es etwas komplizierter. Ich brauche Eier für unser Frühstück. Pantomime für Ei? (Jugendfreie Pantomime für Ei?) Ich lege die Daumen unter die Achseln und wedle mit den Ellbogen, sage dazu: »Gorck, gock-gock«, gehe in die Knie, gucke hinter mich, sage: »Plumps! Ei!« und hole ein imaginäres Ei hervor. Sie hat verstanden! Geht an ihre Kühltruhe und hält mir ein tiefgefrorenes ganzes Huhn hin. Wir einigen uns auf: Sie hat keine Eier.

Zwei Männer mit Schwimmwesten und nackten Füßen kommen in den Laden. Rempeln mit der Tür den Kameramann an, entschuldigen sich, rufen fröhlich: »Hello!«, winken in die Kamera (nicht machen) und stellen sich an. Als ich laut denke: »Jetzt brauche ich noch Wurst«, sagt der eine: »Da nimmst du die hier!«, und teilt der Verkäuferin auf Litauisch mit, sie soll mir die einpacken.

»Ist die gut?« frage ich.

»Ist nicht schlecht«, antwortet er.

»NICHT SCHLECHT? Aber auch nicht gut?«

»Nein, ist gut, ist gut«, beteuert er.

Es sind zwei Litauer auf Männerwochenende, die gerade von einer Kanutour kommen und – aber das ist jetzt nur eine Vermutung – schon ein oder zwei Paddelbierchen intus haben. Der eine von beiden hat ein paar Jahre in Deutschland gearbeitet. Ich schaue an ihnen hinunter, die Kamera folgt meinem Blick.

»Bitte nicht!«, ruft der eine.

Doch ich habe etwas entdeckt. »Sehen SO litauische Füße aus?«

Sie lachen und wackeln mit den Zehen. Die sind unter einer braunen Lehmschicht nur zu erahnen – offensichtlich war der Anlegevorgang sehr ambitioniert. »Wir waren dreimal unter Wasser!«

Die beiden teilen der Verkäuferin mit, was sie mir noch alles in die Tüte tun soll: die einheimische Wurst dort, den Käse dahinten, und als ich die Rechnung bekomme und mich über die fünfundzwanzig Euro empöre (Nationalparkpreise), grinst er in die Kamera und sagt: »Bitte zahlen, nicht jammern!«

Ich mag die Litauer.

Gut gelaunt betreten wir die Unterkunft und müssen/wollen/sollten jetzt, um die Geschichte rund zu machen, auch das Spaghettikochen filmen, dann hat der Tag einen schönen Abschluss. Torsten nimmt in der Sitzecke der kleinen Küche Platz, Michael hinter der Kamera und ich hinter der Schürze. Schnipple Zwiebeln, setze Wasser auf, schmeiße anderthalb Pack Nudeln rein, mache die Tomatensoße heiß, werfe die Kräuter dazu.

Michael möchte von allem auch Detailaufnahmen machen. »Schneid doch noch mal eine Zwiebel.«

»Aber da ist doch schon eine drin.«

»Mach's mal bitte, das fehlt dir sonst im Schnitt.«

Ich mach's und überspiele mein Zähneknirschen mit einem Lächeln. Wir sind ja hier im Fernsehen.

Es dauert und dauert, und darüber vergesse ich – monumentaler Anfängerfehler –, die Nudeln umzurühren. Die Spaghetti, die ohnehin für den kleinen Topf zu viele waren, kleben nun am Stück zusammen. ICH hab's vermasselt und kann die Erklärung für mein Versagen nicht einmal filmwirksam anbringen, das heißt: Der Zuschauer wird denken: Die ist ja zu doof zum Nudelnkochen, das kann doch mein achtjähriger Sohn!

Es muss etwas mit meiner weiblichen Würde zu tun haben. Beim Kochen bin ich empfindlich. Ich will gut kochen können, und das sollen auch alle sehen. Ausgerechnet beim Spaghettikochen zu versagen ist ja wohl oberpeinlich.

Torsten und Michael sind beide ihrerseits bestens unterhalten, und Michael – weil wir es ja besprochen haben – hält drauf. Die Kamera auf meinen Ärger. Ich kann ihm keinen Vorwurf machen. Er macht NUR seinen Job. Also motze ich Torsten an, dass er gut reden hat. Wer nie etwas macht, kann auch nichts falsch machen. Vom Spielfeldrand aus machen wir alle die Elfmeter rein.

Wir drehen dennoch ein Schlussbild (Nudeln en bloc auf Teller mit Tomatensoße als Deckel), dann ist Drehschluss, und wir wünschen uns gegenseitig guten Appetit. Ich bilde mir ein, dass die beiden grinsen.

Ich könnte heulen. Mir ist das Essen wirklich verleidet, und meine blöden Kollegen sind es auch. Heute ist unser letzter Tag in Litauen. Lettland und Estland habe ich noch vor mir, aber jetzt schon keinen Bock mehr drauf. Wenn mir noch einmal einer sagt: »Das muss ja ein TRAUMJOB sein, REISEN und dafür GELD kriegen«, dem schlag ich die Zähne ein. Ich will nach Hause. Es reicht, war nett, Fernsehen machen ist MIST, auf Wiedersehen. Zurück in mein Büro am Flughafen, vielleicht nehmen die mich ja wieder. In diesem Job habe ich jedenfalls nichts verloren. Das können andere besser.

Nach dem Essen verdrücke ich mich auf mein Zimmer und schmolle noch einen Moment. Aber glücklicherweise hat schlechte Stimmung bei mir keine besonders lange Halbwertzeit. Irgendwann bin ich so weit abgeraucht, dass ich mich doch noch mal aufraffen kann. Sage mir leise: »Ich geb euch noch ’ne Chance«, und gehe hinaus. Da sitzen die beiden, meine Kollegen und Reisepartner, zufrieden vereint auf der Bank am Seeufer, Beine ausgestreckt, Bauch ebenfalls ausgestreckt, Bierflasche locker darauf geparkt. Mit sich und der Welt vollkommen im Reinen.

Sie entdecken mich, ich grinse verlegen, einer von beiden hält mir sein Bier hin. »Komm her, nimm mal ’n Schluck, wir haben noch mehr!« Sie machen Platz in ihrer Mitte. Und schon ist die Welt wieder sehr in Ordnung.

Manchmal möchte ich auch ein Kerl sein.

- 5 -

Jetzt aber wirklich: (mein) WOLFSKIND Numero zwei

Ich rufe noch mal im Simon-Dach-Haus in Klaipėda an, wo sie eine neue Adresse für mich aus der Wolfskinder-Kartei ziehen. Dafür müssen wir allerdings irgendwie ohne Mietwagen von Vilnius nach Šiauliai (Schaulen) kommen, das befindet sich in der Mitte von Litauen, etwa 200 Kilometer nordwestlich der Hauptstadt. Rimas hat sich gefreut, dass sein Luxusschlitten unversehrt zurück auf dem Hof steht. (Obwohl ich ihn von unterwegs angerufen und eine Panne gemeldet hatte – anscheinend war ich nicht überzeugend genug, er ist mir jedenfalls nicht auf den Leim gegangen.) Nun braucht er ihn leider wieder selbst.

Wir nehmen den Bus und fahren dann vom Busbahnhof in Šiauliai mit dem Taxi weiter in die Innenstadt. Im Reiseführer habe ich ein 14-stöckiges Sowjetbunker-Hotel gefunden, das als »hässlich wie die Nacht, aber mit tollem Blick aus allen Zimmern« beschrieben wird. Genau unser Ding. Da kann Michael schön Sonnenaufgang filmen. Sonnenaufgang filmen macht er gerne. Und gut. Sonnenuntergang filmen übrigens auch.

Da wir erst um 18 Uhr bei unserem Wolfskind erwartet werden, haben wir noch Zeit und trinken einen Besprechungskaffee in der Innenstadt von Šiauliai. Wir sind die einzigen Ausländer weit und breit.

Das Taxi spuckt uns in einem Vorort in einer Straße mit bescheidenen Häusern und hübsch bepflanzten Höfen aus. Wir suchen das Haus von unserem Wolfskind, die Nummer 36. Ich laufe auf ein braunes Zauntor zu, dahinter steht schon eine kleine runde, freundliche Frau mit einer Krücke als Gehstock.

»Hallo! Sind Sie Ruth?«

Von der anderen Seite des Gartentors lächelt es freundlich herüber. »Bitte kommen Sie rein.« Das Hoftor knarzt beim Öffnen.

»Ich bin Julia!«

»Ich bin nur eine Ruth.«

Ruth Deske reicht mir eine weiche, warme Hand entgegen. »Schön, dass Sie Zeit haben!«, platzt es aus mir heraus.

»Zeit hab ich heute genug«, entgegnet sie und bittet uns mit einer Geste ins Haus.

Auch Michael und Torsten stellen sich kurz vor, dann werden sie quasi wieder unsichtbar. Ruth wohnt hier mit ihrem Mann und ihrer Tochter (die sich ebenfalls unsichtbar machen, seit sie uns, und vor allem die Kamera, erblickt haben). Ruth dirigiert mich auf ein beigefarbenes Sofa in einem kleinen Durchgangswohnzimmer, sie selbst nimmt in einem tiefen Sessel vor Kopf vom Couchtisch Platz. Sie stellt sich eine Schachtel auf den Schoß, zieht nach und nach einzelne Bilder heraus und legt sie vor mir auf den Tisch. Hier hält eine schöne dunkelhaarige Frau einen Strauß Blumen an die Brust gedrückt, da posiert ein junger Mann lässig an einem riesigen Motorrad, dort lächelt eine Familie mit Eltern, Großeltern und vielen Kindern in die Kamera.

In dieser Schachtel steckt Ruths ganze Vergangenheit, ein junges Leben, eine tragische Familiengeschichte mit Eltern und Geschwistern und Verheißungen, die das Leben nicht eingelöst hat. Eine Schachtel voll verlorener Hoffnungen.

Ruth erzählt anfangs noch ganz nüchtern die Fakten. Später schließt sie ab und zu die Augen und legt den Kopf zurück. Es ist, als wandere sie tiefer und tiefer in ihre Erinnerung hinein.

Die Frau mit den Blumen und der Mann mit dem Motorrad waren ihre Eltern, Frida und Ludwig Deske. Ein Ehepaar und eine furchtbar traurige Geschichte. Die beiden waren Bauern im ostpreußischen Ellernbruch und hatten vier Kinder. Vater Ludwig war ab Kriegsbeginn an der Front eingesetzt, kam aber zwischendurch verwundet nach Hause, daher ist Ruths jüngster Bruder Jahrgang 1943. Ruth selber wurde als Älteste 1933 geboren. 1936 und 1937 folgten eine Schwester und ein Bruder, Helga und Siegfried. Und dann das Nesthäkchen Karl-Heinz.

Den Geschichtskundigen brauche ich das natürlich nicht zu erzählen, daher hier nur kurz in der Zusammenfassung: Der Winter 1944/45 war in Ostpreußen gefühlt der allerkälteste aller Zeiten. Und nicht nur wurden immer wieder bis zu minus zwanzig Grad gemessen, auch die Stimmung war eiskalt. Die russische Front rückte aus Osten näher und näher. Aber die Bewohner der deutschen Ostgebiete durften trotz der auf sie zumarschierenden Katastrophe nicht Richtung Restdeutschland umziehen. Sie waren gezwungen, das Vaterland, also die Städte und Gutshöfe, zu halten. Wer trotzdem floh, musste sich noch wärmer anziehen, denn es drohten harte Strafen.

Wir sind also jetzt im Zweiten Weltkrieg in Ostpreußen. Und mitten in Ruths Geschichte. Vom Vater an der Front bekommt die Familie 1943 einen letzten Brief. Er schreibt, er sei irgendwo in einem Wald, umzingelt von Russen. Danach gibt es nie wieder ein Lebenszeichen und auch keine posthume Spur mehr von ihm – er gilt als »im Krieg vermisst«.

Mutter Frida ist wie so viele andere ostpreußische Mütter mit ihren vier Kindern auf sich gestellt. Im Februar 1945 ist Ruth – der ich jetzt ein ganzes Leben später gegenübersitze – gerade mal elf Jahre alt, und der Kleinste erst anderthalb, als deutsche Soldaten mit schlechten Nachrichten ins Haus kommen. Die Front rücke näher, und nun seien alle Deutschen aufgefordert, so schnell wie möglich Richtung Westen zu fliehen.

Also macht sich Mutter Frida auf den Weg, mit Hunderten anderen Flüchtlinge und, ja, mit dem Bollerwagen. Als sie jedoch am Ostseehafen von Pillau des rettenden Segelschiffs ansichtig wird, überkommt sie die nackte Angst. Strikt weigert sie sich einzusteigen und kehrt stattdessen mit ihren Kindern und ihrer Schwester wieder um. Sie nimmt einen Zug ins Landesinnere, zurück Richtung Ellernbruch. Da ist die Frage erlaubt: War das klug? Fest steht: Es ist eine fatale Entscheidung, denn sie werden von russischen Soldaten gefangen genommen.

Die Kinder müssen erleben, wie ihre Mutter von einem Soldaten mit Gewehr auf den Dachboden zitiert wird, von wo sie weinend und mit Blessuren zurückkehrt. Regelmäßig werden die Mütter und Tanten ab jetzt von den Soldaten missbraucht. So, wie das anscheinend in jedem blutigen Krieg auf der Welt stattfindet: Die Frauen werden geschändet, um sie und ihre Männer zu erniedrigen.

Damit Ruth das nicht auch passiert, schneidet Frida ihrer Tochter die Haare kurz und zieht ihr fortan Hosen an. Es funktioniert: Ruth wird nicht als Mädchen erkannt.

Ich sitze mit angehaltener Luft auf dem Sofa und lausche, während Ruth das erzählt. So etwas zu lesen oder es im Fernsehen zu sehen ist eine Sache. Es aber in echt zu hören und der Person, die es erlebt hat, gegenüberzusitzen, das geht unter die Haut. Ich komme gar nicht dazu, Zwischenfragen zu stellen. Ruth erzählt verschiedene Stränge parallel, und ich habe Mühe, diese auseinanderzuhalten. In späteren Berufsjahren werde ich mich trauen einzuhaken, um den roten Faden nicht zu verlieren. Und ich werde mich vor so einem Interview innerlich imprägnieren. Um – wie man es im Fachjargon nennt – die journalistische Distanz zu erhalten. Aber heute: höre ich einfach nur zu. Und vergesse die Kamera.

Ruth lässt die inneren Bilder kommen und die erlebten Geschehnisse aus sich herausfließen. Damit ist sie vielen ihrer Zeitgenossen psychologisch weit voraus. Andere können bis heute gar nicht über ihre Erlebnisse sprechen und haben diese tief in sich eingesperrt. Viele haben ihre Kriegstraumata mit ins Grab genommen.

Als Zwölfjährige muss Ruth mit ansehen, wie ihre zweiundsiebzigjährige Großmutter von Soldaten vergewaltigt wird. Die Familie bringt die Verletzte ins Haus, muss aber wieder hinaus zum Arbeiten oder – die Kinder – zum Essensammeln. Als sie das nächste Mal nach der Oma sehen wollen, finden sie sie enthauptet vor.

Mittlerweile ist der Krieg vorbei, und Ruths Familie steckt immer noch in der alten Heimat fest. Die nun nicht mehr Ostpreußen heißt, sondern zur russischen Sowjetrepublik gehört. Das Schlimmste steht ihnen aber noch bevor. Von Oktober 1945 bis zum Frühjahr 1946 herrscht der erste schlimme Hungerwinter, es gibt nichts zu essen. Nichts im Sinne von GAR NICHTS. Im Sinne von ÜBERHAUPT NICHTS. So sehr nichts, dass die Kinder allein durch den Wald und über die zwanzig Kilometer entfernte Grenze nach Litauen laufen, um dort um Brot zu betteln. Viele dieser Kinder haben keine Eltern mehr oder wurden im Gewirr der Flucht von ihren Müttern getrennt.

Auch Ruth läuft monatelang über den sogenannten Brotweg hin und her und versorgt ihre Mutter und Geschwister mit Essen. Der jüngste Bruder ist so schwach, dass er nicht laufen kann.

Und der nächste Winter wird NOCH schlimmer.

Im März 1947 bekommt Ruths Mutter Typhus, in der Kombination mit maximaler Erschöpfung und unsagbarem Hunger. Ruth wird beim Essensammeln in Litauen von einem Nachbarsmädchen alarmiert, dass sie sofort nach Hause zurückkehren soll. Sie trifft ihre Mutter gerade noch an, sie befindet sich schon im Zwischenraum zwischen Leben und Tod, mäandert scheinbar hin und her. Nur noch einmal wird sie wach und spricht mit ihrer Ältesten: »Oh, ich war dort, da ist so viel Brot! Ich habe so viel Brot gegessen, so gut geht es mir.« Im letzten wachen Moment fällt ihre Hand in die der Tochter. »Ruth, du bist die Älteste – verlass die Geschwister nicht!«

Ruth reißt sich schwer am Riemen, als sie das erzählt.

»Und dann schlief sie ein. Im Februar war sie fünfunddreißig jeworden, und im März isse jestorben.« Jetzt kommt die erste Träne. Vielleicht ist es auch der Schmerz über die tonnenschwere Bürde, die der Dreizehnjährigen da auferlegt wurde.

Der Satz lässt sie kurz ihre bis dahin gehaltene Fassung verlieren.

»Und dann blieb ich mit den Kindern, dann haben wir nichts zu essen jehabt, und dann haben wir uns die Ratten jefangen und haben die Ratten totjeschlagen, solche Not war!«

Wie hoch die Zahl solcher Kriegswaisen wie Ruth und ihre Geschwister wirklich war, weiß niemand so genau. Mindestens fünftausend sollen es gewesen sein. Die Kinder waren vollkommen sich selbst überlassen. Mutter. Seelen. Allein. Monatelang stromerten sie durch die Wälder Litauens, manche sogar jahrelang. Auf der Suche nach Essbarem, um vielleicht von freundlichen Bauern etwas Brot geschenkt zu bekommen. Die Litauer nannten sie »vokietukai«, »kleine Deutsche«. Der Begriff »Wolfskinder« ist erst nach 1991 entstanden, angelehnt an Romulus und Remus.

Ich erinnere mich an meine Oma, die uns mit Blicken verachtet hat, wenn wir beim Abendbrot am Schinken das Weiße abgeschnitten haben, weil wir die Schwarte einfach zu eklig fanden. Wie oft haben wir bei dem Satz: »Ihr müsstet mal richtig hungern«, die Augen gerollt.

Ruth nimmt sich ihrer Geschwister tatsächlich an und bringt sie, so gut es geht, unter. Den Kleinsten »parkt« sie erst einmal bei einer entfernten Tante in Ex-Ostpreußen. Die Schwester bringt sie bei einem litauischen Bauern unter. (»Oh, ein schönes Mädchen, das kann die Schweine hüten!«) Allerdings werden Helgas neue Erziehungsberechtigte 1948 nach Sibirien deportiert. Daraufhin kommt sie zu einem Bauern, der sie so schlecht behandelt, dass sie ausbüxt und sich zu der Familie durchschlägt, die ihren Bruder Siegfried als Kuhhirte angenommen hat. Dazu muss man wissen, dass es bei drakonischer Strafe verboten ist, Deutsche aufzunehmen. Abgesehen davon, dass die Lebensmittel knapp sind. Also ein immenses Risiko, das viele Bauern nur eingehen, weil sie dringend Arbeitskräfte brauchen.

Deshalb dürfen die Kinder auch kein Wort Deutsch mehr sprechen. Sie bekommen litauische Namen von den Bauern. Bei denjenigen, die zu klein sind, um sich an ihren Geburtstag zu erinnern, steht später im Pass bei Geburtsdatum so etwas wie »00.00.1935«. Die meisten von ihnen werden nie zur Schule gehen, weil sie a) arbeiten müssen und b) versteckt gehalten werden. Daher sind viele der Wolfskinder Analphabeten. Sie existieren gar nicht so richtig. Es bricht einem das Herz.

Ruth bekommt den Namen Birutė von der Familie, bei der sie in Šiauliai unterkommt. Sie trifft es gut und darf auch den kleinen Bruder nachholen, als es ihm gesundheitlich immer schlechter geht und die Tante im ehemaligen Ostpreußen nicht mehr für ihn sorgen kann (oder mag). Hundertfünfzig Kilometer weit schleppt sie ihn auf dem Rücken nach Šiauliai.

Als Ruth ein paar Jahre später ihren Mann kennenlernt und keine Geburtsurkunde hat, die sie zum Heiraten vorweisen kann, besticht ihre Ziehmutter den zuständigen Beamten mit selbstgebranntem Schnaps und Speck. Ruth bekommt ihre ersten Papiere und heißt darin – zumindest bis zur Hochzeit – Birutė Deskaitė. Heute heißt sie Birutė Goriene. Sie erzählt mir stolz, dass sie immer noch mit ihrem Liebsten verheiratet ist, »sechzig Jahre derselbe Mann«. Wie auf Knopfdruck sagen dieser und die gemeinsame Tochter Irena kurz hallo im Wohnzimmer. Also an dieser Stelle wenigstens EIN Happy End.

Da Ruth als eine der wenigen Wolfskinder lesen und schreiben kann, hat sie die Korrespondenz für viele der Wolfskinder übernommen, denn seit Litauens Unabhängigkeit von der Sowjetunion 1991 konnten die Wolfskinder auch von sich aus im Westen nach Angehörigen suchen. Für ein paar von ihnen gab es tatsächlich glückliche Familienzusammenführungen, für manche mündeten diese sogar in eine Umsiedlung und Wiedereinbürgerung. Aber es gab auch viel Frust. Manche der Westverwandten ließen sich verleugnen wegen der Befürchtung, fortan die abgerissene Ostblock-Verwandtschaft durchfüttern zu müssen. (Davon erzählt Ruth nicht, das lese ich erst später.) All diese Wiedersehen und Nichtwiedersehen mit unzähligen geweinten und ungeweinten Tränen, aufgeladen von Jahrzehnten des Sichfragens, Ahnens und Kummer-Hinunterschluckens, schnüren einem die Luft ab.

Ein paar der Wolfskinder haben 1991 den Verein »Edelweiß« gegründet, um sich besser zu organisieren und einander bei der Suche zu helfen. Ruth erzählt, wie es für sie war, Gleichgesinnte mit ähnlich traurigen Schicksalen zu treffen und endlich irgendwo dazuzugehören. »Das war so schön, alle haben wir geweint und uns so lieb gehabt, ich kann nicht sagen, wie das war, so viele Jahre waren wir getrennt.« Ihnen fühlt sie sich sogar näher als den eigenen Geschwistern. »Wir sind nicht zusammen aufgewachsen, wir kommen nicht zusammen. Wir haben keine Liebe, einer zu dem anderen.«

Zum Zeitpunkt meines Treffens mit Ruth waren noch 120 Menschen in dem Verein, von anfänglich 250. Hundert von ihnen sind nach der Wende nach Deutschland gezogen. Mittlerweile leben in Litauen nur noch 38 Wolfskinder (Stand: 2020). Auch Ruth ist 2018 verstorben.

Wer sich fragt, was wohl passiert wäre, wenn Ruths Mutter Frida damals doch mit den vier Kindern in Pillau an Bord gegangen wäre: Das Schiff ist nach dem Ablegen gesunken, es gab keine Überlebenden. Fridas Schiffspanik hat ihren Kindern das Leben gerettet.

Wir posieren für ein Abschiedsfoto vor der Haustür, und nun gesellen sich sogar Ruths Ehemann und ihre Tochter dazu. Beide sprechen kein Deutsch, also können wir nur mit Gesten und in unserer jeweiligen Sprache kommunizieren. Die Stimmung ist sehr freundschaftlich. Ich bin froh, dass sich Ruths schlimme Kindheit zu einem besseren Leben gewandelt hat, dass sie selbst eine Familie gründen konnte. Das lässt mich mit einem etwas leichteren Gefühl vom Hof gehen als das, mit dem ich ihn betreten habe.

Als Michael filmt, wie Ruth uns nachwinkt, springt hinter dem Zaun vom Nachbargrundstück ein bellender Hund so wild auf und ab, dass es aussieht, als hüpfe er auf einem Trampolin. Das Ganze besitzt eine unglaubliche Komik, die leider gerade völlig unangemessen ist. Der Hund hat wohl den Ernst der Lage nicht verstanden. Und doch wird die Szene später ein Ventil für uns sein, wenn wir zurück in Deutschland am Schnittplatz sitzen und sich immer wieder die Traurigkeit dieser Lebensgeschichte im Raum breitmacht. Dann fährt der Cutter den Hund ab, wieder und wieder, bis ich grinsen muss. Auch wenn das vielleicht unangebracht ist angesichts des monumentalen kollektiven Kummers der Wolfskinder.

Lettland

GUT ZU WISSEN:

Kleines Land mit freundlichen Menschen und zauberhafter (ich betone zauberhafter) Hauptstadt.

Für »guten Tag« sagt man »lab-dijen«, »danke« heißt »pal-dijes« – Achtung: jeweils mit Betonung auf dem i!

- 6 -

Vom Jerusalem des Nordens ins Paris des Nordens

Riga wird in fast jedem Reiseführer als Paris des Nordens bezeichnet. Weil es so schön ist und so romantisch – so Paris eben. Jerusalem hatten wir ja bereits in Vilnius. All diese Pendants – ich bin gespannt, was bei Tallinn kommt.

Zuerst mal das Wichtigste: In Riga gibt es eine Fußgängerzone! Also eine richtige, für bummelnde Touristen ungefährliche Fußgängerzone. Überhaupt ist Riga eine der hübschesten europäischen Hauptstädte, die ich kenne. Und so herausgeputzt wie seine Einwohnerinnen. (Zu denen komme ich gleich.) In der Altstadt reihen sich entlang kleiner Straßen und Gassen aus Kopfsteinpflaster bunte Fassaden aneinander. Ein Stück weiter dunkelrote Backsteinhäuser der Hanse. Und dazu ganz viel Jugendstil und deutschbaltisch-retro. Riga wurde vor gut 800 Jahren von einem deutschen Bischof gegründet und war viele Jahrhunderte lang eine Hansestadt. Überall gibt es baltendeutsche Spuren und Begriffe. Die stammen aus dem Plattdeutschen, das in den Hansestädten gesprochen wurde, und sind dann unauffällig in die lettische Sprache geschlüpft. So sagt man zum Beispiel »onkulis un tante« (Onkel und Tante), »ja un ne« (ja und nein), »krans« (für den Wasserhahn) oder »bekereja« (für die Bäckerei). Man findet auf Speisekarten auch baltendeutsche Gerichte wie »Komm-morgen-Wieder«: Pfannkuchen (pardon, Eierkuchen) mit herzhafter Fleischfüllung.

Bei unserem ersten Stadtbummel begrüßen uns beblümte und betischte Plätze mit Leuten, die das verheißungsvolle Frühlingswetter aufsaugen. Ich bilde mir ein, hier im Norden sei der Himmel eine Spur blauer als bei uns. Die Sonne wärmt schon so sehr, dass man ohne Jacke herumlaufen kann.

In einer Gasse der Altstadt drehen wir die »Anmod« für Folge vier von insgesamt sechs Episoden, eigens dafür habe ich ein Gedicht verfasst – zu Ehren eines der berühmtesten Söhne der Stadt:

Vor hundert Jahren kam an diesem Ort
ein Held
mit Witz und Wort
zur Welt.
Ein Schelm der allerersten Liga:
in Riga.

(Wer isses, wer isses? Ich löse gekonnt auf:)
An Gedichten ER stets »noch eins mehr« hat –
(Achtung, jetzt kommt's:)
Heinz Erhardt.

Ist das nicht ganz große Lyrik?

Ich habe das Michael und Torsten bewusst vorher nicht gezeigt, aus Angst, dass sie es albern finden. Und ich meine, bei Michael jetzt auch ein leises Grunzen zu vernehmen. Torsten steht weiter abseits und bewahrt Fußgänger davor, ungewollt ins Bild zu laufen. Der kann mich nicht hören, gut.

»Findste blöd?«

»Nee, mach man«, sagt Michael milde. »Find ick jut.«

Das reicht mir als Bestärkung.

(Heinz Erhardt stand übrigens total auf die Komm-morgen-wieder-Pfannkuchen.)

Klack-klack-klack macht es neben mir. Eine wirklich hübsche, äußerst knapp beminirockte Frau mit extrem langen Beinen stakst auf Zwölf-Zentimeter-Absätzen an uns vorbei. Auf KOPFSTEINPFLASTER! Wir schauen ihr sprachlos und fasziniert hinterher. Ich bin natürlich am meisten geflasht, weil ich vermutlich die Einzige von uns dreien bin, die mal selbst solche Schuhe ausprobiert hat. (Dabei will ich meinen Kollegen nicht zu nahe treten und ihnen natürlich keineswegs das Recht absprechen, diese Erfahrung zu machen. Vorschlag für einen Verfassungszusatz in Užupis: Jeder hat das Recht, seine andersgeschlechtliche Seite auszuleben. Gender Equality soll auch auf schwierigem Terrain erlaubt sein.)

In Zeiten, als auch ich *Germany's Next Topmodel* geschaut habe (notgedrungen, ich glaube, die Fernbedienung klemmte), wollte ich auch mal so einen WALK probieren. Aber das ging nicht einmal auf planer Fläche länger als ein paar Minuten. (Sah aber Bombe aus.) Ich möchte hier betonen: Die Mädels machen das wirklich richtig gut, das Laufen. Aber könnten sie es auch in Riga? Riga ist die Nemesis für alle in hohen Hacken.

Nur nicht für die Lettinnen. Alle paar Minuten klappert lässig und völlig unbeeindruckt vom Stolperfallen-Untergrund eine Schönheit in High Heels an uns vorbei. Das lässt mir überhaupt keine Ruhe. Wie machen die das? Nicht eine verhakt sich, nicht eine knickt um, während ich schon vom Zusehen beinahe einen beidseitigen Bänderriss bekomme!

Nachdem wir meine überaus gewitzte Gedicht-Anmod und endlose Bilder für eine auf Das-Riga-von-Heinz-Erhardt-Lustmach-Montage aufgenommen haben, will ich das High-Heel-Phänomen näher ergründen. Wir suchen uns einen strategischen Punkt an einer kopfsteingepflasterten Ecke und warten auf Stilettos. Michael filmt jedes Paar Schuhe, das unter diese Kategorie fällt, und ich mache anatomische Beobachtungen dazu.

Schon nach kurzer Zeit finde ich die Erklärung: Die treten gar nicht mit der Ferse auf! Die laufen im Prinzip nur auf den Zehenspitzen, der Absatz berührt den Boden also bloß zum Schein (und natürlich zum Klackern). Das ist das Geheimnis! Es ist der Wahnsinn. Man stelle sich vor, mehrere hundert Meter NUR AUF ZEHENSPITZEN zu laufen! Und zwar so, dass die Ferse dabei mindestens zehn Zentimeter über dem Boden schwebt. Das schafft doch keiner! Ich bin wirklich tief beeindruckt.

Jetzt sollte man meinen, die Lover der wirklich ausnahmslos gut aussehenden und durchgestylten Rigaerinnen seien auch solche Augenpralinchen. Hier muss ich leider die Hupe drücken: eher Marke »Geht-so«. Viele Männer präsentieren sich in Trainingsoptik: Sporthose mit Streifen, Turnschuhe, Blousonjacke. Armeemäßig kurz geschorene Haare um blasse und eher mürrische Gesichter. Ich sage es ungern, aber ich finde die Männer hier weit weniger spannend als die Frauen. Und dann kriegen die solche Bretter ab. Sind die reich? Und falls sie reich sind, warum investieren sie dann nicht in eine amtliche Stilberatung?

- 7 -

Die Baltische Kette ist nicht aus Bernstein!

Weil wir gut gehaushaltet haben, können wir uns in Riga ein hübsches kleines Hotel in der Altstadt erlauben. Dort komme ich mit der Rezeptionistin ins Quatschen. Ingrida erzählt mir von einem Ereignis, das zum Meilenstein im Kampf um die Unabhängigkeit Lettlands geworden ist: die sogenannte »Baltische Kette«. Das war eine friedliche Massendemonstration im August 1989 und markierte den Auftakt zur Abkopplung von der Sowjetunion.

»Haben Sie bei der Menschenkette mitgemacht?«

Ingridas Augen leuchten. »Ja, ich habe. Sehr toll war das. Niemand fühlte vorher so wie in dieser Kette. Das war so schön.«

Wir bekommen beide feuchte Augen, als sie erzählt, dass sie in Riga stand – und die Leute in Tallinn fühlen konnte.

Man mache sich kurz klar: Zu der Zeit war das hier noch strengster Ostblock! Totale Überwachung. Eine halbe Million Balten waren schon nach Sibirien deportiert worden. Da hat man sich gut überlegt, ob man sich hinstellt und eine Revolution anzettelt. Das konnte in Deportation, lebenslanger Haft oder gleich mit dem Tod enden. Aber die Volksfronten von Estland, Lettland und Litauen heckten einen mutigen Plan aus, bei dem alle Bürger durch Zeitungs- und Radioaufrufe zum Mitmachen bewegt werden sollten. Zu diesen Plänen gibt es ein Geheimprotokoll, das alle Organisatoren und Mitwisser unterschreiben mussten, damit im Falle des

Erwischtwerdens keiner ausscheren und behaupten konnte: »Iiich? Revolu-was?«

Dieses Protokoll und unzählige Fotos der friedlichen Revolte sind in einem kleinen Museum um die Ecke von unserem Hotel ausgestellt. Ingrida erklärt uns den Weg, und schon eine Viertelstunde später zeigt mir die Direktorin vom Tautas-Frontes-Museum eine Vitrine mit dem besonderen Schriftstück. Meldra berührt es auch so viele Jahre danach noch, dass alle drei Länder das zusammen durchgezogen haben. Sie tippt auf die letzte Seite des Protokolls. »Das ist wunderbar. Alle Unterschriften. A-l-l-e.«

Wie kam das zustande? Viele Letten, Esten und Litauer hatte es zutiefst geschmerzt und schmerzt es zum Teil bis heute, nach dem Zweiten Weltkrieg von der Sowjetunion einfach so kassiert worden zu sein (was Hitler mit Stalin ausgedealt hatte). Die Balten fühlen sich nicht russisch. Ihre Kultur wurde über die Jahrhunderte sehr vielfältig geprägt. Vor allem in Litauen gibt es polnische, weißrussische und ukrainische Einflüsse. In Estland speiste sich die Kultur zuerst aus einem heidnischen Naturglauben. Gebiete im heutigen Estland und Lettland standen wechselnd unter dänischer oder schwedischer und sehr lange unter deutscher Fuchtel. Selbst als sie schon zum Zarenreich gehörten, galten sie wegen der deutschbaltischen Oberschicht quasi als deutsche Dependance. Kurz: Mit der Sowjetunion wollten sie sich ü-ber-haupt nicht identifizieren, und mit der zwischen 1940 und 1991 im Baltikum angesiedelten russischen Bevölkerung sind sie bis heute keine dicken Freunde.

Im Umbruch-Jahr 1989, als auch in Leipzig die Friedliche Revolution losging, fingen die Menschen im Baltikum dann an, ihre Freiheit zurückzufordern. Und überlegten sich dafür etwas Monumentales: Am 23. August bildeten zweieinhalb Millionen Esten, Letten und Litauer gemeinsam eine sechshundert Kilometer lange Menschenkette – von Tallinn im Norden über Riga bis hinunter nach Vilnius. Sie hielten sich an den Händen und schmetterten Lieder für ihre Freiheit. Es war die »Singende Revolution«.

Ich bekomme Gänsehaut, als ich das höre. Dass sie singend demonstrierten, kommt übrigens nicht von ungefähr. Hier oben im Baltikum ist Singen, vor allem Rudel-Singen, eine Art Volkssport. Es gibt gigantische Gesangswettbewerbe, die ganze Stadien füllen.

Durch Radio- und Zeitungsmeldungen verbreitete sich also der Plan wie ein Lauffeuer. Und als die Leute davon erfuhren, wurde offenbar nicht lange mit sich gerungen.

Ich frage Meldra, ob sie denn keine Angst hatte, festgenommen zu werden, und sie sagt in einem bezaubernden Akzent: »Sehr viele Leute denken nicht: gehen oder nicht.« Sie macht eine resolute Geste. »GEHEN!«

Die Bilder im Museum sind sehr berührend, und als Meldra mir einen Film mit Luftaufnahmen der Menschenkette zeigt, kullern ihr die Tränen hinunter. Man kann das nicht ansehen, ohne davon berührt zu werden. Die Bilder haben ungefähr so eine Kraft wie die Aufnahmen von Außenminister Genscher am 3. Oktober 1989 auf dem Balkon der Deutschen Botschaft in Prag.

Im August 1991 war es so weit, und die Unabhängigkeit aller drei Länder wurde durch die Sowjetunion anerkannt.

Meldra gibt sich heute die volle Dosis Erinnerung. Sie geht mit mir zum Freiheitsplatz in Riga und bringt mich genau zu der Stelle, an der sie als Studentin gestanden hat. Wir fassen uns an den Händen (ein paar Fußgänger machen einen Bogen um uns) und nehmen an der jeweils freien Außenhand imaginäre weitere Menschen dazu, einmal Richtung Tallinn und einmal Richtung Vilnius.

- 8 -

Das Sanatorium, das ein Atombunker war, und das große Versehen

Wo wir gerade bei der Sowjet-Vergangenheit sind … Da ich als ein Kind des Westens bis vor kurzem nichts, aber auch gar nichts Substanzielles über die andere Seite des Eisernen Vorhangs wusste, wollen wir weiter an meinem nachträglichen Wissensaufbau über »Leben in den sozialistischen Bruderländern« arbeiten. Es gibt immer mal wieder Ostblock-Fakten, die meine Freunde und Kollegen in Ostdeutschland anders als mich nicht in Schockstarre versetzen, einfach weil sie damit groß geworden sind. Mich hingegen erfasst bisweilen eine kopfschüttelnde Faszination für das viele Unvorstellbare in dieser Zeit. (Ich bin sicher, dass es andersherum auch manchmal so ist.)

Ein eher harmloses Beispiel aus der Ostblock-Wirklichkeit: Was das »Sommerlager« für die Kinder von regimetreuen Behördenangestellten war, könnte für Erwachsene das »Sanatorium« gewesen sein. Wer sich hier erholen durfte, galt als wohlverdienter Werktätiger und konnte stolz auf sich sein.

Natürlich ist ein Sanatorium jetzt keine schlimme Sache, die mich bestürzt: »Wie schrecklich! Das hab ich ja gar nicht gewusst!«, aufschreien lässt, aber es ist als Belohnungsprinzip trotzdem neu für mich, das will ich mir mal angucken. Siebzig Kilometer außerhalb von Riga ist ein solches Sanatorium erhalten – eins mit Kalter-Krieg-Zusatzfunktion. Passgenau da, direkt neben der gesundheitsfördernden Einrichtung, zerlege ich meinen Kameramann.

Ich steuere unseren Mietwagen über Autobahn und Landstraße durch lichte Waldstücke und Ortschaften. Hinter Ligatne geht es drei Kilometer tief in den Wald. In einer Biegung des durch die Letten vielbesungenen Flusses Gauja liegt die skurrile Location. Oberirdisch war hier ein stinknormales Sanatorium für Parteimitglieder. (Was auch schon glatt gelogen ist, denn es war natürlich etwas sehr Hochprivilegiertes, hier Urlaub machen zu dürfen.) Aber unter dem Sanatorium, neun Meter tief in der Erde, befand sich ein geheimer Atombunker für die gesamte politische Elite Lettlands. Diese konnte hier im Ernstfall versteckt und vor allem gerettet werden. Das Rehabilitationszentrum obendrüber wurde zwar genutzt, aber vor allem als Tarnung!

»Stopp mal«, sagt Michael hinter der Kamera, als wir das Sanatorium fast erreicht haben. »Fahr mal auf den Parkplatz da.« Er ist so konzentriert, dass er mir nicht weiter erklärt, warum ich das jetzt machen soll. Da es jedoch, wie ich gelernt habe, meistens einen guten Grund hat, wenn Michael etwas möchte, mache ich, worum er bittet, und erschließe mir den guten Grund durch Beobachtung. Wie in einer eingespielten Ehe. Ich parke also ergeben, um zu beobachten, wie Michael aus der Beifahrertür sein Fläschchen Scheibenklar und seinen Lappen nimmt und aussteigt. Ahhh! Verstehe: Der Meister will die Fenster putzen, damit er vom Beifahrersitz aus vorne raus filmen kann, wie wir auf das Sanatorium zufahren. Mensch. Hätte ich wissen können. Torsten erkennt das Signal auch, steigt ebenfalls aus und geht mit einer Rolle Küchenpapier ums Auto nach vorne, um Michael zu assistieren.

Ich sitze am Steuer, betrachte meine beiden Reisegenossen und frage mich, wie ich mich wohl nützlich machen kann. Ich könnte den Scheibenwischer anschalten und etwas Wasser sprühen. Der Dreck ist ja sehr hartnäckig.

Was sich jetzt ereignet, passiert alles in Sekundenschnelle, dennoch ist der Tathergang für die spätere Schuldermittlung immens wichtig. Ich betätige den Hebel für den Scheibenwischer. Der geht aber nicht an. Ich denke: »Ach so, der Wagen ist ja noch aus.« Ich will die Zündung (NUR DIE ZÜNDUNG) anschalten, um Saft auf der Apparatur zu haben. Da ich mit Gangschaltung groß geworden bin (ja, ihr Kinder, das kennt ihr heute gar nicht mehr) und das seit hundert Jahren mache, trete ich natürlich …? Genau – die Kupplung und die Bremse. Weil ich (außer am Berg) nie die Handbremse anziehe und immer mit eingelegtem erstem Gang parke. Habe ich so gelernt und ist jetzt halt so drin.

Was braucht die Bremse, damit sie richtig funktioniert? Genau, den Bremskraftverstärker. So richtig funktioniert der aber nur, wenn noch genügend Unterdruck in der Bremshydraulik ist – weiß ja jedes Kind. Und der lässt nach, wenn man bei ausgeschaltetem Motor mehrmals die Bremse tritt. Hab ich recherchiert. Oder er hat ein Loch. Marderbiss, ganz klar.

(Mir ist schon klar, dass ich hier bereits die Verteidigung einläute, obwohl noch nicht mal Anklage erhoben wurde. Es ist mir eben außerordentlich wichtig, meine Unschuld an dem, was dann passiert, zu beteuern).

Aus den genannten völlig logischen Gründen und einer Verkettung folgerichtiger, aber eben auch tragischer Umstände, rollt das Auto ein My vor.

Ich höre einen Schrei. Von rechts vorne. Da steht: Michael. Und brüllt mich an. »AHHHHHHHHH!« Ungefähr so. Nur lauter.

Ich vermute meinen rechten Vorderreifen auf einem seiner Füße.

(Das hab ich nicht gewollt.) Im Raketentempo drehe ich den Schlüssel noch weiter nach rechts, um den Motor zu starten und zurückzusetzen oder vorzufahren (ist ja letztlich wurscht), aber das dauert eben. Altes Auto, traumatisierte Fahrerin, Schreie, Stress. Blockade.

Was mir so kurz vorkommt, kommt Michael, schätze ich, relativ lang vor. Jedenfalls entlädt sich, als der Fuß wieder frei ist, bei meinem ruhigen, besonnenen, harmonieliebenden Kameramann, sagen wir mal, ein bisschen Wut. Ich weiß nicht mehr genau, was er sagt, aber es ist ganz klar: Er ist der Meinung, ich bin schuld. Außerdem – und das ist in dieser Situation vielleicht nicht ganz so unerheblich, bin ich selber noch erschrocken und durchaus schuldbewusst. Insofern verpufft meine Entschuldigung, weil sie in Verbindung mit meiner Verteidigung – ich könne SEHR GUT Autofahren – gewissermaßen halbherzig rüberkommt.

Bis heute erhitzen sich über »den Vorfall« unsere beiden Gemüter, weil Michael die Geschichte natürlich ganz anders wahrgenommen hat und sie auch anders erzählt als ich. Torsten ist keine Hilfe, der gibt die Schweiz. Da aber nun mal ich dieses Buch schreibe, habe ich nun die einmalige Chance, nach einem Faktencheck der Funktionalitäten einer Hydraulikbremse eine breitere Anhängerschaft für meine Variante der Geschehnisse zu finden. Nennt man auch Populismus.

Um dem Fass der Unfassbarkeit den Boden auszuschlagen, biete ich ihm ein paar Kügelchen Arnika an. Arni-WAS? Arnika, Globuli. Homöopathisch. Tolle Sache. Hilft gegen blaue Flecken.

Das ist der Moment, wo Michael überlegt, ob er mich übers Knie legen und mir den Hintern versohlen (und mir zur Linderung dann Arnika anbieten) soll oder mich einfach hier im Sanatorium abgibt, vielleicht haben sie ja eine Geschlossene.

Was der Mann tatsächlich braucht, ist ein Pflaster. Er blutet nämlich ein bisschen aus dem Schuh. Ich darf nicht dabei zusehen, wie er seinen Zeh verarztet, und ich halte während der Prozedur auch mit weiteren alternativen Heilmethoden hinter dem Berg. Man muss eben sehen, wann jemand BEREIT dafür ist.

Irgendwann steigen wir wieder ein, geben die Profis und drehen eine bildlich einwandfreie Fahrt auf das Sanatorium zu.

Dort erhalte ich in Begleitung der leicht humpelnden Kamera eine Führung von der Archivarin dieses gruseligen Ortes, der erst 2003 der Öffentlichkeit zugänglich gemacht wurde. Eine unauffällige Tür in der Hotellobby führt zu einem Treppenhaus nach unten. Die Archivarin geht mit uns durch einen dunklen Betongang zum Arbeitsblock der zwanzig dauerhaft hier arbeitenden Genossen. Diese waren einzig und allein dafür da, den Bunker im Schichtbetrieb rund um die Uhr einsatzbereit zu halten, während sich oben im Tageslicht nichtsahnende Sanatoriumsgäste erholten. Ganz schönes Maulwurfdasein.

Apropos Maulwurf: Die lettische Führerin zeigt mir die Abhöranlage für die Hotelzimmer obendrüber (äußerst praktisch), ein geheimes KGB-Zimmer mit Abhörvorrichtung für den Rest des Bunkers (Kontrolle ist besser), den roten Knopf für die Direktleitung nach Moskau (außer Betrieb), einen Konferenzraum mit riesiger Lettland-Karte und Lenin-Statue, die Filteranlage für die strahlenverseuchte Luft von oben, eine kleine Küche mit beklemmender Kantine (in der man als Besucher auf Vorbestellung ein spärliches sowjetisches Essen bekommen kann), die bescheidenen Schlafzimmer, eine desolate Dusch- und Toilettenanlage und einen Partyraum mit Plattenspieler. Dort finden sich, Achtung: Westalben von Smokey, ABBA, Boney M., Adriano Celentano und Mireille Mathieu. Im Ernstfall, wenn Lettland durch einen Atomangriff vom kapitalistischen Klassenfeind strahlenverseucht zunichtegemacht worden wäre, hätten hier bis zu zweihundertfünfzig Funktionäre überleben können. Sie wären nach maximal drei Monaten unter der Erde wieder herausgekrabbelt. (Mit »Hinter den Kulissen von Paris« als Ohrwurm.)

Als die sowjetischen Truppen 1993 abzogen, durchtrennten sie nur noch eben die Kabel, griffen sich das Nötigste und ließen den Rest stehen und liegen. Deshalb können Leute wie ich solch ein Zeitzeugnis heute durchwandern und kopfschüttelnd fasziniert sein. Ist das irre.

Das Sanatorium ist übrigens mittlerweile zum Hotel mit Rehazentrum renoviert worden. Die sowjetische Infrastruktur ist erhalten, und es gibt sogar »authentische Zimmer« zu buchen. Für Hardcore-Nostalgiker: wie früher! Wenn ich Michael jetzt noch mal über den Fuß fahren würde, könnte er hier wieder zu Kräften kommen.

Im Moment bleibt ihm nur, die Zähne zusammenzubeißen. Auf dem Rückweg versuche ich, meinen beiden Kollegen noch ein Plädoyer für die Anwendbarkeit und den geringen Platzbedarf homöopathischer Heilmittel im Reisegepäck zu halten, aber ich komme irgendwie nicht so richtig durch damit. Deshalb kriegt Michael im Hotel meine ganze Pflasterpackung für seinen Zeh. Schmerzmittel hat er selbst.

Es tut mir bis heute leid. Ehrlich.

- 9 -

Und pass auf deine Sachen auf …

Heute sind wir mit dem Bummelzug unterwegs. Er schaukelt uns noch einmal quer durch Lettland, bevor es dann Richtung Estland weitergehen soll. Wir haben schon jede Menge Material aufgenommen, unzählige kleine Filmkassetten schlummern bei Michael auf dem Rücken. Er trägt den Technikrucksack mit den bereits bespielten Bändern immer bei sich, niemand anders darf da ran. Ich habe mir mal erlaubt, eine Kassette beim Wechseln selbst beschriften zu wollen. (In aufwendigeren Produktionen macht das der Tonkollege, der dann auch gleichzeitig als Kameraassistent fungiert.) Ich hatte den Kuli noch nicht richtig angesetzt, als ich Michaels Puls schon förmlich rauschen hören konnte. Ein Blick von ihm zur Kassette, dann zu mir, das Panik-P erschien auf seiner Stirn, die Pupillen wurden kleiner … Da habe ich den Kuli besser sinken lassen. Das, so habe ich gelernt, macht der Chef selbst. Michael ist es eben bei seiner Arbeit gewohnt, sich komplett auf sich selbst zu verlassen (und NUR auf sich selbst). Ich mache mich innerlich so lange darüber lustig, bis mir eine leise, böse Stimme im Innern sagt: Es gibt da noch jemanden, der so ist, Frollein.

Wir sitzen also gemütlich im Zug, Michael beschriftet feinsäuberlich eine Kassette, checkt den Akku seiner Kamera und holt dann zufrieden sein Tagebüchlein raus. Wir haben alle eins dabei und machen uns Stichpunkte, sobald wir mal ein paar Minuten Zeit haben. Ich finde heute nicht die Ruhe dazu, in einer halben Stunde sind wir am nächsten Drehort – der letzte in Lettland –, und ich mache mir Gedanken, wie ich den erzählen will. Ein Stadtfest. Ist das spießig? Wird das schnarchig? Ich schaue mir die Bilder unserer bisherigen Reise auf dem winzigen Display meiner Fotokamera an. Dann mache ich ein Selfie (ja, ICH hab schon 2009 Selfies gemacht) mit Torsten und ein Bild von Michael beim feinsäuberlichen Notieren. Er lächelt spitzbübisch. (Hat er was über mich geschrieben?)

Der Zug hält an der x-ten kleinen Station, verträumt schaue ich aus dem Fenster.

MOOMENT MAL!

»Scheiße! Das ist Sigulda!« Jetzt habe ICH das Panik-P auf der Stirn. »Jungs! Wir müssen raus! Raus, raus, raus!«

Totale Hektik bricht aus.

Wir werfen den ganzen Kleinkram in unsere Handgepäcktaschen, ich schultere meinen Rucksack und laufe den Gang hinunter, warte aber im Flur mit dem Aussteigen, bis Michael so weit ist. Ich mache meine Funke an. Ich laufe zurück zu Michael. Muss der sich JETZT den Schnürsenkel binden?

Torsten hechtet mit Michaels Rolltasche und seinem eigenen Rucksack ein Abteil weiter, um uns beim Aussteigen-Filmen nicht ins Bild zu laufen. Die Passagiere für Sigulda sind bereits draußen, andere verteilen sich gerade auf den frei gewordenen Sitzplätzen. Jeden Moment werden sich die Türen schließen.

Endlich kommt Michael angehechtet. »Kamera läuft!« Er steigt vor mir aus.

»Mach, mach, mach!«, rufe ich.

»Okay, komm«, sagt er, vollkommen unaufgeregt. (Ich sollte ihm mal wieder eine Kassette beschriften.)

Das, was wir jetzt aufnehmen, soll die Anfangssequenz einer Episode werden, deshalb ist mir das so wichtig. Das muss sofort sitzen, denn den Zug können wir nicht noch mal drehen. Wenn der weg ist, muss der Take im Kasten sein.

Ich habe den Bahnsteig noch nicht ganz unter meinen Füßen, da ertönt auch schon der Pfiff, und die Türen schließen sich. Michael filmt die Tür, mich über den Bahnsteig gehend, den Zug beim Wegfahren, eine »Totale« hinterher. Torsten ist nicht zu sehen, hat sich wohl irgendwo im Gebüsch versteckt. Sehr gut.

»SCHEISSE!«

Entfährt es meinem ansonsten in allen Lebenslagen so beherrschten Kameramann. »Scheiße« – ohne nähere Erklärung. Also frage ich mich sofort: War ich so schlecht?

»Was war denn?«, frage ich etwas schuldbewusst.

Er flucht einfach weiter, ohne sich verständlich zu artikulieren.

»MI-CHA-EL. Was IST denn?«

Es kostet ihn sichtlich Überwindung zu antworten. »Der Technikrucksack. Ich hab den im Zug gelassen.«

»Etwa den mit den …?«

»Ja, mit allen.«

»Ach du Scheiße«, rutscht es nun auch mir heraus.

Das Drehmaterial im Zug liegenzulassen muss man auch erst mal schaffen. Wir sind solche Anfänger. Ich meine, das Zeug geklaut kriegen ist eins, das geht noch, aber LIEGENLASSEN? Das sind locker zwei komplette Folgen, die uns dann für den Schnitt fehlen. Vor allem der ganze Anfang, die Abfahrt, die Fähre.

Mein Gehirn springt in den Notfallmodus. (Das kann es gut.) Und gleichzeitig lege ich den Schizo-Schalter von Protagonistin auf Filmautorin um: Was für mich als Person schlimm ist, kann für den Film super sein. Das weiß ich spätestens, seit mir in Ungarn ein Pferd auf den Fuß gelatscht ist. Außerdem ist mir noch lebhaft die

Standpauke unseres Redaktionsleiters in Erinnerung, nachdem wir aus falscher Rücksicht auf den Vermieter die Trillionen Tausendfüßer in dem denkwürdigen Ferienhaus im Wald NICHT gefilmt hatten.

Damals dachte ich ja schon, dafür feuern sie mich, aber jetzt: bin ich mir sicher. Also ICH würde mich feuern. Uns alle.

»Michael, nimm das auf, egal, was jetzt passiert!« (Das »Wir brauchen jetzt GANZ viel neues Material« schlucke ich runter.)

Wir eilen in die Bahnhofshalle, und ich frage die Dame hinter der Glasscheibe, ob sie Englisch spricht. Fehlanzeige. Ich sehe mich um und gehe auf einen jungen Mann zu, auf dessen rotem T-Shirt LSDSP und noch etwas Lettisches steht. »Do you speak English?«, frage ich und schiebe ihn schon vor mir her an den Schalter. Michael filmt. Ist jetzt auch im Notstrom-Modus. Ich erkläre dem Mann im roten T-Shirt, was passiert ist, und frage, ob die Bahnhofsmitarbeiterin bitte UM-GE-HEND den Zugführer oder alternativ jemanden am nächsten Bahnhof anrufen und dadurch unseren Rucksack sicherstellen lassen könne. SO SCHNELL ES GEHT! PLEASE!

Die LSDSP, so erfrage ich, während sie schon telefoniert, ist die Lettische Sozialdemokratische Arbeiterpartei. Der junge Mann sagt, das sei die lettische SPD. Für die mache er gerade Wahlkampf. Also wenn das mit dem Rucksack klappt, dann mache ich mich persönlich stark für die, dann bring ich die groß raus!

Ich drehe mich mit roten Bäckchen zur Kamera und erkläre:

»Jetzt gibt es tatsächlich einen Notfall. Mein lieber Kameramann Michael – der auf der anderen Seite ...«, ich zeige auf den Zuschauer, »... hat seinen Rucksack im Zug liegenlassen. Und im Rucksack sind alle Bänder, die wir gefilmt haben in den letzten Wochen.« Ich zeige in Richtung Schalter. »Und dieser junge Mann hier«, er lächelt charmant, »übersetzt von Englisch auf Lettisch, und jetzt versuchen wir, den Schaffner anzurufen, damit wir den Rucksack zurückbekommen.«

Mehr Drama, Baby. Ich hole Luft.

»Wenn wir diesen Rucksack nicht wiederbekommen, dann wird die ganze Serie nicht sechs Folgen lang, sondern nur vier.« (Habe ich das gerade wirklich gesagt?)

Die Flügeltür der Bahnhofshalle fliegt auf, und aus den Augenwinkeln sehe ich Torsten in die Halle geflitzt kommen. Bepackt wie ein Esel und vor allem: mit Michaels Technikrucksack vor dem Bauch!

»Wo kommt der her, wo kommt der her?«, brülle ich ihm entgegen. Michael reißt die Kamera herum. Mann, Mann, Mann, das ist Reportage im Reinformat.

Torsten strahlt und formuliert etwas umständlich: »Ich hatte Angst, dass ich verprügelt werde, aber ich hab ihn zurück. Ich hab das noch gesehen, die haben den irgendwie …«

Es stellt sich heraus: Jemand aus unserem Abteil hatte uns in Hektik aussteigen sehen und dann den zurückgebliebenen Rucksack bemerkt. Aber Michael und ich waren schon am Bahnsteig, und Torsten war in die andere Richtung entschwunden. Also hat die aufmerksame Person den Rucksack einfach aus dem Fenster gehalten und dem nächstbesten Vorbeikommenden in die Hand gedrückt. (Geworfen? Man weiß es nicht.) Der Beworfene am Bahnsteig wiederum war – wie soll ich sagen? – ein Landstreicher?

Torsten fährt fort: »… und der wollte mir den jetzt verkaufen, aber ich hab ihn für umsonst zurückgeholt.«

Der arme Obdachlose (ja, so könnte man das schön sagen) hatte vermutlich seine goldene Stunde gewähnt, quasi den Ausstieg vom Abstieg, aber dann doch wieder nur Pech gehabt. Da unser Produktionstaschengeld nämlich von mir verwaltet wird, ist bei Torsten nicht viel zu holen. Der konnte ihm nur die Kleinigkeit geben, die er in der eigenen Hosentasche hatte (seine Biertaler sozusagen), aber das war's dann eben auch schon.

Jedenfalls ist nun der Rucksack wieder da, und ich schaue, immer noch von der Kamera begleitet, mal hinein, ob es Überraschungen gibt. Nein, alles drin. Ersatzkamera, bespielte Kassetten, Akkus. Jesus, Maria und Josef.

Bin ich froh.

Ist Michael froh.

Alle reden durcheinander. Ich bitte Michael, noch mal weiterzufilmen, und bedanke mich bei der Bahnhofsmitarbeiterin und dem netten Sozialisten. »Thank you so much – good luck for SPD!« Das kommt auch später so in den Film.

Ich recherchiere im Nachhinein: Es ist NICHT GANZ die lettische SPD, eher eine Mischung aus frühem Vorläufer und späterer Abspaltung (in der Art wie »Judäische Volksfront« versus »Volksfront von Judäa« in *Das Leben des Brian*). Jedenfalls sind sie schon seit 2002 nicht mehr im Parlament vertreten. Und zwar durchgehend bis heute nicht.

Aber ich habe alles versucht!

Estland

GUT ZU WISSEN:

Viel Küste, 1500 Inseln – und eine davon ein bisschen anders als die anderen (wer hier glücklich ist, trägt Rot).

Große Herzen hinter nordisch-kühlen Antlitzen – nicht verunsichern lassen, wenn jemand nicht lächelt.

Die Esten prosten einander mit einem fröhlichen »terviseks« zu, aber zu Deutschen sagen sie kurioserweise »prosit«.

- 10 -

Mit dem Bus nach Estland – die dritte Baltikum-Etappe dauert sieben Jahre

Ein Überlandbus kutschiert uns von Riga nordwärts die Küste hoch. Ich habe einen Zweierplatz für mich und sitze links am Fenster. Mit Seeblick. Die Sonne hängt knapp überm Horizont, schafft aber den Abgang nicht. So weit nördlich sind wir schon. Wir wollen heute noch ins estnische Pärnu, früher die Hansestadt Pernau. Ich bin schläfrig. Bereite mich mit schweren Augenlidern in Gedanken auf unser drittes Reiseland vor.

Man soll sie nicht umarmen, die Esten. Unbedingt Blumen mitbringen, wenn man jemanden besucht. Man soll es nicht persönlich nehmen, wenn der Este an sich nicht völlig aus dem Häuschen ist, weil Besuch (mit Kamera) kommt, und auf keinen Fall sollte man in irgendeiner Form aufdringlich werden. Die Esten, so habe ich gelesen, schätzen die Distanz und werden nicht sofort mit jedem warm. Hört sich an wie ein Land voller Katzen. Ich komme ja eher nach Hund. Au weia.

Es ist meine erste Reise nach Estland. Und ich ahne nicht, dass dieses kleine Land da ganz oben mich so begeistern wird, dass ich noch (mindestens) weitere fünf Male zum Drehen herkommen werde. (Hund eben.)

Bei diesem meinem ersten Mal in Estland gondeln Michael, Torsten und ich zunächst nach Pärnu, weil dort ein Flugplatz ist. (Zeit für ein neues Transportmittel.) Wir fliegen an einem Freitagmorgen mit einer klapprigen Propellermaschine, dem Postflieger, vom Festland auf die winzig kleine Insel Ruhnu, wohin früher Leute in die Verbannung geschickt wurden, wenn sie etwas ausgefressen hatten. Dort bestätigt sich, was ich über die Esten recherchiert habe, denn tatsächlich fühlen wir uns nur so mittel-willkommen. Wir können aber erst mit dem nächsten Postflieger wieder weg, und der kommt am Montag. Wir wohnen in zwei winzigen Gästeholzhäuschen und teilen uns mit diversen anderen das Plumpsklo auf dem Grundstück. Wir kochen Spaghetti, diesmal zu dritt und ohne Kamera. Sie gelingen. Meine Kollegen machen den Abwasch. Ein paar nette Esten treffen wir auch noch.

Anschließend fahren wir bis in die östlichste Ecke des Landes zum Peipus-See, wo die russischstämmigen Altgläubigen (die sich vor ein paar hundert Jahren von der russisch-orthodoxen Kirche abspalteten) wohnen und Unmengen von Zwiebeln anbauen. Ein Ort voll wehmütiger Melancholie und mit sehr wenig Jugend.

In der Universitätsstadt Tartu klopfen wir an einem der bunten Holzhäuser im Alternativviertel Supilinn (»Suppenstadt«, Stunde null einer möglichen Gentrifizierung) und dürfen einen Blick hinein werfen. Der Besitzer ist allerdings ein, sagen wir ruhig: Messi. (Kein Lionel.) Oder ein Künstler, der noch keine Zeit zum Aufräumen hatte. Jedenfalls übersieht Michael beim Herausgehen eine Stufe und staucht sich seinen Rücken. Daraufhin bequatsche ich ihn, in unserem Minihotel eine Entspannungsmassage zu buchen (meine vom Rucksack-auf-und-Absetzen geplagten Schultern haben gerade eine bekommen, und ich bin noch ganz high, so schön war das). (Arnika-Kügelchen schlage ich diesmal lieber nicht vor.) Michael lässt sich zähneknirschend auf die Massage ein, weil er weiß, dass ich ja doch keine Ruhe geben werde. Ich fühle mich wie eine Retterin. Die Julia, die sorgt für ihre Kollegen.

Am Morgen nach der Massage wacht Michael mit der Migräne

seines Lebens auf. Wohl durch die Massage ausgelöst. Sagt aber keinen Ton. Ich bemerke es erst, als er mich am Ende eines wortkargen (seinerseits) und alleinunterhalterartigen (meinerseits) Drehtages fragt, ob ich noch Schmerzmittel hätte. Ich erkundige mich, was aus seiner Anstaltspackung Ibuprofen geworden ist. Er tippt auf seinen Bauch. Da drin. Unter strengem Kopfschütteln und dringenden Leber-Überlastungs-Warnungen (meinerseits) und brüderlichem Zuprosten (torstenerseits) spült er abends einen Großteil meines Notfall-Schmerzmittel-Vorrats hinunter. Mit Bier. Kurze Zeit später geht es ihm tatsächlich besser.

Soll einer die Männer verstehen.

In Käsmu (Kasperwiek) lerne ich, dass eine auf die Straße asphaltierte Schwelle »Schlafender Polizist« genannt wird und dass es wenig förderlich für die Stoßdämpfer ist, diesen oder einen seiner Kollegen zu übersehen. Außerdem entdecken wir in dem ehemaligen Kapitänsdorf an der Nordküste ein schräges Meeresmuseum mit einem ebenso schrägen Gründer, dem siebzigjährigen Künstler Aarne Vaik. Er hat im Gebäude einer früheren Seemannsschule eine unfassbare Sammlung maritimer Antiquitäten gehortet, von einem tausend Jahre alten Wikingerschwert über eine typische Kapitänswohnung bis zu Fischkonserven aus Sowjetzeiten – und das alles zu Ehren seines zur See gefahrenen und an Lungenentzündung gestorbenen Großvaters. Seines Zeichens Kapitän.

Dann Tallinn. Ist das hübsch hier! Die Altstadt, die begehbare Stadtmauer, die Türme, die Alexander-Newski-Kathedrale und der Domberg sind alle so sorgfältig saniert, dass es fast ZU schön ist und mir vorkommt wie »Disneyland Mittelalter«. Wir erleben Weiße Nächte. Gehen um ein Uhr morgens bei Dämmerlicht und leichter Bewölkung ins Bett und stehen drei Stunden später bei Dauerregen wieder auf. Ausgerechnet am letzten Tag! Drehen bei Schietwetter meine letzte Moderation, die Abmod. Ich verzweifle an mir selbst – und an meinen beiden Kollegen, die beide todmüde und daher keine wirkliche Hilfe beim Beurteilen sind, ob das jetzt okay war oder nicht. Nach dem 18. Versuch gebe ich auf. Erstens: Es wird jetzt nicht mehr besser, ich bin durch. Zweitens: Irgendwas wird schon dabei sein. Der Cutter muss es richten. Baltikum, wir haben fertig. Wir gehen schweigend zurück ins Hotel, schlafen noch mal zwei Stunden und treffen uns gut gelaunt zum Frühstück wieder. Nach einem letzten gemeinsamen Kaffee zu dritt in Tallinns bezaubernder Altstadt nehmen wir unsere Baltikum-Erlebnisse mit zum Flughafen und wandeln sie wieder daheim in Deutschland in Erinnerungen um. Und in neue *Ostwärts*-Folgen.

Schnitt.

Wir stehen wieder an Bord einer Fähre. Es ist 2017. Anfang März. Für unsere Verhältnisse sind wir dieses Mal regelrecht polarexpeditionsmäßig am Start. Die *Virve* schiebt sich gemächlich vom Festland durch die Eisrinne – wir haben enormes Glück, einen so richtig kalten Winter zu erwischen. Die Ostsee friert nur noch alle Jubeljahre zu, vor zwei Wochen konnte man unser Ziel sogar mit dem Auto erreichen. Neben mir Kameramann Michael (nun arbeiten wir schon das zehnte Jahr zusammen) und sein Berliner Tonassistent Marius, den ich erst gestern am Flughafen Tallinn kennengelernt habe, aber sofort sympathisch fand. Für mich ist es das dritte Mal in Estland, für uns als Team wird es der erste Tag unserer Dreharbeiten für ARTE.

Wir haben einen klasse Auftrag an Land gezogen, nachdem ich im Vorjahr (mit einem anderen Team für einen anderen Sender) eine Reisereportage über Estland gedreht hatte. Da waren wir unter anderem anderthalb Tage auf der Insel Kihnu, die jetzt schon am Horizont zu sehen ist. Ich hatte damals meine Teamkollegen gebrieft, bloß niemanden zum Händedruck zu nötigen, geschweige denn zu umarmen, wie wir vom Film das ja gerne tun. Am Hafen von Kihnu wurden wir von der Estin Mare abgeholt, die auf der Insel für Journalistenanfragen zuständig ist und Drehteams begleitet. (Warum alle hier drehen wollen, kommt gleich.) Jedenfalls hatte ich ein, zwei eher trockene E-Mails mit ihr ausgetauscht, dann furchtvoll nachgehakt, ob wir denn auch wirklich willkommen seien (nachdem ich auf YouTube gesehen hatte, was passiert, wenn man uneingeladen auftaucht und filmt – man wird nämlich zum Teufel gejagt). Mare hatte abgewinkt, nein, ach wo, geht schon klar, kommt einfach. Als ich schließlich den ersten Fuß auf die Insel setzte und sie sich lächelnd aus den anderen Abholern an der Fähre herauslöste und auf uns zukam, passierte das Wunder: Sie UMARMTE mich! Gleich beim ersten Mal! Die Katze wedelte sozusagen freudig mit dem Schwanz.

Mare mochte uns. Und wir sie.

Nachdem sie einen Drehtag lang unsere Art zu arbeiten und unseren Umgang mit den Einheimischen beobachtet hatte, nahm sie mich auf die Seite und sagte (auf Englisch): »Ich mag eigentlich keine Journalisten. Und erst recht keine Filmteams. Sie kommen mit ihren vorgefertigten Meinungen über das Leben auf dieser Insel und brauchen nur noch Bilder dazu, die das bestätigen. Aber ihr seid anders.« Dann zog sie die Flasche Jägermeister, die wir STATT BLUMEN mitgebracht hatten, hervor und goss jedem von uns einen Kurzen ein. Meinen Einwand, dass wir IM DIENST seien und auf Dreh nichts trinken, wischte sie mit einer Hand weg und sagte (auf Deutsch): »Ein Snaps! Prosit!« Da musste das natürlich gemacht werden.

(Einschub: Die meisten Menschen trinken hauptsächlich zu Hause und nach Feierabend. Dann gibt es Drehteams, die trinken zwar auf Produktion, aber immer erst nach Drehschluss. Die Klügeren erst am letzten Drehtag, wenn sie keinen katerbedingten Ausfall mehr fürchten müssen. (Die holen allerdings meist am letzten

Abend alles auf, was ihre Kollegen sich zuvor auf diverse Feierabende aufgeteilt hatten.)

Und dann gibt es mich. Ich trinke fast nie zu Hause. Dafür jedoch fast immer auf Produktion. Und irgendwie auch immer vor Feierabend. Und vor der Kamera. Und in der Regel äußerst unfreiwillig. Nur eine Feststellung, keine Wertung. Alles für die gute Story.)

Nachdem ich jedenfalls DAMALS auf Kihnu schuldbewusst und dienstbeflissen meinen »Snaps« ausgetrunken hatte, sagte Mare den magischen Satz, der in der Folge sehr viel ins Rollen brachte: »Ihr dürft wiederkommen.«

Also hielt ich zu Hause zwei großen Sendern unterschiedliche Filmkonzepte über Kihnu unter die Nase: eine Jahreszeiten-Reportage und einen Dokumentarfilm für Kinder. Beide schlugen zu.

Für das erste sind wir jetzt hier.

Und fast da.

Wir sind die einzigen Fremden an Bord, und das wissen all unsere Mitfahrer. Kihnu hat weniger als vierhundert Einwohner, da kennt jeder jeden. Die meisten wissen auch alles über die anderen. Über Kindheit, Elternhaus, Schulnoten, kleinere Verfehlungen in der Pubertät, Liebschaften, Berufswahl, Eheschließungen, Kinder, größere Verfehlungen im Erwachsenenalter, Affären, dunkle Seiten – alles eben. Auf Kihnu ist es schwer, ein Privatleben zu haben, fast nichts bleibt verborgen.

Die Insel ist nur sieben Kilometer lang und drei breit. Hat vier Dörfer und keinen Hügel, eine Kirche, einen Friedhof, vier Läden, eine Schule, eine (unbenutzte) Landebahn, ein Museum, zwei Cafés (die erst im Juni und dann auch nur bis September öffnen), einen Sportplatz und eine Mehrzweckhalle. Keinen Arzt, kein Krankenhaus, keine Polizei. Eine historisch anmutende Garage, auf der »Feuerwehr« steht. (Also keine Feuerwehr.) (Glaube ich.) Lichte Wälder, versteckte Strände, unzählige Findlinge, noch mehr Möwen und jede Menge Mopeds mit Seitenwagen.

Mopeds mit Seitenwagen?

Ganz genau. Sie sind der eine Grund, warum die internationale Presse sich darum reißt, hierherzukommen – und warum Mare so genervt ist: weil die Besucher nämlich noch mit einem Bein auf der Fähre stehen, aber schon fragen: »Und wo sind die Mopeds mit Seitenwagen?« Und (noch schlimmer) weil ein Teil von ihnen (meistens der männliche) immer auch gleich mal selber fahren will. Wie gut, dass wir anders sind.

Die Mopeds mit Beiwagen stammen aus alten Sowjetzeiten, als sich niemand ein Auto leisten konnte, man aber trotzdem vieles über die Insel transportieren musste. Den Fisch zum Beispiel oder die Kartoffeln. Und weil die Frauen auf Kihnu traditionell alleine waren und entsprechend alles alleine machen mussten, sind sie eben auch Moped gefahren.

Der andere Grund, der dieses winzige estnische Eiland im Rigaischen Meerbusen so anziehend macht, ist, was die Leute anziehen. Die Frauen und Mädchen von Kihnu tragen selbstgewebte traditionelle Wollröcke, an deren Farben man erkennen kann, wie glücklich sie auf einer Skala von Hellrot-Bunt bis Dunkelblau-Schwarz sind.

Ist das jetzt crazy oder was? Hier will ich länger bleiben.

- 11 -

Herzlich willkommen auf Kihnu!

Wir wärmen uns noch einmal auf, bevor der Drehtag in Skiklamotten und Pudelmützen losgeht. Im Café auf der Fähre gibt es heiß dampfende Blätterteigtaschen mit Marzipan- oder Apfelfüllung, dazu Tee, Kaffee oder Cappuccino. Und WLAN. Schnell noch mal nutzen, das gibt es ausgerechnet in unserer Unterkunft für die nächsten Tage nämlich nicht. Obwohl Estland als erstes Land in Europa WLAN für alle in der Verfassung verankert hat. Aber Recht heißt ja nicht Pflicht.

Ich freue mich darauf, Mare wiederzusehen. Für die Drehvorbereitung haben wir diverse Videochats abgehalten. (Auf ihrem Hof gibt es WLAN.) Die drei jüngsten ihrer vier Kinder kenne ich bereits von unserem kurzen Besuch im letzten Juni, der älteste Sohn macht sein Abitur auf dem Festland. Die Inselschule geht nur bis zur neunten Klasse, deshalb wohnt er bis zum Schulabschluss bei seinen Großeltern in Pärnu. Um Mares Mann Olavi zu treffen, steht die Chance fifty-fifty, er ist nämlich insgesamt nur ein halbes Jahr zu Hause, weil er jeden zweiten Monat auf einem finnischen Containerschiff arbeitet. Wir haben uns bisher nur kurz die Hand geschüttelt.

Mare erwartet uns im rot gestreiften Rock am Hafen. Letzten Sommer hatte sie einen blau gestreiften an, da war nämlich ein paar Monate zuvor ihre Oma gestorben. Sie drückt uns alle (!) herzlich (!), und wir folgen ihrem Pick-up mit unserem Mietwagen anderthalb Kilometer zu einem Hof, den sie an Touristen vermietet.

Jeder Hof auf Kihnu hat einen Namen. Dieser heißt Ranniku. Die Einheimischen tragen den Namen ihres Hofes gefolgt von ihren Vornamen. Mare Mätas ist bei den Insulanern als »Uiõ-Matu-Mare« bekannt, demnach wäre ich hier jetzt die »Ranniku-Jule«.

Den alten Ranniku-Hof hat Mare einer Familie abgekauft, die ihn nicht mehr haben wollte, weil er so renovierungsbedürftig war. Zum Renovieren der alten Holzhäuser haben viele der Bewohner der Insel entweder nicht mehr die Kraft oder kein Geld, um andere dafür zu entlohnen. Mare zahlt den Hof über viele Jahre bei den ursprünglichen Besitzern ab, einen Bankkredit kriegt man als Bewohner von Kihnu kaum. Fast niemand hier hat ein regelmäßiges Einkommen oder genügend Sicherheiten. Mare und Olavi sind ungemein fleißig. Nach und nach wird hier alles neu und gästefein hergerichtet.

Auf dem Ranniku-Hof stehen drei Gebäude: ein sehr altes Holzhaus mit zwei großen Räumen, dunklen Wänden, bunt bezogenen Betten, einem gemauerten Ofen und Holzdielen. Hier drin gibt es kein Bad, kein Klo und keine Küche, dafür eine Menge Gemütlichkeit. Zuletzt war eine Meditationsgruppe hier. Draußen steht – wie auf jedem Hof – ein gezimmertes Plumpsklo. Und gegenüber ein langes Küchengebäude, allerdings (noch) mit der Anmutung einer leeren Kantine. Neben Geschirrkommoden und einem Kühlschrank stehen an der Längsseite ein alter Gasherd und ein provisorischer Spültisch. Abwaschen mit Blick aufs Meer!

Das Witzigste entdecke ich erst auf den zweiten Blick: Mitten im Raum (also ganz ohne Wandanschluss) steht eine Dusche mit Rundum-Duschvorhang. Der endet praktischerweise dreißig Zentimeter über dem Boden, sodass man schon von außen sehen kann, ob die Dusche gerade in Benutzung ist. (Außerdem könnte man hier auch gleich benutztes Geschirr mit abduschen, falls es mal etwas voller am Spülstein wird.)

Das dritte Haus auf dem Hof ist unseres. Außen ist es zitronengelb, innen bunt, und es ist definitiv das jüngste der Gebäude. Neben dem Vorraum, den jedes Haus hat (als Schuh- und Kälteschleuse), liegt ein kleines Bad mit Klo, geradeaus geht es weiter ins Wohnzimmer, eine helle, urige Kaminstube. Zwei Sitzbänke und ein paar Stühle stehen um einen Tisch, drum herum liegen bunte Teppiche, durch die Fenster kommt viel Licht. In einer Ecke schnurrt ein alter Kühlschrank vor sich hin, da kommt unser mitgebrachtes Drehschluss-Bier hinein. (Erste Amtshandlung.)

Zu allen drei Seiten geht es in ein Schlafzimmer. Jeder von uns darf sich eins aussuchen, und wir sind uns sofort einig. Die Außenwände bestehen aus Naturholzplanken, aber innen ist hier und da mal eine Wand verputzt und mit großen Blumenmustern tapeziert. Mare hat's mit großen Blumen und knalligen Tönen – dieses Arbeiten mit bunten Farben und Mustern ist charakteristisch für Kihnu. In meinem Zimmer gibt es eine zwei Meter breite Wand aus Ziegelsteinen, über die ich später beglückt feststelle, dass es die sehr, sehr warme Rückseite des Kamins ist. Über einem der drei Betten in meinem Zimmer hängt ein großer geknüpfter Wandteppich mit einer Bärenfamilie im Wald. Also wenn jetzt noch kein skandinavisches Urlaubsgefühl aufkommt, dann weiß ich's wirklich nicht.

Nur um das noch zu unterstreichen, schimmert am Rand des Grundstücks durch Bäume und Schilf die zugefrorene Ostsee. Da geht Morgen früh die Sonne auf.

Während Michael und Marius die Kamera- und Tontechnik zusammenbauen, fahre ich drei Kilometer weiter zu Mares Hof. Vorbesprechung unter Frauen. Ihre zwei kleinsten Töchter Anni und Maria müssen kurz hallo sagen, flitzen aber sofort wieder in ihre Zimmer.

Nach einem Becher Milchkaffee nimmt Mare mich auf die Seite: »Julia. Am Montag kommt mein Mann nach Hause, er war vier Wochen auf See. Jedes Mal wenn er wiederkommt, braucht er meine ungeteilte Aufmerksamkeit. Er kann es nicht leiden, wenn Journalisten im Haus sind. Da müsst ihr bitte ohne mich klarkommen. Vielleicht könnt ihr ja in der Schule drehen, wenn euch das interessiert.« Sie hat dort vorsichtshalber schon mal Bescheid gesagt.

Ich versuche, gedanklich abzuschütteln, was Mare mit »volle Aufmerksamkeit« meinen könnte, aber ich kann den Wunsch nach Privatsphäre verstehen und bin sicher, wir kriegen das auch mal ohne Dolmetscherin hin. Unsere Aufnahmen oder etwaige O-Töne kann sie mir ja dann später übersetzen.

»Kein Problem!«, sage ich jovial. Und füge an – um zu unterstreichen, was ich für ein autarker alter Hase bin: »Du, Mare, wir brauchen dich auch heute Nachmittag nicht. Wir fahren über die Insel und machen so viele Außenaufnahmen wie möglich vom Schnee.« (Für die nächsten Tage ist nämlich Tauwetter vorhergesagt.)

Ist ihr sehr recht, sie ist nämlich auf einem Geburtstag eingeladen. Außerdem findet heute Abend eine große Veranstaltung im Kulturhaus statt. Sie sagt, zum Geburtstag könnten wir leider nicht mit, aber ob wir das Fest nicht drehen wollen? Da wird auch getanzt! Ich verspreche – zugegebenermaßen halbherzig –, dass wir kommen. Der alte Hase in mir weiß nämlich, Tanzen ist im Sommer und draußen viel schöner, das filmen wir beim nächsten Besuch. Aber das behalte ich für mich.

Wir begeben uns also auf unsere erste Rundfahrt. An der Südspitze der Insel steht ein weißer begehbarer Leuchtturm mit gusseisernem Treppenhaus. Super Motiv. Wir nehmen ihn und das Meer mit der Drohne und vom Stativ auf. Die Landschaft hier unten ist magisch winterlich, und wir sind weit und breit die Einzigen. Hunderte von Findlingen sind von einer dünnen weißen Schneedecke eingehüllt, dahinter türmen sich Würfel aus Packeis mit Zuckerguss.

Jetzt müssen wir nur irgendwie die genaue Position des Stativs markieren, damit wir im Frühling und Sommer den gleichen Ausschnitt filmen können. Ich will die Jahreszeiten im Film ineinander übergehen lassen. Marius bietet Klebetape für den Findling an, so wird das im Studio gemacht. Kreuzchen auf den Boden kleben, fertig. Der Spaßvogel.

Ich mache ein Foto von Michael hinter seinem Stativ und notiere: »MM Kamera-Pos., dritter (dicker) Findling hinter dem größten Felsen«. Die wird ja wohl keiner verschieben. Michael wiederum spricht sich einen Text »auf die Atmo«, also auf die Tonspur der Kamera, und zwar: »Linke Dachkante im Center Marker«. Diese Position später wiederzufinden wird unsere leichteste Übung. Wir sind aber auch solche Profis.

Und nach anderthalb Stunden schon reichlich durchgefroren. Ein paar Grad unter null fühlen sich bei der hohen Luftfeuchtigkeit am Meer kälter an als minus fünfzehn Grad im Gebirge. Die klamme Kälte zieht mir bis in die Knochen. Da wir aber hartgesottene Filmleute sind, schütteln wir das ab und fahren zu einer kleinen Fischerbucht im Nordwesten der Insel.

Dort haben wir Glück. Einige Fischer sind rausgefahren, mit dem Tele sieht Michael sie hinter Nebelbänken hervorschippern. Schwäne schwimmen in der Fahrrinne, die sie hinterlassen haben. Was für Eindrücke. Magische Einsamkeit am Meer.

Das Knattern eines Außenbordmotors wird lauter. Ein Fischerboot kommt zurück! Wie gerufen. Den wollen wir aufnehmen.

Da ich keine Scheu vor Fremden habe und mir auch nicht zu schade bin, sie anzuquatschen, werde ich den Fischer fragen, ob wir mal seinen Fang in Augenschein nehmen können.

»Michael, da ist er!«

Wir nehmen auf, wie der Mann in Ölzeug und Wollmütze anlegt, wie er den Sack mit seinem Fang über Bord in den Schnee wirft, wie er das Boot mit einem Anker an Land festmacht.

Wir haben Glück, es scheint ein Filmprofi zu sein, denn er schaut nicht ein Mal in die Kamera und winkt auch nicht hinein. Der Fischer stapft völlig ungerührt mit seinem Sack an uns vorbei in Richtung Auto. Ich rufe ihm ein fröhliches »Tere!« zu (das heißt hallo). Keine Antwort. Ich laufe ein Stück neben ihm her und nötige ihn, mich zur Kenntnis zu nehmen.

»Können wir mal reinschauen? Can we have a look?« Ich zeige auf den Sack. »Ja? Ist es okay …«, – okay ist ja wohl international verständlich – »… wenn wir mit der …«, ich zeige drauf, »… KAMERA da mal reinschauen?«

Keine Antwort.

»Ohh, guter Fang! Good catch! Ist das ein guter Fang? Is it good? Good day?«

Er schaut mich teilnahmslos an, man könnte auch sagen unfreundlich (mich, den Golden Retriever!), und geht dann einfach an mir vorbei, schließt die Fahrertür auf, geht wieder zurück, macht die Heckklappe auf, wirft sein Netz und den Sack mit den Fischen in eine Plastikkiste im Kofferraum.

Und ja, so langsam sickert die bittere Wahrheit ein: Der Este ignoriert mich. Uns alle. Alle drei!

Ich schaue zu Michael, Michael »mpfht«. »Mpfh« ist ein Geräusch, das er macht, wenn ihm etwas nicht gefällt. Ich höre das ab und zu beim Sichten vom Rohmaterial. Wenn er einen Schwenk gedreht hat, der am Ende nicht ganz sauber zum Stehen gekommen ist, weil er zu schnell oder zu langsam ist. Oder wenn das Bild am Ende des Schwenks zwei Blenden dunkler ist als das am Anfang des Schwenks. Dann höre ich ein leises »Mpfh«. Und weiß, den hat er noch mal gedreht, und ich nehme einfach den zweiten. »Mpfh« ist ein stoßartiges, Missfallen ausdrückendes Ausatmen durch die Nase bei geschlossenen Lippen. Und das macht Michael jetzt auch. Ich muss grinsen. Ein Teil von mir kommt sich schon ganz schön blöd vor, weil ich den armen Fischer so peinlich zugetextet habe. Der andere Teil findet es durchaus beindruckend, dass jemand trotz offensichtlicher Anwesenheit einer laufenden Kamera Arsch genug in der Hose hat, ein dreiköpfiges Filmteam komplett zu ignorieren.

Fest steht aber auch: Ohne Mare geht hier gar nichts.

Wir sehen Mare erst wieder, als wir uns entschließen, doch mal unverbindlich bei der Feier im Kulturhaus vorbeizuschauen. Michael nimmt die Kamera mit. Wir sind nicht sicher, ob unser Haus, während wir uns mit den Einheimischen treuselig verbrüdern und verschwestern, nicht ratzeputz leer geräumt wird. Ich habe aber bereits postuliert, dass ich das Fest nicht unbedingt filmen will. Erstens haben die meisten Gemeindehäuser ungefähr so viel Charme wie eine ausgeräumte Garage vorm Renovieren, und zweitens gilt für den Film: »Tagsüber außen« schlägt »innen abends« drei zu eins. Ist einfach so.

Wir treffen Mare am Parkplatz, und sie nimmt uns mit hinein. Heute wird der Internationale Frauentag gefeiert – in Osteuropa ist das eine große Sache. Der überwiegende Teil der Gäste sind auch Frauen, von zwei bis zweiundneunzig. Die Männer stehen bis auf wenige Ausnahmen im Vorraum des Gemeindesaals und trinken um die Wette, die anderen rauchen draußen. Alle schauen uns skeptisch an. Wenigstens filmen wir nicht, sondern haben die Technik nur unterm Arm.

Die meisten Leute haben Snacks und Alkohol für sich mitgebracht, es gibt nur ein winziges Buffet. Eigenartig. Mare besteht darauf, dass wir mit ihren Freundinnen an einem großen Tisch sitzen, stellt uns allen vor und schmeißt dann eine Runde süßen Sekt. Wir müssen schreien, um uns zu unterhalten. Ich erzähle ihr von unserem denkwürdigen Erlebnis in der Fischerbucht. Sie verspricht, uns morgen nicht eine Minute alleine zu lassen und

Sonntag auch nicht, fügt aber wieder hinzu: außer am Montag. Da kommt ja ihr Mann.

Eine eigens für dieses Event gebuchte Band vom Festland spielt auf der Bühne, die durch ein paar Stufen vom Festsaal getrennt ist. Die davor liegende Freifläche ist leer wie die Wüste Gobi. Die ersten Tische, an denen Frauen in roten Röcken sitzen und ihre mitgebrachten Alkoholika wegschnasseln, stehen fünfzehn, zwanzig Meter weiter hinten. Ich habe den Zauber dieser Insel noch nicht verstanden.

»Brauchst du da Aufnahmen von?«, fragt Michael. Ich nehme an, rhetorisch.

»Och, eigentlich nicht«, antworte ich leise und frage mich verzweifelt, was mich geritten hat, hier ZWEI FILME machen zu wollen.

Es wird noch absurder. Auftritt des Frauenchors der Insel. Ungefähr zehn Frauen stehen im Bogen, singen halb überzeugt und wiegen sich im Takt. Sie tragen alle das gleiche eng anliegende lange Kleid mit einem Blumenmuster wie auf einer englischen Serviette. Sie zeigen ihre Kurven, manche ganz kess (vielleicht schon etwas angetüdelt?), andere haben sich ihr Kostüm definitiv aufschwatzen lassen, sich dafür aber noch zu wenig Mut angetrunken.

Dieser Abend kommt mir skurril und fremd vor. Will ich hiervon wirklich berichten? In der Ecke liegt tatsächlich die erste Schnapsleiche, und wir haben es keine neun Uhr. Michael ist genauso ratlos wie ich. Er braucht aber etwas zu tun und schnappt sich Marius. »Wir machen mal 'n paar Bilder. Zum Warmwerden.«

Jede Frau und jedes Mädchen trägt einen buntgestreiften Kihnu-Rock. Die spärlich verteilten Männer tragen schwarze Hosen oder Jeans und, zumindest draußen, einen superdicken Seemannspullover mit feinem schwarz-weißen Muster. Alle den gleichen, denn das ist die Tracht der Männer auf Kihnu.

Die Band macht eine Pause, und kurz danach gibt es Szenenapplaus. Ein strubbelig-langhaariger Mann um die dreißig mit Vollbart und Akkordeon setzt sich auf die Stufen der Bühne. Der scheint hier bekannt zu sein. Ihm folgt eine der Sängerinnen von vorhin (eine von den kesseren) mit Geige. Es sind Maria, die Geigenlehrerin von Kihnu, und ihr Freund Anto, so erzählt Mare, und: »Stell dir mal vor, Anto kommt vom FESTLAND und ist dort richtig bekannt und oft auf Tour.« Er könne trotzdem alle Lieder, die sie hier auf Kihnu brauchen, um zu tanzen. Darum lieben sie ihn so. Und jetzt haben Anto und Maria einen kleinen Sohn bekommen (der wird später irgendwann seiner Mutter im Tausch für die Geige angereicht, weil er müde ist und findet, es reicht jetzt auch). Jedes neugeborene Kind auf Kihnu ist übrigens eine große Freude für alle Bewohner. Und eine Hoffnung.

Anto und Maria brauchen weder Mikro noch Verstärker, sie bringen auch so den Saal zum Tosen. Anto spielt auf seiner Quetschkommode und tritt mit der Ferse den Takt. Maria fiedelt dazu, und nach wenigen Momenten hat sich die Wüste Gobi in eine brodelnde Tanzfläche voller herumwirbelnder Paare verwandelt. Beide strahlen. Eine nach der anderen hauen Anto und Maria die traditionellen Kihnu-Melodien raus, die für mich noch alle gleich klingen. Die Einheimischen aber wissen schon beim Anfangsakkord, welcher Tanz das ist, ob Paar- oder Gruppentanz (alle an der Hand) oder eine Art Kolonnentanz zu sechst. Die Kinder lernen die Tänze bereits in der Schule. Und weil auf Kihnu traditionell Männermangel herrscht (weil die Männer traditionell auf See sind), tanzen eben Frauen mit Frauen.

Bin ich froh, dass wir die Kamera mitgenommen haben. Mein Herz geht ein klitzekleines bisschen auf.

Am nächsten Morgen beim Frühstück auf dem Uiõ-Matu-Hof berichtet Mare, die viele Stunden länger als wir auf dem Fest geblieben ist und heute ganz schön verpennt aussieht, dass sie dort noch etwas Lustiges erfahren hat. Ein älterer Freund von ihr berichtete in vertrauter Runde, dass schon wieder ein bescheuertes Filmteam auf der Insel unterwegs sei. Nicht ohne Stolz erzählte er, er habe die einfach knallhart ignoriert. Bis Mare sich bei ihm bedankte und fallenließ, dass das IHRE Gäste und, ja, sogar Freunde seien. Woraufhin ihm das wirklich unangenehm war und sie auf uns trinken mussten. Woraufhin er anbot, dass wir ihn GERNE noch einmal im Hafen treffen und SEHR GERNE zu seinen Fischen befragen dürfen. Beziehungen sind das halbe Leben. Ich mag die Leute hier. Ehrlich.

Mares Küche ist riesig, man könnte darin tanzen. Genau das war auch ihr Ziel, als sie nur eine verschwindend kleine Anrichte hat einbauen lassen. Küchenfläche vierzig Quadratmeter, Küchenzeile zwei vierzig. Jeder Deutsche, der sich so einer großen Wohnküche rühmt, würde einen fancy Kochblock in die Mitte bauen, mit einer Bar dran, und regelmäßig Showcooking machen, mit zwanzig seiner engsten Freunde.

Mare aber träumt nicht von Selfies am Designer-Kochtopf, sondern seit Jahren von einer Spülmaschine. Die Mutter von vier Kindern, die dazu auch noch andauernd ausländischen Übernachtungsgästen Frühstück macht, spült von Hand! Weil immer etwas anderes dringender ist, als eine Spülmaschine anzuschaffen. UND weil sie dafür ihre Küche umplanen müsste, wie sie mir im Vertrauen erzählt. Und dann ja auf den Tanzsaal verzichten müsste.

Also ist weiterhin reichlich Platz für einen Tisch mit sechs Stühlen, einen Kaminofen, besagte Tanzfläche und ein großes Sofa. Von Letzterem zieht ein leises Schnarchen durch den Raum. Bei näherem Hinsehen erkenne ich Anto. Auch am Akkordeon, das vor dem Sofa auf dem Boden schlummert. Ich frage Mare, ob wir das filmen dürfen, und sie sagt: »Klar!«, und erzählt ungerührt weiter, wo wir gerade stehengeblieben waren.

Ich bin irritiert. »Aber das ist doch Anto, wieso schläft der hier, ist der nicht mit Maria zusammen?« Ich bin aber auch so wertkonservativ. Und lerne nun etwas Bedeutsames über den Spirit dieser Insel: Auf Kihnu werden die Türen grundsätzlich nicht abgeschlossen! Jeder kann in jedes Haus hineinmarschieren und sich irgendwohin legen! Wenn man also mal einen über den Durst getrunken hat, was ja vorkommt, und man es nicht mehr zu Fuß bis nach Hause schafft oder den Weg nicht mehr so richtig wiederfindet, was ja vorkommt, ist das die sicherste Lösung. Auf Kihnu sind schon Betrunkene erfroren am Strand gefunden worden. Dann doch lieber auf einem fremden Sofa aufwachen.

Mare schmunzelt über meine weit aufgerissenen Augen und setzt nach: Manchmal käme auch jemand morgens um vier ins Haus gepoltert und wollte ein Schwätzchen (oder Schnäpschen) (er-)halten, dann wäre das natürlich auch okay.

Tür offen lassen – Menschenleben retten. Hier wird weder abgeschlossen noch: abgeschossen. Besorgt frage ich mich, ob es auf Kihnu eine Reisewarnung für Texas oder Nevada gibt. Dort kann sich die Lebenserwartung eines angetrunkenen Esten ja schlagartig um einige Jahrzehnte verringern. Auf Kihnu stirbt jedenfalls niemand an Schusswunden, weil er eines anderen Grundstück betreten hat.

Kann es noch kurioser kommen? Ja, es kann. Wenn man hier außer Haus geht, stellt man einen Stock vor die Tür, dann wissen etwaige Überraschungsbesucher: Lohnt nicht, keiner da. Als Mare das erzählt, kann ich meine Hände gerade noch daran hindern, über dem Kopf zusammenzuschlagen, und den entsetzten Ausruf unterdrücken: »Aber das ist doch DIE EINLADUNG für Einbrecher!« Nein, ich lasse nix raus. Jetzt nicht übertrieben spießig sein. Pokerface.

»Cool«, rutscht es mir stattdessen leise raus.

- 12 -

Saunieren ist was für echte Kerle

Saunieren ist eine essenzielle Tradition in Estland. Es ersetzte früher das Baden, und die Sauna war der hygienischste Ort auf einem Hof. Hier wurden die Kinder geboren, und hier blieb die Mutter mit dem Säugling, bis er die kritischen ersten Wochen überstanden hatte. (Im Prinzip wie im Brutkasten, nur eben für beide.) In der Sauna wurden auch die Toten aufgebahrt, denn sie war der einzige Raum, der durch die große Hitze immer wieder weitgehend keimfrei gemacht werden konnte.

Auf Kihnu wird heute noch einmal pro Woche die Sauna angefeuert. Bei Mare geht das so: Samstags putzt sie zuerst das Haus, wischt ihren Tanzboden namens Küche, macht Salate und backt Brot. Wenn alles erledigt ist, heizt sie oder Olavi nachmittags die Sauna vor. Olavi schmeißt den Smoker an, in den er später Fleisch oder Fisch legt. Gäste kommen und bringen Instrumente und Alkohol mit. Man sauniert in Schichten nach Geschlechtern getrennt, mal alleine oder auch mal zu zweit. Während die anderen auf der Terrasse feiern und musizieren, verschwindet einer nach dem anderen in die Sauna, taucht mit roter Birne und im besten Fall mit etwas Frottee bedeckt später wieder auf und setzt sich dazu.

Bevor wir uns aber »nackich« machen, will ich noch das Geheimnis der Röcke lüften.

Auf Mares Hof steht ein kleines fensterloses Holzhäuschen, das Olavi für sie gebaut hat. Nicht um sie einzusperren (oder auszusperren), wenn er sich über sie geärgert hat, nein. In dem Haus stehen drei große Holztruhen. Die mittlere ist Mares, die anderen beiden sind für ihre älteren Töchter Liis und Anni reserviert. Für die kleine Maria ist noch eine in Arbeit. Die Älteren unter uns lächeln jetzt milde und sagen, klar, Aussteuerkiste. Und sie haben recht. Hier drin wird alles aufbewahrt, was eine junge Frau bei Verheiratung mit in die Ehe bringt: Bettwäsche, Erbstücke und auf Kihnu: Röcke für alle Lebenslagen.

Mare wühlt in den Untiefen der Kiste – hier werden Unmengen von Wollröcken gehortet, von Säuglingswinzigkeit bis XL. Jede Frau hat im Schnitt dreißig Kihnu-Röcke auf Lager. Mit unterschiedlichen Rotanteilen: Der fröhlichste Rock hat am meisten Rot. Ein leuchtendes Rot mit dünneren pinkfarbenen, gelben, blauen und weißen Streifen. Der beste und neueste davon ist der »Festrock« – dem Kirchgang und anderen Zeremonien vorbehalten. Je älter ein Rock wird, umso mehr qualifiziert er sich für Unter-der-Woche oder Auf-dem-Feld.

Das leuchtende Rot ist quasi Stufe eins. Für Kinder gibt es nur solche Röcke, denn Kinder sollen immer glücklich sein, erklärt mir Mares elfjährige Tochter Anni. Stufe vier, das andere Ende der Skala, ist Schwarz mit dunkelblauen Streifen, nur eine Idee Lila darin, gar kein Rot. Diesen Trauerrock trägt man zur Beerdigung und während der schwersten Zeit danach. Doch je mehr in den Monaten nach dem Begräbnis die Trauer weicht, umso mehr Schwarz wird weggelassen. Immer mehr Rot mischt sich wieder in den Rock, und irgendwann verschwinden über Stufe drei und Stufe zwei auch das letzte Dunkelblau und Lila aus dem Rock. Und aus Alles-schlimm wird wieder Alles-gut.

Den Kihnu-Rock trägt frau durch alle Jahreszeiten – im Winter mit Strumpfhose und Stiefeln, zur Not noch eine Lage Leggings.

Im Sommer reichen Ballerinas dazu. Unter den Rock kommt ein weißer Baumwollunterrock mit Spitze, der kühlt im Sommer, verhindert Aggressionsschübe wegen kratzender Wolle und kann im Gegensatz zum Wollrock gewaschen werden. Ja, richtig gehört, die Röcke werden NIE gewaschen. Manche sind dreißig Jahre alt! (Deshalb duftet es in der Aussteuer-Truhe auch tüchtig nach Mottenpulver.) Als Oberteil trägt man zu feineren Anlässen eine geblümte Bluse, die sich ebenfalls nach den Farbregeln richtet.

Ich bestehe schon die einfachste Prüfung nicht, weil ich mir im garagengroßen Laden von Mares Freundin Ella, die davon lebt, Röcke zu weben, Blusen zu nähen und Handschuhe zu stricken, eine blau geblümte Bluse anhalte. Und ich verstehe gar nicht, warum die beiden die Köpfe schütteln und »Nein, das geht auf keinen Fall« sagen. Ich lerne: blaue Bluse zu rotem Rock? Nicht machen. Man wird sofort für bekloppt erklärt. (Oder für schizophren.) Es gilt immer: blaue Blumen oben zu blauen Streifen unten oder oben rot zu unten rot. So ist die Regel.

Ein Detail, das erst zutage tritt, als Mare vor laufender Kamera einen Anruf bekommt und das Handy unter ihrem Rock hervorkramt: Jede Frau versteckt unter dem Rock eine bunt geblümte Umhängetasche, in der sie ein Taschentuch (früher), den Motorradschlüssel (vermutlich grundsätzlich) und ihr Handy (heute) aufbewahrt. Gut, dass sie keinen Hausschlüssel braucht, dafür wäre nämlich kein Platz mehr. Autoschlüssel lässt man auf Kihnu stecken, beim Motorradschlüssel ist sie hoffentlich vorsichtig, wegen der Touristen und Journalisten.

Wer verheiratet ist, trägt über dem Rock eine Schürze. Natürlich geblümt, ist klar. So sehen die Herren auf einen Blick, wer noch zu haben ist. Kopftücher trägt man nach Gusto, dem Anlass entsprechend, egal ob Single oder nicht.

Aber jetzt raus aus den Klamotten. Wir wollen die Sauna filmen. Eine Sauna im Betrieb zu filmen ist mindestens was für Fortgeschrittene. Ach was, es ist schier unmöglich. Wer eine Saunaszene im Spielfilm sieht, kann sich fast sicher sein: It's fake. Keine Kameratechnik der Welt schafft es, in einer aufgeheizten Sauna nicht zu beschlagen. Und DIE Kamera, die sich in der Sauna mit den Protagonisten auf neunzig Grad aufheizt, um nicht mehr zu beschlagen, und DANN auch noch gute Bilder macht, die muss erst noch erfunden werden. Wir müssen uns also etwas anderes überlegen.

Das ist die erste Schwierigkeit. Die zweite ist, Mare davon zu überzeugen, überhaupt für uns in die Sauna zu gehen. Dafür schlage ich ihr vor, das Handtuch einfach umgewickelt zu lassen. Da ich selber schon bei früheren Drehs in verschiedenen Wellness-, Sauna- oder Heiße-Quelle-Situationen war und es total ätzend finde, Zuschauer auch nur mittelbar auf den Gedanken zu bringen: »Die geht da jetzt rein, und hinter der Tür zieht sie blank«, und das deshalb auf jeden Fall vermeiden will, egal, wie wichtig es für den Film ist, möchte ich auch Mare nicht in eine unangenehme Situation bringen.

Wir machen eine »Motivbesichtigung« in der noch kalten Sauna, während Mare sie im Vorraum anfeuert. (Dafür wird nicht wie bei uns ein Schalter auf »an« gedreht, sondern es werden echtes Brennholz und Kiefernzweige in den Saunaofen gelegt und angezündet.) Als sie wegen irgendwas noch mal über den Hof ins Haus eilt, haben wir noch ein wenig Zeit, um zu grübeln, wie wir das bildlich »auflösen« können, ohne die Kamera zu gefährden.

Glücklicherweise hat die Sauna ein kleines Fenster zum Garten. Also richtet Michael die Kamera auf der Terrasse so ein, dass man, wenn Mare und ihre Tochter nachher in Handtücher gehüllt hereinkommen und sich hinsetzen, nur ihre Köpfe sieht.

Ich zeige den beiden dazu noch die genaue Sitzposition. Marius' kongeniale Klebestreifen kommen schon wieder nicht zum

Einsatz, die würden nur schmelzen (und dann auf Jahrzehnte für klebrige Popos in der Familie Mätas sorgen).

Mare muss dann einen Aufguss machen, damit die Scheibe von innen beschlägt und alle wissen: Aha, kein Fake! Hervorragende Bildidee. Das mit dem Beschlagen können wir nicht testen, da müssen wir uns jetzt einfach mal drauf verlassen. Das – sicher ebenso bildwirksame – Abkühlen nach der Sauna werden wir auch nicht drehen, das wäre ein bisschen zu viel Information. Obwohl vor dem Saunahaus ein riesiger Holzzuber steht, in den sechs bis zehn mutige Esten passen. Die Wasseroberfläche darauf ist gefroren … Den filmen wir ohne Badegäste.

Ich befülle einen Holzeimer für den Aufguss. Wir checken die Temperatur in der Sauna. Wir warten. Achtzig Grad. Ich flitze rüber ins Haus und sage Mare und Maria Bescheid. Marius stellt eine Lampe in der Saunakabine auf, damit man die beschlagene Scheibe nachher auch schön sieht. (Die Lampe darf natürlich auch nur kurz in der Hitze stehen.) Jetzt flitzen wir drei ums Haus und filmen die beiden, wie sie in ihren Handtüchern, Bademänteln und Badelatschen durch den Schnee stapfen und im Saunahaus verschwinden. Dann spurten wir zurück auf die Terrasse und gehen auf Position. Ich brülle: »OKAY, MARE!« (Ein »Action!« spare ich mir.) Mare und Maria machen alles wie besprochen. Das Bild wird schön. Man sieht doch nicht nur die Köpfe von ihnen, und ich bin froh, dass wir die Sicherheitsvariante »Handtücher bleiben um« gewählt haben. Die Scheibe beschlägt nicht sofort, aber egal. Sieht trotzdem gut aus.

Mit zugehaltenen Augen klopfe ich schließlich ans Fenster, zeige Daumen hoch, dann packen wir zusammen und warten in der Küche. Als Mare mit roten Bäckchen und offenem Haar zurückkommt (und schlagartig fünfzehn Jahre jünger aussieht, so ohne Kopftuch und Brille), bietet sie uns an, doch auch zu saunieren. Wo doch schon mal alles heiß ist. Ich strahle, darauf habe ich spekuliert. Die Jungs tun so, als hätten sie das Angebot einfach nicht gehört oder verstanden. Ich vermute, der Holzzuber hat meine sonst so wettergegerbten Kollegen irgendwie abgetörnt.

Mare fragt noch mal, und ich vermute, sie würde es nicht verstehen, wenn wir ihr jetzt einen Korb geben. Ich gucke die Jungs so lange mit leuchtenden Augen an und winke mit dem Kopf rüber zur Sauna, bis sie das nicht mehr ignorieren können. Sie argumentieren, sie müssten heute noch das ganze Material sichern, und dann würde es ja auch so spät. Ich gebe auf. »Okay, ich fahre euch nach Hause, hole meinen Kulturbeutel und sauniere alleine.« Finden sie super. Und freuen sich auf ein Bierchen unter Kerlen.

Bei Drehreisen habe ich selten einen Moment der Ruhe. Jeder Filmautor wird das kennen. Von dem Moment an, wenn ich morgens aufwache, bis zur letzten Minute vorm Ins-Bett-Gehen kreist jeder Gedanke nur um die Aufnahmen, die Protagonisten, ihre Geschichten, meine Dramaturgie. Wenn man dokumentarisch dreht oder eine Reportage macht, ist man total abhängig davon, dass alles auf Anhieb klappt. Dass die Leute mitmachen, dass sie die Kamera vergessen (und gleichzeitig im Hinterkopf behalten), dass das Wetter mitspielt, das Team gut funktioniert, nichts kaputtgeht. Vom ersten Drehtag an ist immer Anspannung da, die sich hält bis zum letzten Schnitttag, wenn im Schneideraum der Abspann läuft und der Redakteur den Film abnimmt (oder eben nicht). Ich denke beim Dreh kaum an zu Hause, vergesse wichtige Geburtstage, Einschulungen oder andere Jubiläen und weiß oft nicht einmal, was für ein Wochentag ist.

Aber dieser Moment, im estnischen Winter auf einer Insel in der Sauna, diese zwanzig Minuten gestohlene Freizeit, entlohnt mich für zehn Jahre Filmemachen und die wiederkehrende Sorge, es diesmal vielleicht zu vergeigen. Als ich bei sternenklarem Himmel draußen in den Eisbottich eintauche, bin ich frei. Und sehr, sehr fröhlich.

Mare kommt auf die Terrasse gelaufen und fragt, ob alles okay ist. Sehr okay. »Okayer than ever!«, rufe ich, und sie macht ein Beweisfoto von mir, quietschvergnügt im vier Grad kalten Wasser. Das hatten die Jungs zur Bedingung gemacht. Meine beiden Pantoffelhelden. Meine in Watte gepackten Filzbrüder. Meine Un-Esten.

Später sitze ich mit Mare in ihrer Küche, und sie erzählt schmunzelnd, dass ihr Mann, der sich vom Schiff gemeldet hat, total genervt sei, dass Filmemacher auf seinem Hof wären. Und gefragt hätte, was wir denn so drehen. Hat sie ihm natürlich gesteckt. »DU HAST DICH IN DER SAUNA VON DENEN FILMEN LASSEN??«, soll er sich aufgeregt haben. Ich werde den Eindruck nicht los, dass sie sich darüber königlich amüsiert. Ist halt schon eine lange Ehe. Jedenfalls sehe ich unserem Aufeinandertreffen mit berechtigter Sorge entgegen. Hoffentlich jagt er uns nicht vom Hof.

- 13 -

Ein Seitenwagen voll Emanzipation

Ich weiß, dass es Mare ein bisschen nervt, aber sie muss unbedingt für uns und die Kamera ihr Motorrad mit dem grünen Seitenwagen anschmeißen. Auch jetzt im tiefsten Winter. Frau im rot gestreiften Rock knattert auf altem Moped mit Beiwagen über winzige Insel in Estland – erstens ist das ein Bild für die Götter und zweitens einzigartig auf der Welt. Es ist tatsächlich nur auf diesem kleinen Eiland zu haben und damit das Geheimnis von Kihnus großer Anziehungskraft.

Deshalb macht Mare es natürlich. Sie fährt uns voraus, hinter uns her (Michael in der offenen Heckklappe des Mietwagens, Marius als Nothalterung für Michael, ich am Steuer), fährt um Kurven und lässt sich nicht anmerken, wie kalt es ist und dass die Bremsen nicht mehr so ganz proper funktionieren. Ein Profi eben.

Die Traditionen auf Kihnu werden gepflegt wie nichts anderes. Die Bewohner mögen ja in ihren Trachten und Kopftüchern rückwärtsgerichtet wirken, aber sie sind es kein bisschen. Und um ehrlich zu sein, sind sie in einer ganz schönen Zwickmühle. Mare hat erreicht, dass Kihnu mit seinem sehr speziellen Dialekt, den ein Festland-Este nicht versteht, mit der traditionellen Musik, den Tänzen, den Akkordeons, den Röcken (und inoffiziell auch den Mopeds) auf der Unesco-Liste des zu schützenden Welterbes gelandet ist. Ist doch klar, dass daraus eine Touristenattraktion wird, und manch zynischer Besucher fragt sich: Haben die jetzt die Röcke UNSERETWEGEN an, oder ist das noch echt? Klar wird auf Kihnu diese eine Karte gespielt. Der Tourismus ist das Einzige, womit die Inselbewohner Geld verdienen und damit ihr Überleben sichern können. Hier oben ist die Saison kurz, von Juni bis September. Was in diesen vier Monaten eingenommen wird, muss über den ganzen Herbst, Winter und Frühling reichen. Die Leute fischen wie verrückt, bauen ihr Gemüse selber an und leben extrem bescheiden. Fast alle haben Zimmer, Betten oder ausgebaute Scheunen für Sommergäste vom Festland, und natürlich ziehen sie dann auch ihre Röcke an. Aber ist das jetzt unehrlich?

Als wir im Winter die einzigen Besucher sind, laufen auch alle so rum. Gut, wir sind auf der Fähre gesehen worden, vielleicht hat das schon für einen Inselrundruf genügt: »Achtung, Fremde im Anmarsch, bitte alle Jeans aus und Röcke an!« Ich glaube es aber nicht. Journalistische Distanz zum Teufel, man kann auch mal was gut finden. Ich will nicht neutral berichten, ich bin schließlich nicht bei den Nachrichten. Ich will enthusiastisch sein dürfen, wenn ich es bin. Ende der Durchsage.

Übrigens kenne ich auf Kihnu auch nur eine Familie, die – wohlhabend und Ruhe suchend – vom Festland hierhergezogen ist und deren Mutter jetzt »Kihnu-Küche« für Touristen anbietet, obwohl sie keine echte Einheimische ist und auch anders kocht. Das tut sie nicht aus Geldgier oder um den anderen etwas wegzunehmen, sondern aus Respekt vor dem, was sie hier vorgefunden hat und wovon sie selbst so begeistert ist, auch wenn es ihr die anderen Inselbewohner nicht immer leicht machen.

Apropos nicht leicht machen. Olavi ist zurück. Er jagt uns natürlich nicht vom Hof – er ist besonnen genug, um höflich zu sein, als wir aufeinandertreffen. Aber ich merke: Er bleibt skeptisch. Er hat uns im Auge. Und meine Antennen sagen mir: Er ist sich mit Mare nicht ganz grün. Ich glaube, er muss sich jedes Mal, wenn er nach vier Wochen auf See nach Hause kommt, die Hausherrenschaft von seiner Frau erst wieder zurückerobern. Mare ist zweifelsohne eine starke Frau, auch ich habe Respekt vor ihr und würde es mir mit ihr nicht verscherzen wollen.

Das ist sinnbildlich für Kihnu. Schon immer waren hier die Frauen für den Hof, die Familie, die Tiere und überhaupt ALLES zuständig, solange die Ehemänner monatelang auf See waren. Schon immer war es für die Männer nach der Rückkehr schwer, das Familienzepter zurückzuholen, wenn es erst mal aus der Hand gegeben war.

Kihnu ist eine Insel voller unabhängiger und auf gute Weise sturer Frauen. Vordergründig sind sie traditionell: Sie spielen Akkordeon, singen und tanzen. Doch eigentlich sind sie hochmodern. Sie fahren Mopeds mit Beiwagen, in denen sie den Fang, den Einkauf oder zur Not auch mal – wie mir Mares Freundin mit einem zwinkernden Seitenblick auf meine beiden Teamkollegen wirft – einen One-Night-Stand mit heimtransportieren. Denn trotz der Röcke haben hier die Frauen die Hosen an. Da kann man schon Mitleid mit den Gatten bekommen.

Unter dieser Prämisse werde ich versuchen, Olavi zu knacken. Wenn ich wiederkomme, im Mai.

- 14 -

Grün ist der Frühling, und alle tragen blau

Mitte Mai sitze ich in einem Bus voller gut gelaunter Musikanten auf dem Weg von Tallinn nach Kihnu. Mare hat eine kostenlose Mitfahrgelegenheit für mich organisiert, weil ich diesmal zwei Tage vor meinen Teamkollegen ankomme, um ganz viel vor Ort zu recherchieren. Die Musiker wurden eingeladen, weil der neu gebaute Laden am Hafen feierlich eingeweiht werden soll.

Am Fähranleger fallen wir uns in die Arme. Alte Freundinnen. Bis das Team nachkommt, habe ich das gelbe Haus vom Ranniku-Hof für mich! (Dafür aber auch kein Auto, das bringen die Kollegen erst mit.) Also miete ich vom Bürgermeister ein Fahrrad (vom Bürgermeistersein allein kann man auf Kihnu nicht leben). Es hat drei Gänge und lässt sich gefühlt auf maximal fünf Stundenkilometer beschleunigen. Hat aber einen sehr bequemen Hollandradsattel.

Noch hat Mare sturmfrei, aber nicht die ganze Woche über. Trotz meiner guten Vorsätze aus dem Winter habe ich ein bisschen Manschetten vor Olavi. Er kommt in ein paar Tagen vom Frachtschiff zurück und hat sich beim Telefonieren mit Mare bereits beschwert, wieso wir schon wieder ausgerechnet dann kommen, wenn er mal freihat. Daraufhin haben Mare und ich unsere Kalender abgeglichen und mit Schrecken festgestellt, dass ich, ohne es zu wissen, immer zeitgleich mit Olavi hier aufkreuzen werde, das nächste

Mal wird im Juli sein. Und zwar immer dann, wenn er GERADE HEIMKOMMEN wird. Und IHRE VOLLE AUFMERKSAMKEIT braucht. Verschieben geht aber auch nicht mehr, alles ist längst fix gebucht.

Beim Tee in Mares Küche gesteht sie mir, dass es noch mehr Probleme gibt. Das Moped ist kaputt. Übrigens seit unserem letzten Besuch im März. Olavi hat es nicht repariert. Weil es erstens mehr Fummelarbeit war als zunächst vermutet und zweitens weil er sich geärgert hat, dass SIE immer im Fernsehen damit rumfährt und ER es dann reparieren muss. (Aus unerklärlichen Gründen höre ich seinen Tonfall im Kopf. An irgendwas erinnert der mich … Richtig. An meinen Mann. Obwohl ich wirklich nur außerordentlich selten etwas kaputt mache!)

Mare schlägt vor, dass wir einfach ein anderes Moped ausleihen. Das ist aber ungünstig, dann kann sie nicht im Film von einer Jahreszeit in die andere fahren – und das war doch meine geniale Idee. Nein, es muss schon das hier sein. Sage ich ihr ganz ruhig über meinen Becher hinweg. Mare gibt zu bedenken, dass Olavi das Moped für SIE bestimmt nicht wieder herrichten wird, und möchte ihm auf keinen Fall eine Vorlage geben, diesen Punkt gegen sie zu machen. Sie schmunzelt: Ich müsse ihn schon selber fragen. Ich wollte ja eigentlich lieber in der Schiedsrichterrolle bleiben, aber irgendwie mache ich mich plötzlich warm zum Einwechseln …

Bis Olavi Ende der Woche kommt, will ich aber schon mal ein paar andere Mopeds drehen. Irgendjemand könnte doch zum Beispiel eine Runde mit dem Seitenwagen und ein paar von Mares Kindern darin drehen. Mare schlägt die sehr resolute Patentante der Jüngsten vor, Marge. Vor Marge habe ich allerdings auch Manschetten. Mächtig Manschetten. Sie ist diejenige, die in einem YouTube-Video einen Journalisten zusammengebrüllt hat.

»Gibt's noch andere Patentanten?«, frage ich.

»Gibt es nicht, aber du machst das schon«, sagt Mare. »Wir besuchen sie mal und schauen, wie die Stimmung ist.«

Für die Stimmung habe ich eine Idee. Als wir bei Marge auf dem Hof aufkreuzen und Mare uns einander vorstellt, begrüßt mich die Patentante skeptisch, und man sieht ihr an, dass sie noch nicht weiß, was sie von dieser Regisseurin (ohne Filmteam?) halten soll. Ich lächle das weg. Und ziehe STATT BLUMEN eine kleine Flasche Jägermeister aus meiner Handtasche. Auf der Stelle geht in Marges Gesicht das Licht an. Ich glaube zwar nicht, dass die Leute auf Kihnu Alkoholiker sind – also, nicht alle –, aber ich lerne, dass es hier als schöne Geste gilt, gemeinsam anzustoßen und auf das Leben zu trinken. Also nehmen wir unser erstes Likörchen zusammen, Marge, Mare und ich, und machen das ab sofort auch mit Mares anderen Kontaktpersonen, die ich die Woche über mit der Kamera besuchen will. Meine Leber wird mir den unfreiwilligen Dauereinsatz schon verzeihen.

So lerne ich mehr und mehr Inselbewohner kennen. Dabei hilft es, ohne Kamera unterwegs zu sein und dass Mare mich als Freundin vorstellt. Wo ich allerdings mit Jägermeister gar nicht aufzukreuzen brauche, ist bei der berühmtesten Person auf Kihnu, der Sängerin Virve. Da wir schon auf unserem Winterdreh bei ihr zu Besuch waren, habe ich mir gemerkt, was sie gerne trinkt, und habe diesmal eine Flasche vom estnischen Traditionslikör Vana Tallinn dabei. Das findet durchaus Virves Anerkennung. Virve Köster hat eine beispiellose Gesangskarriere hingelegt: Nachdem sie sich endlich ihren Traum vom Singen erfüllen konnte, ist sie gleich mit dem ersten Album durchgestartet. Und zwar mit knapp achtzig. Die Goldene Schallplatte hängt im Wohnzimmer gegenüber vom Kamin. Virve ist Jahrgang 1928 – zu ihren Schulzeiten fand der Unterricht in Pärnu noch auf Deutsch statt. Nach der Top Celebrity wurde sogar die Inselfähre benannt. Virve hat einen trockenen Humor, benutzt alte Worte wie »Kavalier« oder »Prosit« und duldet nicht so richtig Widerworte. »Sie allein bestimmt, ob überhaupt und wann gedreht wird«, bereitet mich Mare lachend vor. Und so ist es dann auch jedes Mal: Zuerst möchten sich bitte alle hinsetzen – ja, auch die Männer –, sich an Kuchen, Butterbrot mit Würstchen oder Käse bedienen und mindestens ein Schnäpschen mit ihr trinken. Danach kann man mal unverbindlich darüber nachdenken, die Kamera anzuwerfen.

Der Frühlingsdreh ist voller unvorhergesehener Begebenheiten. Eine Frau aus dem Nachbardorf ist gestorben. Glücklicherweise »nur« die sehr betagte Omi von Mares Freundin Jana. Mare hat sich dafür starkgemacht, dass wir die Ersten sein dürfen, die eine Trauerzeremonie aufnehmen. Das gab es hier noch nie und kommt einem Ritterschlag gleich.

Am Tag des Begräbnisses tragen alle Frauen ihre blauen Trauerröcke, dunkle Oberteile und blaue Kopftücher. Sie kommen auf dem Sarabu-Hof zusammen. Dort ist die Verstorbene, die Elisabeth hieß, aber von allen Liisi genannt wurde, in ihrem Wohnzimmer aufgebahrt. Im offenen Sarg. Als Stadtkind kennt man das ja überhaupt nicht, auch mein Drehteam, das mittlerweile angekommen ist und gleich zur Tat schreiten muss, ist befremdet. Wir hoffen, dass wir mit der Kamera niemandes Gefühle verletzen, aber Mare schiebt uns weiter nach vorne und ermutigt uns, nah an den Sarg heranzugehen.

Die Trauernden schieben das Laken, das wie eine Decke über Sarabu-Liisi gebreitet ist, zurück, sodass wir ihre Kleidung aufnehmen können. Die Tote hat einen neuen dunkelrot gestreiften Kihnu-Rock an, den sie selbst gewebt hat. Extra für ihr Begräbnis. Ab sechzig bereiten die Frauen hier ihre Kleidung für den Sarg vor, sie stricken sogar Handschuhe als Dankeschön für die Sargträger.

Auf Kihnu ist der Tod ein Teil vom Zyklus des Lebens. So viel mehr als bei uns, wo er ein außerhalb stehendes Element bleibt, zu dem keiner so richtig hinsehen mag. Und wo man lieber so tut, als gäbe es ihn gar nicht, bis er plötzlich mit der imaginären Sense über der Schulter vor der Tür steht und sagt: Tja, Freunde, mich gibt es doch. Hier sehen ihm die Menschen viel früher ins Auge und auch mit weniger Abscheu.

Die wenigen männlichen Verwandten warten auf dem Hof, während Liisi in der Wohnstube von Frauen umringt wird. Sie singen: »Jetzt verlässt du dein Haus zum letzten Mal«, und später: »Nun verlässt du deinen Hof zum letzten Mal.« Der sonst so fröhlichen Geigenlehrerin Maria kullern dicke Tränen die Wange hinunter und sammeln sich am Kinn.

Weil der Flur so klein ist, wird der Sarg aus dem Fenster gereicht. Ein Verwandter schlägt einen Nagel in die Türschwelle – damit der Tod nicht so schnell in diese Familie zurückkehrt. Dann heben die Männer den Sarg auf einen Pick-up. Ein paar Frauen klettern nach oben und verteilen sich auf zwei Bänken rechts und links davon. Die anderen laufen hinter dem Pick-up her, es ist eine singende Prozession, einen Kilometer bis zur Inselkirche gegenüber vom Museum und der Schule. Ein Pfarrer ist extra dafür vom Festland gekommen. In der kleinen Kirche treten alle noch einmal einzeln an die Verstorbene heran und verabschieden sich gewissermaßen persönlich. Es rollen Tränen, aber trotzdem ist es unheimlich schön. Die Frauen singen: »Zum letzten Mal verlässt du deine Kirche, zum letzten Mal unsere Gemeinschaft.« Dann tragen die Männer den Sarg auf den Friedhof und lassen Liisi singend in die Erde herab. Es ist magisch traurig. Und total stimmig. Hier liegt sie nun, am friedvollsten Platz der Insel, zwischen Bäumen und all den anderen Kihnuern.

Beim Trauerschmaus (jetzt ohne Kamera) wird für uns Platz gemacht, und ich merke, wir sind nicht mehr ganz so fremd. Wir haben das jetzt zusammen durchgestanden.

Später sind wir noch mal mit Mare auf dem Friedhof, weil ich hier einen O-Ton mit ihr aufnehmen möchte. Dort, in der Mitte der Insel, wird mir bewusst, wie eng diese Gemeinschaft ist. Mare kennt zu jedem Grabstein die Geschichte. Der hier ist zu schnell Auto gefahren, der da drüben ist am Strand erfroren, das war eine junge Mutter, hier ein Jugendlicher. Die kleinen namenlosen Steine sind für Babys, die vor oder nach der Geburt gestorben sind und deshalb noch nicht getauft waren. (Mittlerweile werden keine Kinder mehr auf Kihnu geboren – die Schwangeren fahren drei Wochen vorm Geburtstermin aufs Festland.) Der Traurigkeit dieser Geschichten wirkt die Schönheit und Ruhe dieses Ortes entgegen. Es ist ein lichter Wald mit unzähligen verstreuten Grabsteinen. Die Sonne wirft lange Strahlen durch die Bäume, der Boden leuchtet hellgrün vom Moos und bunt von den Blumen. Hier MÖCHTE ich tot überm Zaun hängen. Also nicht gleich morgen, aber so in fünfzig, sechzig Jahren. Wäre okay.

Als wir später bei Kuchen und Käsebroten mit Virve zusammensitzen, erzählen wir von dem traditionellen Begräbnis. Sie sagt, ihre Beerdigung wird anders, und Mare muss erst aufhören zu lachen, bevor sie für uns übersetzen kann. Wenn sie tot ist, sagt Virve, möchte sie mit einer Tuba-Kapelle durch den Wald ziehen. Und sie will auch keinen Kihnu-Rock anhaben. Ich bin mir nicht ganz sicher, ob sie mich veräppelt, aber sie fährt resolut fort: »Wenn ich gehe, dann nicht im Rock.« Sie hebt ihren Zeigefinger. »ICH werde in Hosen gehen!« Und fügt hinzu, dass sie hoffentlich noch zehn Jahre Zeit habe, darüber nachzudenken, schließlich sei sie erst knapp neunzig.

Nun muss ich nur noch Olavi knacken. Das gelingt mir in einem Moment, der zunächst so gar nicht nach schmelzendem Eis zwischen uns aussieht. Wir sitzen alle zusammen – komplette Familie, komplettes Filmteam – in Mares Küche beim Abendessen. (Das Inselrestaurant macht erst im Juni auf.) Anni, die zweitjüngste Tochter, die wir diesmal für eine Kinderdoku hauptsächlich filmen, hat jetzt am Ende der Woche keine Lust mehr auf Drehen, weil sie von ihrem besten Freund zur Geburtstagsfeier eingeladen ist. Mare sieht, dass uns das in große zeitliche Bredouille bringt, und verbietet Anni hinzugehen. Anni heult und mault, ihre ganze Klasse sei da (das sind fünf Kinder). Olavi wettert seinerseits, es könne ja wohl nicht sein, dass seine Tochter auf einen Geburtstag verzichten muss, weil ein Filmteam da ist. Und ordnet an, dass hier jetzt überhaupt nichts mehr gedreht wird.

Plötzlich kommt mir die Küche gar nicht mehr so groß vor. Wir sitzen mitten im Sturm. Anni rennt schimpfend nach oben, Mare schimpft ihr hinterher. Olavi brüllt seine Frau an. Mare brüllt zurück. (Wir filmen das NICHT.) Mein Team zieht sich aus diplomatischen Gründen nach draußen zurück, doch ich bleibe an Deck. Und frage in die Stille, ob ich einen Vorschlag machen darf.

»Was?«, fragt Mare müde.

»Was?«, fragt Olavi sauer.

»Wie wäre es denn, wenn Anni auf den Geburtstag geht und sich mit ihren Freunden mal so richtig austobt. Schließlich hat sie die ganzen letzten Tage alles super mitgemacht, das hat sie sich verdient. Und heute Abend, wenn die Party vorbei ist, so vielleicht um sieben, fährt sie mit Papa«, Olavi schaut mich mit zusammengekniffenen Augen an, ich grinse, »raus aufs Meer, und ihr geht zusammen ANGELN? Nur Vater und Tochter, und wir filmen euch mit der Drohne?« Bei Drohne hat er gezuckt, das habe ich gesehen. Außerdem geht er gerne fischen, und das kann er ja paradoxerweise nicht, während er auf See ist. Also macht er das immer als Erstes, wenn er nach Hause kommt.

Ich kann ihn gut leiden, den Olavi. Und er spürt auch, dass ich keine Arschgeige bin. Er hat gemerkt, dass mir das Unglück seiner

Tochter (die sonst überhaupt keine Wenn-ich-heule-krieg-ich-meinen-Willen-Tussi ist, sondern echt ein nordisch-cooles Mädchen) nicht egal ist.

Olavi nickt. Mare schmunzelt und räumt den Tisch ab. Zeit für mein anderes Anliegen. »Sag mal, kannst DU dir mal das kaputte Moped ansehen?«

Er brummt: »Wenn ich Zeit habe.«

Leider ist die Reparatur komplizierter als gedacht, aber bis zum Juli, verspricht Olavi, ist das Moped wieder flott.

Der Dreh am Abend mit Anni am Hafen wird wunderschön, wir kriegen sensationell stimmungsvolle Bilder auf dem Wasser in der Abendsonne.

Und als wir uns schließlich für diesen Frühling verabschieden und ich Olavi schon mal entschuldigend darauf vorbereite, dass er uns in zwei Monaten schon wieder an der Backe hat, nimmt er mich fest in den Arm, drückt mich ans Herz und sagt: »JETZT seid ihr Familie!«

- 15 -

Bunt ist der Sommer, und ich trag plötzlich Rot

Als wir für den Abschluss des Films wiederkehren, kennen wir schon diverse Inselbewohner mit Namen. Viele grüßen uns oder winken, Mares Freunde umarmen uns sogar. Mare hatte auf Facebook gepostet, wie toll die letzten Dreharbeiten waren, und nun wissen alle Bescheid: Wir sind die Guten. Jetzt hier anzukommen ist ein komplett anderes Gefühl als damals im Winter.

Im Juli findet das dreitägige Meeresfest auf Kihnu statt, zu dem die Insel vor Besuchern birst. An diesem Wochenende bleibt kein Bett leer und kein Auge trocken. Mare muss die Band Singer Vinger, die hier einen Berühmtheitsgrad hat wie bei uns U2, auf dem Dachboden über ihrer Sauna unterbringen und fragt sich, wo sie den estnischen Präsidenten platziert, sollte der auch noch aufkreuzen. Betten werden verschoben, Matratzenlager hergerichtet, Kinder auf den Fußboden verbannt. Wir schlafen nun nicht mehr in der Ranniku-Farm, sondern bei Mare auf dem Hof, denn dort gibt es seit neuestem ein ausgebautes Gästegeschoss über Olavis Werksgarage.

Ich habe für jeden etwas mitgebracht, unter anderem für MEINEN FREUND Olavi selbstgemachtes Grillketchup. Dafür haben sie auch eine Überraschung für mich: Mare hat von der längsten Inselbewohnerin einen roten Kihnu-Rock ausgelichen. Ich frage, ob ich den gleich zur Festeröffnung am Freitagabend oder erst zum Konzert am Samstag anziehen soll, und sie schaut mich mit einem Blick an, den man sonst von Kindern und Jugendlichen kennt, wenn man etwas ganz Offensichtliches immer noch – und als Einziger auf der Welt – nicht begriffen hat. »Jeden Tag?«, entfährt es ihr. In dem Fragezeichen höre ich ein leises »Dummerchen«. Da dieser Rock einem Orden gleichkommt, gebe ich keine Widerworte und drehe das ganze Wochenende im Look einer glücklichen Kihnu-Frau.

Deshalb sehe ich auch unheimlich authentisch aus, als wir am Leuchtturm unseren Findling suchen, »den dritten (dicken) hinter dem größten Felsen«. Da springt dann eine möglicherweise nicht mehr ganz dichte Einheimische von Findling zu Findling und formt, zum Leuchtturm gewandt, Rechtecke mit ihren Händen.

Jetzt brat' mir doch einer 'n Storch. UNSER Findling IST WEG!

Auch Michael wundert sich und versucht, von verschiedenen Positionen aus in seinem Sucher die linke Dachkante in seinen »Center Marker« zu bekommen. Vergeblich. »Das macht ihr dann im Schnitt«, schlägt er vor. Es ist ein Running Gag, weil das immer gesagt wird, wenn beim Dreh etwas nicht nach Plan läuft.

»Tja – hätten wir meinen Klebestreifen angebracht …«, feixt nun auch Marius. Und ich seufze als Antwort den Satz, der fast immer passt, egal ob als Lob oder als Tadel: »EIN-MAL mit Profis arbeiten!«

Braune Ballerinas, PERLONSTRÜMPFE (ja, im Osten darf man die noch tragen, anders als in den USA, wo man sofort als Ostblock-Aficionada oder gleich als russische Spionin geoutet wird), weiße Bluse und rote (!) Strickjacke – für mein phantastisches Outfit bekomme ich ziemlich viele Daumenhochs, und das dreitägige Fest am Ende dieser Drehwoche ist der Höhepunkt meiner estnischen Entdeckungsreise. Die Fähre macht an diesem Wochenende Sondertouren, Menschen schippern in eigenen Booten vom Festland herüber, Ex-Insulaner kommen nach Hause, das Inselorchester (aka alle Kinder, die in der Schule Musikunterricht haben) spielt auf der Bühne, Virve singt mit ihrer Band, ein paar junge Kihnu-Frauen führen neue Choreographien auf. Es gibt Tanzkurse von Einheimischen für die Inselfremden, Seemannswettbewerbe wie Tauziehen oder Gewichtheben, Robbenfleisch und andere Kihnu-Küche zum Verkosten. Die Kinder springen mit nackten Füßen von Findling zu Findling (die Schlingel haben bestimmt auch unseren verschoben), und Mares siebenjährige Tochter Maria verprasst die Hälfte ihrer gesamten Ersparnisse in einer vom Festland eingeschifften VR-Bude (mit der Mare so gar nicht einverstanden ist), in der sie mit einer riesigen Helmbrille auf dem Kopf im Sessel verschwindet und man nur noch ab und zu ihre Füße wackeln sieht. Danach ist die Kleine pleite, weil sie die andere Hälfte ihrer Ersparnisse bereits am Vormittag im neu aufgemachten Inselcafé bei der Metsamaa-Farm in das Spendenglas »Für den Erhalt unserer Kultur« geworfen hat. Mit den Worten: »Das muss man doch unterstützen!«

Singer Vinger heizt der Masse ordentlich ein, und zum krönenden Abschluss kommt Anto mit seinem Musikerkollegen auf die Bühne. Sie schmettern aus vollem Hals die Lieder, die uns mittlerweile vertraut geworden sind. Hunderte Besucher vom Festland jubeln ihnen vor der Bühne zu – aber ich habe in der Menge nur Augen für »meine« Kihnuer, die mir über die Monate so ans Herz gewachsen sind.

Als es dunkel ist, werden am Kai Wunschlichter in den Himmel gelassen. Was wünschen die Leute sich wohl? Bei mir mischt sich Freude mit Wehmut. Überhaupt ist Freude-mit-Wehmut der typische Kihnu-Cocktail. Auf dieser Insel verwebt sich der Stolz über das erfolgreich Bewahrte mit der immerwährenden Sorge um die Zukunft. Was, wenn alle jungen Leute wegziehen? Wenn keine Kinder mehr hier geboren werden? Wovon sollen die, die sich entscheiden zu bleiben, leben, wenn nicht von einem sanften Tourismus, der ihnen zwar Geld auf die Insel spült, aber nicht mit Kameras bewaffnet die Blumenrabatten in den Vorgärten platt latscht und Mopeds ausprobieren will? Was, wenn Journalisten, die nur ein paar Stunden hier verbringen, schreiben, dass die Röcke ohnehin nur noch getragen werden, damit die Insel nicht ihren Unesco-Schutzstatus verliert?

Auch Mare trägt diese Mischung von Freude und Wehmut in sich, alle tun das hier. Sie ist nach ein paar erfolgreichen Berufsjahren in Tallinn zurückgekehrt und hat ganz bewusst auf eine Karriere und Ansehen verzichtet, weil sie solche Sehnsucht nach ihrer Insel hatte. Als ich sie dazu befrage, sagt sie: »Ich kann nicht anders, das ist hier mein Schicksal. Kihnu ist mein Leben und meine Bestimmung.«

Unermüdlich steckt sie all ihre Kraft in die Erhaltung dieses Bullerbü-Traums, steckt andere an, reist herum und macht Werbung für die schrägen Traditionen. Auch ihre vier Kinder beteuern, immer hier leben zu wollen. Auch wenn sie noch nicht wissen, wie das gehen soll. Nur Anni hat bereits einen Plan: Sie will das Gleiche machen wie ihre Mutter.

Am Sonntag, als sich die Insel wieder leert und auch die Band die Sauna geräumt hat, veranstalten Mare und Olavi einen letzten Barbeque-Abend für uns, als Abschied und Dankeschön. Olavi grillt Fisch und Lamm, ich mache aus weiteren Mitbringseln Melone-mit-Feta-und-Minze-Salat, Michael und Marius spielen mit den Kindern Fußball.

Später schnappen sich die Damen meine Teamkollegen und zeigen ihnen auf der Wiese, wie die traditionellen Kihnu-Tänze getanzt werden. Frauen und Männer, Esten und Deutsche, Erwachsene und Kinder halten sich an den Händen und bewegen sich im Kreis. Ich könnte heulen vor Rührung. Jetzt, wo wir wirklich angekommen sind, ist es Zeit zu gehen.

Ein Glas mit Wodka wird herumgereicht – man trinkt hier immer im Uhrzeigersinn (außer beim Begräbnis, da trinkt man entgegengesetzt), und Olavi sorgt mit einem Zwinkern dafür, dass das Glas nie leer ist. Im Gegenteil, er bringt noch weitere in Umlauf. So kommen immer abwechselnd Wodka, Wein, Schnaps, Sekt oder Likör an einem vorbei, und der oder die Kluge entscheidet sich früh, bei welchem Getränk er oder sie bleiben möchte …

Mares Freundin Jana, deren Großmutter Liisi im Frühling gestorben ist, spielt Gitarre und singt dazu estnische Lieder, später sogar ein paar russische. Dazu schüttelt sie ihre lange hellblonde Mähne. Janas Stimme ist dunkel und ein bisschen verrucht, sodass wir ihr schon bald alle bierlaunig an den Lippen hängen.

Michael, der für diese Reise Drehschluss hat, sitzt selig in einem Holzstuhl auf der Terrasse und summt leise mit. Auch er schwankt gerade mächtig zwischen Wehmut und Freude.

Ich nippe an den meisten Getränken nur symbolisch und lasse das Glas schnell weiterziehen. Wir müssen morgen schon ganz früh zum Hafen fahren, um die Zehn-Uhr-Fähre zu bekommen, weil ich nicht wusste, dass man nach großen Festen reservieren muss. Nun ist sie ausgebucht. Unser Rückflug geht aber nachmittags ab Tallinn und wird nicht auf uns warten.

Marius verabschiedet sich um elf zum Packen und ins Bett, ich folge eine knappe Stunde später und klopfe Michael noch mal auf die Schulter. »Pass auf, Mischka«, raune ich ihm ins Ohr. »Mach nicht zu lange.«

»Julitschka, keene Sorge, allet unter Kontrolle!«, beteuert mein Kameramann frohgemut, und ich kann mich des Eindrucks nicht erwehren, dass es bei ihm doch noch ein bisschen länger werden könnte. »Ick hab dit im Griff.«

Nachdem auch meine Sachen gepackt sind, lege ich ihm noch eine Aspirin auf die Türklinke, doch da höre ich ihn schon die Außentreppe zu unserem Obergeschoss erklimmen. Er ist total vergnügt.

»Julitschka?«

»Psssst! Ja, ich bin's.«

»Wat machst DU denn hier?«

Das muss ich festhalten. Ich frage, ob er mir mal sein Handy leihen kann, er zieht es bereitwillig aus der Hosentasche. Ich nehme das Handy an mich.

»Julitschka. FILMST DU?«

»Na, ich dachte, ich mache mal ein kleines Making-of. Erzähl mal, Michael, geht's dir gut?«

»Allet bestens!« Mein Kameramann lächelt zufrieden und wird dann sehr nachdenklich. »Sag mal, wo ist eigentlich unser Marius?«

Ich tippe auf die Tür unseres Tonkollegen. »Er schläft hier drin, ich da links und du dahinten.«

Schon klopft Michael an Marius' Tür. »MA-RI-US! Wir brauchen dich! Wir drehen hier wat Schönet, ick brauche TON!«

Der Tonkollege stellt sich tot. Wir stehen kichernd vor seiner Tür, und ich habe Mühe, die Kamera ruhig zu halten. Mich würde nicht wundern, wenn Marius drinnen auch leise kichert.

Ich biete Michael an, ihn morgen früh zu wecken. Falls er seinen Wecker nicht von selbst hört. »Och. Würdste dit machen? Dit wär janz lieb«, freut er sich.

Dann stelle auch ich mich tot. Ich höre, wie er zum Zähneputzen ins Bad schlurft und kurze Zeit später zurück in sein Zimmer.

Wenige Stunden später packen Marius (der tatsächlich tief und fest geschlafen hat) und ich außerordentlich amüsiert über unseren

Dienstältesten das Auto, bringen Michael einen Kaffee ans Bett und tapsen dann zu dritt zum letzten Frühstück in Mares Küche. Mare und Olavi zeigen auch Spuren von der kurzen Nacht, bestehen aber darauf, uns zur Fähre zu bringen.

Olavi sorgt dafür, dass wir den Einheimischenbonus bekommen und auch ohne Reservierung auf die Fähre dürfen. Die toughe Mare und ich verdrücken KEIN Tränchen, aber wir liegen uns in den Armen. »Kommt unbedingt wieder! Wir warten auf euch.« Und Olavi beteuert noch einmal: »Ihr gehört ja schließlich jetzt zur Familie!«

Ich kann mein Lächeln noch aufrechterhalten, bis die Fähre ihre Ausleger eingeklappt hat und wir abfahren. Mare und Olavi rudern unten am Kai mit den Armen. Da kullert mir etwas Salziges die Wange runter. Wir winken, bis unsere estnische Familie am Horizont verschwunden ist. Bei Marzipanblätterteig und Cappuccino gucken wir dann das Video auf Michaels Handy. Und auf einmal sind wir wieder beides gleichzeitig: wehmütig und beseelt.

In diesem Sommer kann ich für eine ganze Weile keine blauen Sachen tragen. Finde dafür aber die Kombination von Streifen- und Blumenmustern plötzlich sehr, sehr stimmig.

Montenegro

GUT ZU WISSEN:

Oase der Vielfalt – landschaftlich, kulturell, kulinarisch!
Mein Tipp: Am besten vorher abspecken – denn hier wird's schwer, nein zu sagen …

Lecker heißt »ukussno je«,
»danke« heißt »hvala«.

- 16 -

Entdecke die Langsamkeit: neues Team, neues Tempo

Meine Füße suchen krampfhaft Halt auf einer wabbeligen Gummiplane, unter der das leuchtendste Grün rauscht, das man sich vorstellen kann. Ich stecke in einem schwarzen Neoprenanzug, der obenrum ein wenig schlabbert und der durch eine rote Schwimmweste und einen quietschgelben Helm farblich abgerundet ist (Letzterer lässt mich aussehen wie Calimero mit Eierschale auf dem Kopf). So gestylt schaufele ich mich wie wild durch die Fluten. Rechts der Fluten Bosnien und Herzegowina, links Montenegro. Eine Seite ist schöner als die andere.

Im Bug des Schlauchboots hat sich Michael artistenmäßig unter der Gummibalustrade festgeklemmt und hält mit dem rechten Arm – der einzig noch verfügbaren Gliedmaße – die Kamera in die Höhe, damit sie trocken bleibt und trotzdem aufnimmt. An Steuerbord taucht Marius die Unterwasserkamera ins kühle Nass. Vom Heck aus brüllt der Rafting-Chef Kommandos. Eine Gruppe fröhlicher Litauer paddelt mit mir um die Wette. Wir sind patschnass und geben wirklich alle alles.

Alle bis auf einen. Der sitzt backbord genau hinter mir. Und lächelt weise.

Rückblick: Die *Ostwärts*-Redaktion braucht Luftveränderung! Darum hat sie mich zwar wieder ostwärts, aber diesmal in den sonnigen Süden geschickt, auf den Balkan. Montenegro ist mein erstes Reiseziel, das nicht auf dem Gebiet des ehemaligen sogenannten Ostblocks liegt, kein Bruderstaat der ehemaligen DDR war und auch keine signifikante Sowjetgeschichte vorzuweisen hat.

Was es aber dennoch ostwärtzig macht, wie wir finden, ist seine langjährige Zugehörigkeit zur »Sozialistischen Föderativen Republik Jugoslawien«. Montenegros Vergangenheit und auch die seiner Nachbarstaaten … It's complicated. Das kleine Land am Adriatischen Meer gehört zu jener Region – Ex-Jugoslawien –, der ein paar für europäische Verhältnisse noch sehr junge, blutige Kriege nachhängen, die stattgefunden haben, als ich bereits alt genug war, um Nachrichten zu schauen – in den Neunzigern.

Montenegro also. Meine schwierigste Aufgabe im Vorfeld war, einen einheimischen Gastgeber zu finden. Nach den ersten *Ostwärts*-Drehreisen in den Nullerjahren war schnell offensichtlich geworden, dass es mir immer dann am leichtesten fällt, eine Verbindung zu meinem Reiseland herzustellen, wenn ich mit Einheimischen unterwegs bin, ihnen Löcher in den Bauch fragen kann und mir ihre Lieblingsorte zeigen lasse, gerne auch die abseits der Touristenpfade.

Bestechende Logik: Wer hauptsächlich mit deutschen Mitreisenden unterwegs ist und nur ab und zu Einheimische trifft, kann eben auch nur mit dem kleinen Zeh in die Mentalität eines Landes eintauchen. Also habe ich jemanden gesucht, der seit langem in Montenegro lebt (am besten dort geboren ist), das Land gut kennt und idealerweise Deutsch spricht. In meinen bisher bereisten Ländern Georgien, Russland, Kirgistan, Tadschikistan, Usbekistan und in der Mongolei war es immer leicht, so jemanden zu finden. Doch in Montenegro wurde es plötzlich komplizierter als gedacht. Grund ist der Krieg. Die meisten Montenegriner, die Deutsch sprechen, können es, weil sie während der Kriegsjahre nach Deutschland flohen. Diejenigen von ihnen, die altersmäßig in Frage kamen, waren damals Kinder oder Jugendliche – und die sind zum Großteil nicht wieder zurückgegangen, sondern leben nach wie vor in Deutschland.

Ich war schon kurz vorm Verzweifeln. Und dann fand ich Šućo.

Die personifizierte Tiefenentspannung.

Eigentlich heißt er Šućurija Ustabećir, aber den vollen Namen spare ich mir für die Fortgeschrittenen-Sprachtrainingseinheit auf. Zum lockeren Einstieg übe ich erst einmal, seinen Rufnamen richtig auszusprechen: Šućo. Schuh-Tscho. Wie der Schuh, dann wie der Anfang von Tschechien. Nur mit O. Schuh-Tscho. Ist doch einfach.

Šućo ist ein Bär. Ein großer, freundlicher, bäriger Bär. Er wurde mir von der Leiterin eines Reisebüros empfohlen, die meine Sendung kennt und sich über meine Anfrage freute. »Ich weiß genau, was Sie suchen! Jemanden wie Ihren Georgier Gia!« (Mit dem ich vier Wochen lang durch sein hübsches Land zog, das er mir mit großem Enthusiasmus, Humor und Spontaneität ans Herz legte.) Jepp, so einen brauche ich für Montenegro.

Ich schreibe Šućo, er antwortet prompt, und wir verabreden uns für unsere erste Videokonferenz, zum gegenseitigen Beschnuppern.

Šućo ist mir auf Anhieb sympathisch. Ende dreißig, lebt mit seiner Frau und seinen Söhnen in der Hauptstadt Podgorica und arbeitet als Reiseleiter für einen montenegrinischen Tourveranstalter. Schon als Kind hat er etwas Deutsch gelernt, und zwar – Achtung! – von deutschen FKK-Urlaubern. Von den Nackerten (die er, wie er mit großen blauen Augen beteuert, als kleiner Junge NIE näher betrachtet, sondern NUR sorgsam belauscht hat) lernte er seine ersten Vokabeln. (Wie und warum erzähle ich noch.) Später hat er dann Deutsch studiert.

Wir videokonferenzen ein paarmal, und er schlägt mir »NUR die Ecken Montenegros vor, die man unbedingt sehen muss«: Es sind alle. Egal, was er aus dem Hut zaubert, jedes Mal denke ich: »Oh yeah! Da will ich hin!«, und: »Das auch noch? Mach ich.« Montenegro ist so klein wie Schleswig-Holstein, aber dennoch so abwechslungsreich wie ein halber Kontinent. Wie soll ich mich da entscheiden? Darüber hinaus erzählt Šućo so begeistert und mit solch einem charmanten Akzent, dass ich ganz viele der Anekdoten mitschreibe und mir vornehme, ihm diese auf unserem Dreh genauso vor der Kamera zu entlocken.

Am Transitgate in Wien warten meine Berliner Filmbuddys Michael und Marius auf mich, und ein paar Stunden später empfängt uns Šućo in der Ankunftshalle von Podgorica – statt eines Begrüßungsschilds mit unseren Namen hält er ein großes rotes Herz aus Papier hoch. Die nächsten drei Wochen werden wir als Viererteam miteinander verbringen, drei Kerle wie Baumstämme und ein plapperndes Vögelchen – so what, nun sitzen wir alle in einem Boot.

Und ein paar Tage später dann eben auch in echt: paddelnd auf der rasend schönen Tara, die in ihrem weiteren Verlauf durch die längste und tiefste Schlucht Europas (und zweittiefste der Welt) donnern wird und deren Stromschnellen jetzt im September nicht mehr so angsteinflößend sind wie im Frühling – weswegen wir uns das Abenteuer mit Kamera an Bord überhaupt erlauben können.

Wir sehen unglaublich dämlich aus in unseren Neos, Schwimmwesten und Helmen, aber nachdem die erste Stromschnelle todesmutig bezwungen und die größte Angst verflogen ist, gibt es nur noch fröhliches Schreck- und Freudengeschrei an Bord. Lediglich Šućo irritiert mich. Er jauchzt nicht mit. Bei näherem Hinsehen paddelt er nicht einmal mit. Gut, ab und zu tut er ein bisschen so, aber Ambition sieht anders aus. Die vier Litauer, Marius und ich machen die ganze Arbeit.

Ich frage mich, ob er Angst hat. Und ihn, ob es ihm nicht gut geht. Er verneint, alles okay. Vielleicht ist das hier ja einfach nicht sein Ding. Als Student hat er semiprofessionell Basketball gespielt, das hat er mir erzählt. Nach einer Weile hake ich nach, ob Raften vielleicht nicht so richtig seine Sportart sei. Er lächelt und antwortet, seine Hauptsportarten seien eher »K und K«. Ich überlege. Kricket und Kugelstoßen? Oder nee: Kegeln und Kickboxen? Jetzt hab ich's: Kitesurfen und Klettern! Šućo löst auf: »Kultur und Kulinarik«. Er strahlt. (Und wenn ich so offen sein darf: Kulinarik sieht man ihm ein klitzekleines bisschen an, auch – oder gerade? – im Neoprenanzug.)

Schließlich reicht Marius Šućo die Unterwasserkamera von steuer- nach backbord und hat dadurch ab sofort beide Hände frei, was eine spürbare Tempossteigerung zur Folge hat – auch wenn wir dadurch einen leichten Linksdrall bekommen.

Was für ein großartiger Tag! Als wir schließlich am Ziel, einem kleinen Sandstrand anlegen, sind alle ausgepowert und sehr, sehr stolz. Ich klatsche mit den Litauern ab. »Lithuania: twelve points!«, rufe ich. Dann schaue ich zu Šućo. »Montenegro – leider, muss man sagen – zéro points …«

Šućo lächelt. Als die Litauer bereits zum Biergarten abschieben, nimmt er mich zur Seite. »Julia, bist du müde?«

»Ja, ICH schon, und du??«

»Überhaupt nicht. Ich hab ja nur ein bisschen gepaddelt, mehr die Natur beobachtet.«

»Das war Strategie, oder?«

»Nee, so machen das die Montenegriner, die möchten nicht so physisch arbeiten, lieber mit dem Kopf.«

»Ich würd sagen, das ist dir gelungen, oder?«

Šućo grinst. Da ist er auch noch stolz drauf. Frechheit.

»Outdoor-Abenteuer ist nicht so euer Ding?«

»Doch, doch. Aber Montenegriner mögen sich nicht anstrengen. Du kennst die montenegrinischen zehn Regeln?«

O ja – ich habe die entsprechende Postkarte mit der Liste schon an diversen Ständen entdeckt – auf Deutsch, allerdings auch mit sage und schreibe knapp zwanzig Schreibfehlern. Wer produziert bitte schön eine POSTKARTE, ohne deren Text mal eben per Handy an einen Muttersprachler zu schicken und gegenlesen zu lassen? Tatsächlich hat mich das mehr fasziniert als der Inhalt.

»Ich kann nur eine.«, sagt Šućo. »Wenn du jemanden siehst, der arbeitet …«

Ich ahne, was kommt.

»… dann geh weg.«

Ich hab's befürchtet.

Später recherchiere ich online die zehn Gebote von Montenegro:

1. Der Mensch wird müde geboren und lebt, um sich auszuruhen.
2. Liebe dein Bett wie dich selbst.
3. Ruhe dich tagsüber aus, auf dass du nachts schlafen kannst.
4. Arbeite nicht – Arbeit bringt um.
5. Wenn du jemanden siehst, der sich ausruht – hilf ihm.
6. Arbeite weniger, als du kannst. Das, was du kannst, lass andere machen.
7. Rettung ist immer im Schatten – vom Ausruhen ist noch keiner gestorben.
8. Arbeit macht krank – stirb nicht jung.
9. Falls du den Drang verspürst zu arbeiten, setz dich erst mal. Bleib sitzen, warte ab, und du wirst sehen: Der Wunsch vergeht.
10. Wo du bemerkst, dass gegessen und getrunken wird – gehe hin. Wo du siehst, dass gearbeitet wird, gehe weiter, auf dass du nicht störst.

Ich finde es ja sensationell, dass die Montenegriner diese Zuschreibungen so gelassen hinnehmen können und weglächeln. Man stelle sich den Aufschrei in Deutschland vor, wenn jemand UNSERE heimlichen zehn Gebote aufschriebe und als Postkarte verkaufen wollte. Und ich meine nicht so was wie: »Wenn du einen Termin hast, sei immer ein paar Minuten zu früh.« Das ist billig getarntes Selbstlob. Nein, ich meine eine »Zehnmal-typisch-deutsch«-Liste, bei der wir uns ehrlich an die eigene Nase fassen.
Was kommt mir denn da so in den Sinn?

1. Wenn du eine*n Falschparker*in siehst, lege einen Hinweis hinter die Scheibe. Alternativ klappe die Scheibenwischer hoch.
2. Mache Überstunden. Egal womit (Urlaubsplanung, Online-Shoppen, Facebook, fernmündliche Freundschaftspflege, Solitär). Sei als Letzte*r im Büro, wenn die anderen gehen. Seufze.
3. Beschwere dich. Egal weswegen.
4. Wenn dir ein*e Verkehrsteilnehmer*in mit Handy am Ohr entgegenkommt, gestikuliere, dass das VERBOTEN ist.
5. Betritt Zebrastreifen möglichst langsam. Sollte jemand eine Vollbremsung machen, verbuche es als Sieg.
6. …

(Bitte nach Lust und Laune ergänzen.)

Ich nehme mich da gar nicht aus. Ich bezweifle aber, dass eine solche Postkarte ein Topseller in Deutschland werden würde. Höchstens top in der Zahl der Beschwerden darüber. Die Montenegriner aber sind naturgemäß tiefenentspannt, wenn es um ihre vermeintliche Faulheit geht. Wie ernst sie es mit der Kernkompetenz Gemächlichkeit wirklich meinen, werde ich in den nächsten Wochen genau unter die Lupe nehmen.

- 17 -

Zwischen Dojč-Kaffee und Njeguši-Schinken – Kulinarik ist das A und O

Wenn es regelmäßig etwas zwischen die Zähne gibt, geht es mir prima. Bin ich darüber hinaus nicht die Einzige, die andauernd Hunger hat, geht es mir noch besser. Menschen, die gerne anständig essen, sind mir außerordentlich sympathisch. In Šućos Gegenwart wird es mir in den nächsten drei Wochen hervorragend gehen – das weiß ich, seit er unseren Fahrer vom Flughafen direkt zu einem Restaurant auf einem Berg außerhalb der Stadt dirigiert hat. Erst mal was zu beißen.

Ob es umgekehrt Šućo mit uns ebenso gut gehen wird, gilt es noch herauszufinden. Denn anders als seine sonstigen Gäste, die im Urlaub und auf Entspannung aus sind, sind wir ja im Dienst – und immer unter Zeitdruck: Das Licht geht weg! Wir müssen weiter! Ich will noch die eine Wolke da abwarten! Und so weiter. Außerdem hat Marius Šućo gleich in dem ersten Restaurant ein Funkmikro angelegt, das er die nächsten Wochen von morgens bis abends am Mann tragen muss.

Die erste Zeit in Montenegro verbringen wir an der Küste zur Adria und am südlichsten Fjord Europas, der Bucht von Kotor. Ich schüttle über mich selber den Kopf, dass ich bis vor ein paar Monaten noch nie etwas von der Schönheit dieses kleinen Landes gehört habe und nichts, wirklich gar nichts, über Montenegro wusste. Šućo hilft mir, das nachzuholen.

An der Bucht besuchen wir die venezianisch anmutenden, ultrahübschen Kleinstädte Kotor und Perast. Hier ist es so romantisch, so italienisch-südlich, dass man sich dem Urlaubsgefühl beim besten Willen nicht entziehen kann, selbst wenn man einen Arbeitsauftrag hat. Außerdem ist Vanilleeis am Ufer oder ein Kaffeetscherl auf einem der hellen Plätze für Montenegriner ein automatisch eingebauter Tagesprogrammpunkt. Es muss gemacht werden, und da lassen wir uns dann auch gerne breitschlagen.

Am etwas versteckt gelegenen Salat-Platz in Kotor ist es stiller als auf dem Standardpfad, den die frisch ausgeströmten Kreuzfahrttouristen gerade abmarschieren. Die trinken ihren Kaffee wahrscheinlich alle auf der Hauptstraße am Uhrturm (diese Anfänger). Ein paar Katzen schleichen auf weichen Pfoten über die hellen Sandsteine. Entlang der Häuserfronten reiht sich zwischen Blumenkübeln ein Café ans nächste, in der Mitte verbinden Stufen die unterschiedlichen Ebenen des jahrhundertealten Platzes. An einer Wasserstelle kann sich jeder frisches Trinkwasser abfüllen.

Wir kommen gerade von dem steilen Berg mit einer hübschen Kapelle hinter der Altstadt herunter und haben wackelige Beine. Es ist immer noch früh am Tag (die Deutschen haben Druck gemacht), und wir sind die Ersten im Café.

Šućo bestellt auf Montenegrinisch, und ich höre zwischen den fremden Lauten zwei Worte heraus, die ich kenne: Deutsch und Kaffee. Vielleicht hat er gesagt: »Für mich einen Espresso und für die Deutsche Kaffee.« Aber nein, Šućo erklärt mir, dass es hier wirklich ein Getränk gibt, das »Deutschkaffee« heißt. Auf der Karte steht Dojčkavo.

Den hat, so erzählt uns der nette Kellner, ein findiger Barkeeper nachgebaut, nachdem er aus Deutschland zurückkam und dort beobachtet hatte, wie wir unseren Kaffee am liebsten mögen. Er war offenbar fasziniert von starkem Filterkaffee mit Milch. Da Filterkaffee in Montenegro aber so gut wie nicht bekannt ist, hat er einfach einen doppelten Espresso mit Milch und Milchschaum kreiert und das Ganze dann nicht Tall-Cappuccino-Extra-Shot, sondern »Deutschkaffee« genannt. In Podgorica wurde sogar vor ein paar Jahren eine Comedy-Serie mit dem Titel »Dojč-Caffe« gedreht. Ist das schräg.

»Und ›Deutschkaffee‹ kennt jeder?«, frage ich.

Beide nicken gleichzeitig.

»In Montenegro!«, fügt Šućo mit stolzgeschwellter Brust hinzu.

Ab sofort bestellen wir immer und überall Deutschkaffee – und bekommen die köstlichsten starken Cappuccinos östlich von Italien.

In Montenegro bestellt man hauptsächlich drei Kaffeesorten: Türkischen Kaffee, Espresso und »Deutsch«. Maximal noch »Nes« (löslichen Kaffee) oder Cappuccino. Und es gibt eine weitere Entstehungslegende für den Begriff Deutschkaffee, die ist auch nicht übel. Sie hängt mit der Wirtschaftskrise nach dem Auseinanderbrechen Jugoslawiens zusammen. Deswegen gab es hier in den neunziger Jahren eine hohe Inflation. Die offizielle Währung war zwar der Dinar, das inoffizielle Zahlungsmittel war aber die Deutsche Mark, berichtet Šućo.

»Wenn jemand einen Kaffee trinken wollte, wurde der Preis in D-Mark gesagt. Also versuchte man, einen Kaffee anzubieten, der eine Deutschmark kostete. Ein Espresso war zu wenig. Also war ein Doppelespresso angemessen, mit Milch. Und das war dann ein ›Deutsch‹. Wenn jemand bestellt, sagt er nicht: ›Einen Deutschkaffee‹, sondern einfach ›dojč‹. Genügt. Alle verstehen, was man möchte.«

Das probiere ich bei nächster Gelegenheit aus. Aber erst einmal lasse ich mir den »Deutsch« vor meiner Nase schmecken.

Überhaupt ist alles, was wir an KULINARIK präsentiert bekommen, preisverdächtig. Montenegro scheint ein Land voller Feinschmecker zu sein. Šućo fährt mit uns von Kotor die alte Panoramastraße ins Gebirge hoch. Wir wollen nach Njeguši, in die Schinkenstadt. Über fünfundzwanzig Serpentinen schrauben wir uns bis auf neunhundert Meter hoch, und nach jeder Serpentine wird die Aussicht auf die Bucht und die Berge noch schöner, noch hinreißender. Das führt dazu, dass wir immer wieder ein Stück zurückfahren müssen, damit Michael entweder seitlich aus dem Fenster filmen kann oder irgendwo aussteigt und unseren Minibus eine Extrarunde später von oben in den Serpentinen aufnimmt. Nach jeder Ecke denke ich laut: »O Mist, das ist ja NOCH besser«, sodass Michael irgendwann zaghaft fragt: »Wie lang soll denn diese Fahrt im Film werden?« Ich muss einsehen: Wir machen keinen Director's Cut.

Meine Verzückung über dieses Land wird vorübergehend auf null gefahren, als wir an den Ort mit der wohl spektakulärsten Aussicht der Strecke kommen. Es ist außerdem der einzige Punkt, an dem man parken kann, ohne andere oder sich selbst zu gefährden. Hier hält jeder Reisebus. Immer. Gerade ist uns einer vor die Nase gefahren und direkt im Bild stehen geblieben. Eine Ladung außerordentlich betagter Reisender arbeitet sich aus dem Gefährt, einige werden von jüngeren die steilen Stufen des Busses heruntergehoben und bekommen draußen einen Rollator parat gestellt. Nun bewegen sie sich plaudernd und im Schneckentempo auf die Absperrung zu, hinter der es schon bald steil hinabgeht. Das kann dauern. Marius raunt mir leise – und nicht zum ersten Mal – eine seiner trockenen, aber durchaus aufheiternden Beobachtungen ins Ohr: »Zweitausend Jahre in einem Bus«, und lächelt dabei engelsgleich unschuldig. Das macht er ab und zu. Danach zieht er sich wieder hinter seine Tonangel zurück, und ich bekomme den Schalk nicht mehr aus dem Kopf.

Michael »mpfht« kurz und sucht sich einen Punkt, von dem aus er die Bucht trotzdem gut aufnehmen kann.

Šućo und ich warten am Rand der Absperrung darauf, dass die Reisegruppe das Bild und die Tonspur wieder frei macht. Ich schaue in die Ferne, Richtung Nordwesten. Über die Bucht von Kotor, die durch die Halbinsel Luštica von der Adria getrennt wird. Auf der oberen Seite der Einfahrt in diese Bucht liegt der unterste Zipfel Kroatiens, und ich bilde mir ein, bis nach Dubrovnik schauen zu können.

Als mein Blick wieder zurückwandert, sehe ich sie – die Kehrseite des Tourismus. Hunderte von Feuchttüchlein liegen hinter der Absperrung vor meinen Füßen. Mitten im Grünen.

»Das glaub ich jetzt nicht«, entfährt mir die aufwallende Empörung. Als ob jemand einen roten Knopf bei mir gedrückt hätte.

Šućo zuckt unbeteiligt mit den Schultern. Sind eben die Touristen.

»Nee«, werde ich sofort böse. Ich habe nämlich in der Zwischenzeit die Gegend abgescannt: Ich sehe keinen Mülleimer und keine Toilette. Ist ja jetzt nicht ungewöhnlich, dass die alle mal müssen, wenn sie ab und zu aus dem Bus klettern. »Also ja, du hast recht, die Touristen sind es auch«, versuche ich es etwas milder, »aber das machen die doch nur so lange, bis ihr es ihnen verbietet!« (Da! Ich, die Deutsche … Ist klar, es muss VERBOTEN werden.)

»Was sollen WIR denn da machen?«, fragt Šućo.

Ich sortiere meine Wut, bevor er das jetzt alles ungefiltert abbekommt. Erstens, liebe Reisegäste: Wie ignorant muss man sein, um an solch einem Ort mit diesem Blick zu stehen und dann GENAU HIER seinen Müll fallen zu lassen? Zweitens: Wieso müssen alle plötzlich Feuchttüchlein benutzen? Vlies mit Öl und Parfüm löst sich nicht auf, große Überraschung. Auch nicht, wenn man wegschaut und dann weiterfährt. Hunderte, wirklich Hunderte von Tüchlein liegen auf unbestimmte Zeit hier einfach so rum. Es sei denn, es kommt jemand, um sie einzeln einzusammeln. Sollte es diesen jemand geben, tut er mir sehr, sehr leid.

Drittens, liebe Gastgeber, bin ich fassungslos über diejenigen im Tourismus-Ministerium, die zwar mit Nachhaltigkeit werben, denen aber der Weitblick fehlt, um an einem spektakulären Ort wie diesem hier nicht ein oder zwei Klos zu zimmern, wie es die Kanadier in jedem Nationalpark hinkriegen. Betonboden, Holzwände, Regendach, Tür, Riegel, Mülleimer, Klopapier, Beschriftung, Wasserspülung oder Plumpsklo, Drainage, fertig. (Bin nicht vom Fach, aber in meiner Vorstellung sollte das reichen.)

Die grüne Aktivistin in mir geht Šućo jetzt massiv auf die Nerven. Der nämlich leise sagt, da könne man nichts machen. Das müsste von außen kommen, von der EU vielleicht.

Im Kopf habe ich schon Plakate gebastelt und einen Aufmarsch organisiert. NEIN ZU FEUCHTTÜCHLEIN! FREIHEIT FÜR DIE BÜSCHE! WAS HABEN DIE AMEISEN EUCH GETAN? BROT FÜR DIE WELT – MÜLLEIMER FÜR MONTENEGRO! So was in der Art. Ich habe mich festgebissen. Kommt manchmal vor.

»Dann müsst ihr das mal einfordern! IHR seid doch mit den Touristen unterwegs! Das könnt ihr doch im Ministerium mal sagen, oder?« Aber ich rede gegen Windmühlen, der Revoluzzer liegt nicht in Šućos Naturell.

Michael stapft mit dem Stativ herbei und greift diplomatisch ein. »Ich glaube, die älteren Herrschaften sind beim Einsteigen. Willst du da was zu sagen, Julia?«

»Zu den Herrschaften? Ach so, zum Müll. Nein, will ich nicht. Es ist alles gesagt.« Ich krame von ganz weit unten etwas gute Laune wieder rauf und hebe noch einmal meinen Zeigefinger. »Aber ich schreib dem Minister!«

»Ja, mach das«, entgegnet Michael, »und bis dahin schaut ihr zwei mal schön auf die Bucht. Nicht nach unten vor die Füße, schön in die Ferne. Na also.«

Eine halbe Stunde später bin ich wieder zahm wie ein Lamm. Wir kommen in den Ort Njeguši, der das montenegrinische Parma ist oder das spanische Serrano. In dem kleinen Bergdorf wohnen dauerhaft nur noch wenige Menschen, an einer Seite der Durchfahrtsstraße sehe ich eine Handvoll Marktstände und eine Taverne. Wir steigen aus, und Šućo nimmt mich auf die Seite. »Julia. IHR könnt tolle Autos und so was. Aber WIR …« Verheißungsvolle Kunstpause. »… können Schinken und Käse. Und Wein!« Wenn das stimmt, ist das hier mein Land. (Ich mach auch den Müll weg, kein Thema.)

Weit und breit sind wir die Einzigen hier oben. Neunhundert Meter über dem Meeresspiegel, aber nur drei Kilometer Luftlinie von der Bucht entfernt. Die Pensionärskarawane ist bestimmt schon hier gewesen, die sind uns ja entgegengekommen, und die Kreuzfahrer haben vermutlich einen so vollen Tourplan, dass sie entweder schon vor Stunden eingefallen sind oder erst am späten Nachmittag auf dem Rückweg nach Kotor durch Njeguši eilen, um ihre letzten Euros für Luftgetrocknetes und andere Schweinereien rauszuhauen.

Wir schlendern an den Ständen entlang, es gibt verlockende hausgemachte Leckereien: Gläser voller Nüsse in Honig, Schnäpse, Weinbrände, Käse und – wir halten bei einer netten Dame an – Räucherschinken zum Verkosten. Hier bleiben wir! Šućo und ich probieren uns durch, wobei er, weil er muslimisch ist, nur den Schinken vom Rind verkostet. Ich probiere auch das Schwein. Beide schmecken sen-sa-tio-nell. Die Verkäuferin erzählt, dass dieser Schinken einzigartig auf der Welt ist. Weil er nach Bergen UND Meer schmeckt. Šućo übersetzt mir das ein bisschen umständlich, und so verstehe ich zunächst, dass die Tiere, während sie noch nichtsahnend auf der Weide stehen, Berg- und Meerluft einatmen. Und dass deshalb ihr Schinken später so besonders schmeckt. Das wäre jetzt marketingtechnisch zwar Bombe, stimmt aber leider

Bereit für die Abfahrt von Leipzig ins Baltikum

Viel zu kurz bei der Litauerin Jovita auf der Kuhrischen Nehrung

Tragisches Schicksal der »Wolfskinder«: Liudvika kam 1933 als »Edith« auf die Welt. Im Krieg verlor sie ihre Eltern, ihr Zuhause und ihre Identität.

Die Verfassung von Užupis – spiegelt in x verschiedenen Sprachen die Wünsche für ein gute Zusammenleben wider.

Lässige Audienz beim Präsidenten von Užupis

Noch ein »Wolfskind«-Schicksal: Ruth Deske wurde nach dem Krieg zu Birute Goriene. Sie hat anderen »Wolfskindern« geholfen, Verwandte zu finden – wenigstens für manche ein Happy End.

Mein Allererster, live und in Farbe

Riga – das Paris des Nordens, ist klar.

Die »Drei Brüder« in Riga – der »Erstgeborene« ganz rechts ist 600 Jahre alt.

Meldra zeigt mir das geheime Protokoll zur Planung der »Singenden Revolution

Verborgenes Relikt aus Sowjetzeiten: Schaudern im Atombunker

Jaaa – WIR haben 2009 schon Selfies gemacht!

Michael notiert etwas in sein Reisetagebuch – ich hoffe nichts über mich ...

Panik am Bahnhof: Der Rucksack mit dem Filmmaterial ist leider nicht mit ausgestiegen ...

Gerettet im Wald – Rima ist heile wieder zu Hause.

Harte Verhandlungen – beim geschäftstüchtigen (und kulanten) Autovermieter Rimas in Vilnius

Ganz tief Luft holen an der estnischen Küste

Im kuriosen Meeresmuseum bei Aarne Vaik in Käsmu

Einmal Mittelalter?
So, hier bitte:
Rathausplatz in
Tallinn

Weiße Nächte in Tallinn: Sonne um 22.46 Uhr auf der Alexander-Newski-Kathedrale

Torsten, icke und Michael

Fischen ist hier nicht wirklich ein Sonntagsspaziergang.

Anni findet die Traditionen ihrer Insel super.

Powerfrauen unter sich: die Tochter der Sängerin, die berühmte Virve und meine Gastgeberin Mare

Beim Begräbnis tragen alle Frauen ihren blauen Trauerrock.

In so einen Beiwagen passt 'ne Menge rein.

Im Winter werden die Röcke gewoben – der hier in Rot, den wird also eine sorglose Frau tragen.

Findlinge morgens um fünf

Der Leuchtturm steht an der Südspitze der sieben Kilometer langen Insel.

Kinder tragen immer Rot – weil sie immer glücklich sein sollen!

Im Mai geht das Fischen schon ohne Polarausrüstung.

Erst nach dem Filmen verrät mir Mare, dass die Bremsen kaputt sind …

Eine Kindheit auf Kihnu ist nicht das Schlechteste.

Miteinander
aufwachsen und
ein Leben lang
verbunden bleiben

Die Fähre namens
»Kihnu Virve« bringt
einen Haufen Gäste zum
Meeresfest.

Hier tanzen auch Frauen mit
Frauen – die Männer sind ja
andauernd auf See.

Mares Orgelpfeifen – eine typische Familie auf Kihnu

Abschiedsabend und meine Kollegen bekommen Tanzstunden – die werden doch nicht eingebürgert?

Šuco, unser montenegrinischer Gastgeber mit Herz

Das hält man doch nun wirklich nicht aus!

Venezianische Anmutung in der Bucht von Kotor

Noch so'n Knaller in der Bucht: die Kircheninsel »Maria auf dem Felsen«

Auf dem Salat-Platz nehmen die Insider ihren »Deutschkaffee«.

Hier baumeln die köstlichen
Njeguši-Schinken
im Buchenholzrauch.

Wer gerne »eine
Kleinigkeit« isst, ist
in Montenegro goldrichtig.

Rundumblick vom Lovćen über das »Land der schwarzen Berge«

Paddeltour mit der ausgewanderten Frohnatur Helga – ich noch so grad über Wasser

Auf der Panorama-
straße durchs
Durmitor-Gebirge

Hier ein schönes
Bergkäffchen –
oder gleich ein
Bergbierchen?

Mit Bergführerin
Nataša verläuft
man sich nicht
mal im Irgendwo.

Auf der Alm, da ist Idylle... – und viel Arbeit.

Von Alm zu Alm wandern und in einem kleinen Holzhaus wohnen ... hach!

Pitabacken ist Frauensache – und wird morgens um fünf gemacht.

In Gusinje steht das Weiße Haus gleich gegenüber der Moschee.

Eine Art Supermarkt in Gusinje

Der Glückssee im Prokletije-Nationalpark

Im Dreiländereck zwischen Kosovo, Montenegro und Albanien

Unser riesiges
Teamfahrzeug ...

... passen doch
alle rein!

Da isser,
der Rote Platz!

Nobel-Supermarkt
Jelissejew

Die Basilius-
Kathedrale zur
blauen Stunde

Warten wie die Zaren: am Kasaner Bahnhof

Da spielt ernsthaft 'ne Blaskapelle zur Abfahrt am Gleis!

Im Speisewagen ist schon eingedeckt.

Leider fahren WIR »nur« mit dem Regelzug.

Tragisch: Der Samowar sieht nicht halb so märchenhaft aus, wie er klingt ...

Habe die Provodnizas Elena und Swetlana in mein Abteil gelockt!

Kleine Entschädigung, weil es hier keinen Speisewagen gibt: Kaviar aus Eimern! Markus ist begeistert.

Platzangst im Platzkartny – fünfzig Betten in einem Abteil!

Mein Bett im Obergeschoss!

Einladung zum Mittagessen in einem Dorf im Ural (dem letzten in Europa)

Jetzt aber! Schlafen wie Anna Karenina im Sonderzug

Michael, Irina, ich und Anatoly – viermal glücklich und satt

Bei kuschligen minus sechzehn Grad mit der Sibirierin Anna in Krasnojarsk am Bahnhof

Am Ufer des majestätischen Jenissej

Typisch sibirischer Bunte-Fenster-Look – so hübsch in einsamer Kälte

Ein Augenpralinchen
in Irkutsk

Die nach Sibirien
Verbannten haben sich's
recht schön gemacht -
heute blättert die
Erinnerung leider
etwas ab.

Das Gute ist:
Es riecht nicht. Denn
ALLES gefriert SOFORT!

Packeis am Baikalsee

An der Outdoor-Bar gibt es einen ...

... Wodka on the Rocks.

Ich stehe auf
dem/den Baikalsee!

Auf offener
Strecke warten auf
die Transsibirische
Eisenbahn

Michael kommt
heute mal wieder
besonders gut an.

An der niemals zufrierenden Angara

Nur noch für Panoramafahrten: die stillgelegte Bahntrasse am Seeufer

Noch macht Markus Faxen – aber jeden Moment wird er einbrechen ...

nicht, wie sich auf meine Nachfrage hin herausstellt. Berge und Meer kommen erst beim Räucherprozess dran. Wie, versteh ich nicht wirklich.

Die Frau fragt mich über Šućo: »Will sie mal in die Räucherkammer?«

Klar will sie mal in die Räucherkammer!

Schon ruft die Frau über die Straße, und ein riesiger junger Mann – ihr Sohn – kommt herübergespurtet. Er ist über zwei Meter groß. Montenegro ist definitiv das *Ostwärts*-Land, wo ich mit meinen knapp eins achtzig am wenigsten aussehe wie ein Avatar. Und wenig überraschend eine große Basketballernation.

Marco schüttelt uns die Hand. Zwei knappe Worte von seiner Mama, und er gestikuliert schon: »Kommt!« Er steigt in seinen steinalten Golf 2 (kurze Wehmut meinerseits, so einen hatte ich auch mal) und fährt uns voraus. Einige hundert Meter weiter biegt er in eine Gasse ein und parkt auf einem Hof am Berg.

Wir folgen ihm zu einem fensterlosen Natursteinhaus mit vergitterter Blechtür und in einen stockdusteren Innenraum. Nachdem sich unsere Augen an das Dunkel gewöhnt haben, sehen wir an den Deckenbalken Dutzende Schinken baumeln. Von jeder Keule hängt eine Schnur mit einer kleinen Plastiktüte herunter, darin ein Zettel oder ein Stück Pappe mit einem Namen und Nummern. Sieht aus wie eine riesige Fleischtombola. Auf den Zetteln stehen die Angaben der Besitzer, die ihre Keulen zum Auftragsräuchern hier abgegeben haben – nicht jede Familie hat ihre eigene Sušara.

Es riecht würzig und rauchig (auch jetzt beim Aufschreiben bekomme ich schon wieder Appetit). Marco erklärt mir, wie man Schinken räuchert: Die frischen Keulen werden zuerst zwei Wochen lang dick in Salz gepackt, dann wieder komplett davon befreit und gepresst. Erst dann werden sie aufgehängt. In der Ecke steht eine Art Feuerschale, in der vier Monate lang kontinuierlich ein Buchenholzfeuer brennt. Für dieses Rezept gilt: Vorbereitungszeit zwei Wochen, Zubereitung vier Monate, Schwierigkeitsgrad mittel. Bewertung: fünf Sterne.

Aber jetzt kommt der Clou, und ich verstehe endlich: Ganz oben unter den beiden Giebeln befinden sich gegenüberliegend zwei winzige Luken. Bei Nordwind weht außer dem lauwarmen Buchenholzrauch noch die klare Bergluft um die Schinken und bei Südwind frische Meeresluft. Diese ausgefuchste Belüftung macht das große Geheimnis des Njeguši-Schinkens aus.

Weswegen wir den unbedingt haben wollen. Also kaufen wir Marcos Mutter diverse eingeschweißte Päckchen vom Rind und vom Schwein ab und werden den Mercedes unter den Schinken verbotenerweise über die Grenze in den heimischen Kühlschrank schmuggeln – sofern noch etwas übrig ist bis zur Abreise. Es ist aber auch zu schade, dass ausgerechnet Montenegro außerhalb der EU liegt – auch für Montenegro, aber vor allem für uns.

- 18 -

Über Wasser, unter Wasser und irgendwo dazwischen

Es ist der Sommer der Waldbrände an der Adria. Zu wenig Regen, zu viel Wind. Alles, was für uns Reisende so wunderbar ist (rund um die Uhr am Strand in der Sonne liegen, dabei aber nicht wegölen), kann hier schnell in einer Katastrophe enden. Wir wohnen für ein paar Tage bei einem deutsch-serbischen Auswandererpaar, Igor und Helga, auf der Luštica-Halbinsel, die die Bucht von Kotor gegen das Meer abschirmt. Šućo hat heute einen Tag frei.

Helga und Igor haben vor ein paar Jahren Igors Eltern – Serben, die in den sechziger Jahren nach Deutschland kamen und dort bis zur Rente gelebt haben – in ihrem Ferienhaus an der Adria besucht. (Igor ist folgerichtig in Deutschland geboren und geblieben.) In jenem Urlaub haben sich Helga und Igor in das Land schockverliebt und den wagemutigen Entschluss gefasst, sich hier als Gastgeber selbständig zu machen. Dafür wollten sie sich drei Jahre Zeit geben. Wenn es nicht klappen sollte, würde es aufs Konto Lebenserfahrung gehen – und für die zwei Aussteiger zurück nach Deutschland. Doch schon nach einer Saison stand fest: Es war die beste Idee ihres Lebens.

Nach und nach haben sie ein paar Apartments im Haus von Igors Eltern renoviert, sind in die eigens ausgebaute Garage gezogen und bewirten nun mit großer Herzlichkeit und viel Leidenschaft ihre Gäste.

Vor kurzem haben die beiden noch ein altes Haus auf der Halbinsel dazu gekauft, das sie zum Gästehaus umbauen wollen, doch nun machen ihnen die Waldbrände riesige Sorgen. Während Helga uns morgens um sieben ein fürstliches Frühstück mit waffenscheinpflichtig leckeren Tomaten, montenegrinischem Hüttenkäse, Njeguši-Schinken und selbstgemachten Marmeladen serviert, erzählt sie, was für eine Horrornacht sie hatten. Während wir selig geschlummert haben, bekamen die beiden eine Warnung von Nachbarn und sind sofort zur Baustelle gefahren. Dort konnten sie einen der Waldbrände immer näher kommen sehen. Stundenlang standen sie mit Eimern und Wasserschläuchen bereit und haben sich gefragt, was sie tun werden, wenn ihre Altersvorsorge wegbrennt. Doch zehn Meter vor dem Haus hat der Wind gedreht und die Feuerlinie sich gnädigerweise einen anderen Weg gesucht. Helga kann noch nicht glauben, was für ein Glück im Unglück sie da hatten. Igor ist den Rest der Nacht dort geblieben und schläft deshalb jetzt noch tief und fest.

Helga kann man anmerken, dass sie auch nach Jahren immer noch unendlich begeistert von diesem Land ist, von seiner Landschaft, den Leuten, dem Essen. Igor ist Hobbykoch und steht jeden Abend für uns am Herd. Nicht weil er muss, sondern weil er Lust drauf hat. Die beiden essen fast immer mit ihren Gästen. Heute Abend soll es Oktopus geben, aber der krault momentan noch nichtsahnend durch die Bucht von Kotor. Helga und Igor fahren mit uns zum Privatgrundstück eines über achtzigjährigen Freundes namens Milan, der viele Jahrzehnte in den USA gelebt und gearbeitet hat. Dann trieb er auf der Luštica-Halbinsel ein Grundstück mit eigenem Meereszugang auf, wo er nun immer den Sommer verbringt.

Wir fahren über eine kleine Landstraße zur Nordküste. An einigen Stellen hat das Feuer seine dunklen Spuren hinterlassen, schwarze Büsche und angesengte Bäume erinnern an die noch nicht gebannte, permanente Gefahr. Rau ist es hier, der Boden ist steinig. Störrische Büsche und lichtdurstige Ölbäume stehen hier ungeordnet seit langer, langer Zeit in der Adriasonne. Wir sagen Milan kurz hallo, aber er hat im Haus zu tun und will nicht mit an den Strand. Von seiner Terrasse, die von zwei knorrigen Olivenbäumen eingerahmt wird, führt ein holpriger Weg die karstige Felslandschaft hinunter. Man darf die Füße nicht einen Moment aus dem Blick lassen, sonst haut man sich sofort die Zehen an. Die Sonne brennt auch jetzt im September noch, und mit zusammengekniffenen Augen sehe ich schwelende Waldbrände an den gegenüberliegenden Hängen.

Unten an der Bucht bietet sich eine Kulisse wie für einen Science-Fiction-Film: Mondlandschaft mit Schwimmgelegenheit. Das Felsplateau liegt nur knapp über der Wasserkante und fällt dann steil ab. In den Stein ist eine Einstiegshilfe betoniert. Daneben hat eine Aushöhlung im Fels einen natürlichen Pool gebildet. Welle für Welle schwappt frisches Wasser hinein. Wild ist es hier und unwirtlich, aber so schön, dass es nicht auszuhalten ist.

Igor stürzt sich sofort mit Taucherbrille, Schnorchel und Harpune bewaffnet in die Fluten, Helga hechtet ihm mit der Unterwasserkamera hinterher. Michael und Marius versuchen, die beiden von oben am Felsen entlang mit der großen Kamera zu verfolgen, solange sie noch nicht abgetaucht sind. Ich gebe den Aufnahmeleiter an Land. Für eine ganze Weile verschwinden die beiden dann in der Tiefe, und wir bangen ein bisschen. Erst als Igor wie Neptun aus dem Wasser schießt und ein Oktopus auf der Harpune baumelt, weiß ich: Das Abendessen ist gesichert. Helga wedelt mit der Unterwasserkamera und brüllt: »Ich hab alles drauf!«

Als alle zurück sind und der Oktopus – Gott hab ihn selig – zum letzten Mal vier seiner Arme hinter dem Kopf und die anderen vier auf dem Felsen in der Sonne ausstreckt, fragen die Kollegen, ob wir HEUTE MAL Pause machen können. Da muss ich nicht lange nachdenken: Klar!

Allerdings können wir selbst jetzt das Filmen nicht lassen, zur Abwechslung mit unseren Handys. Wir drehen alberne Slo-Mos von Arschbomben (pardon, aber »Paketsprung« klingt echt zu albern) in den kleinen Naturpool und hauen uns dann neben dem Oktopus in die Sonne. Marius lässt einen seiner trockenen Sprüche raus, der mir wieder für Wochen im Ohr bleiben wird. »Jau! Knips mal hier die Molen-Orcas!« Wir machen gnadenlose Poserfotos für die Lieben daheim. Helga liegt als »toter Mann« im Wasser, wackelt mit den Zehen in der Luft und jauchzt. »Das ist mein Lieblingsplatz! Waaaahnsinnig schön!«

Tatsächlich fühlt sich in diesem Moment alles enorm nach Urlaub an. Es kostet mich einen Haufen Selbstdisziplin, jetzt nicht einfach hier zu versacken und bis auf weiteres »nach Diktat verreist« zu sein. Für ungefähr zwanzig Minuten machen wir große Ferien, dann ziehen wir weiter. Die Halbinsel abfahren, Außenaufnahmen der Beachclubs (auch hier der wiederkehrende Gedanke: DAS IST UNGERECHT! ICH WILL DABLEIBEN!).

Und am Abend noch mit Helga und zwei Kajaks durch den Fjord zu einer Klosterinsel paddeln. Im Sonnenuntergang natürlich. Es ist nicht der schlechteste Drehtag meines Lebens, da will ich ehrlich sein. Allerdings entgehe ich auch nur haarscharf dem Untergang. Der Letzte, der nach einer Paddeltour die Wasserablassventile bei den Kajaks rausgezogen hat, muss meins aus Versehen verschluckt haben, aber das sehen weder Helga noch ich. So werde ich auf der anderthalbstündigen Paddeltour immer kleiner und merke irgendwann: Ist ganz schön schattig am Po. Um dann festzustellen: Der ist nass! Und warum? Weil er sich komplett unter der Wasseroberfläche befindet. Moment mal. Warum habe ich eine Wasseroberfläche IM Kanu?

»Ist das normal?«, frage ich Helga.

Die kramt an der Klostermauer gerade zwei Dosen Bier aus ihrem Rucksack und ruft fröhlich: »KLOSTERBRÄU! Das haben wir uns jetzt aber redlich verdient! Prösterchen!« Sie paddelt näher und schaut in mein Kanu. »Ach du lieber Gott«, macht sie mir Mut. »Nee, das ist nicht normal. Bei mir ist alles trocken. Ach komm, trinken wir erst mal.«

Trinken wir erst mal. Aber dann würde ich ganz gerne zurückpaddeln. Und zwar nicht als U-Boot. Die Sonne versinkt in diesem Moment hinter der Halbinsel, und ein frisches Lüftchen zieht auf. An den Hängen der nun wirklich schwarzen Berge (nach deren Ansicht das Land ja schließlich benannt wurde) sieht man vereinzelte vertikale Feuerlinien ihren zerstörerischen Weg nehmen.

Mein dienstbeflissenes Drehteam befindet sich trocken und warm in einem kleinen Motorboot, das Igor unglaublich lässig steuert. Ich brülle rüber, was mein Problem ist, und wir sind uns alle einig: Der Rückweg sollte jetzt besser schnell gehen. »Willst du zu uns ins Boot?«, fragt Michael.

Ein Blick zu Helga, die mit ihrer Dose in die Luft prostet. »Auf keinen Fall!«

Die Jungs machen die Kajaks mit Seilen am Motorboot fest. Helga und ich lehnen uns mit unseren Sundownern zurück und lassen uns heute mal ausgesprochen gerne abschleppen. Ich sinke dabei Zentimeter für Zentimeter tiefer unter die Wasserlinie – ein stilvoller Untergang, muss ich sagen. Auch Helga jauchzt wieder vor Freude. Wenn man Fröhlichkeit auf Rezept bekommen könnte, wäre sie die beste Apotheke.

Am Abend gibt es Muscheln zweierlei Art: einen großen Topf mit Zwiebeln und Weißwein und einen mit Knoblauch und Tomaten. Aber der Knaller des Abends ist natürlich Igors Vorspeise: Salat vom FANGFRISCHEN Oktopus mit Kartoffeln, Zwiebeln, Knoblauch, Tomaten, Zitronen und glatter Petersilie. Nach dem vollgepackten Tag gibt uns das Kraft für die Bergetappe.

- 19 -

Auf der Alm, da gibt's koa Freizeit

Zweieinhalb Autostunden und neunzig Kilometer Luftlinie von der Küste entfernt sind wir in einem völlig anderen Montenegro: Am Fuß des Durmitor-Massivs ist Heidi-Land. Wohlgeformte Bilderbuchberge, türkisfarbene Seen. Dunkle Tannen, grüne Wiesen im Sonnenschein! Blauer Himmel, knackigklare Luft. Šućo hat einen Bergführer für uns gebucht, denn ohne professionelle Begleitung wird man hier nicht auf die Natur losgelassen. Finde ich eigentlich gut. Der Bergführer holt uns morgens in der Lobby unseres Hotels ab – und heißt Nataša. Nataša ist ein zierlicher Floh, springt aber vor uns die Berge hoch wie eine Gämse. Šućo schnauft ganz schön.

Ich versuche, ihn ein bisschen hochzunehmen. »Endlich wieder Sport, Šućo!«

Die Antwort fällt energiesparend aus: »Ja.«

Ein mögliches »Bist du JETZT schon aus der Puste« schlucke ich runter und entscheide mich für ein milderes: »Freust du dich?«

»Ich freue mich«, stimmt Šućo kurzatmig zu. »Bei dieser Montenegro-Tour … werde ich auf jeden Fall fünf Kilo abnehmen.«

Nataša führt uns in einer kurzen, aber steilen Wanderung auf den Ćurevac, einen sensationellen Aussichtspunkt. Von oben blicken wir eintausenddreihundert Meter tief in die Tara-Schlucht. Es ist atemberaubend. Die einzige Schlucht auf der ganzen Welt, die noch tiefer ist als diese hier, ist der Grand Canyon in den USA.

Wir essen ein paar Nüsse und Trockenobst, und ich teile meinen am Frühstücksbuffet gemopsten Apfel mit Šućo. Der Junge braucht ja Kraft.

»Was ist das Wort mit K, das ich mag?«, fragt er unvermittelt.

»Was?«

»Das Wort mit KA-HA!«

Ich schaue ihn ratlos an.

»KULINARIK!«, sagt er fröhlich und beißt in seine Apfelhälfte.

Habe ich schon mal erwähnt, dass wir beim Drehen eigentlich immer unter Zeitdruck stehen? An einem Landschaftsaufnahmetag wie heute wird das besonders deutlich, weil schöne Landschaften sich ja gern ausbreiten. Soll der Film später trotzdem Abwechslung und Vielfalt bieten, muss man weite Wege auf sich nehmen. Es sei denn, man hat eine Nataša. Sie kennt die Gegend wie ihre Westentasche. Wenn man ihr sagt: »Jetzt hätten wir gerne ein paar schöne Seen, aber wir können nicht zu weit mit dem Stativ laufen«, hat sie eine Idee. »Gibt es eine Landschaft, die sich optisch von der hier unterscheidet?« Kein Problem, sie bringt uns hin. Nataša ist der Knaller und Michaels Speicherkarte am Abend prallvoll.

Nach dem Abendessen verabschiedet sich Šućo immer direkt ins Bett – der Montenegriner schläft halt gerne. Wir haben ein paarmal versucht, ihn noch auf einen Absacker zu überreden, aber da ist nichts zu machen. Papa muss in die Heia. Er ruft dann auch gerne seine Frau an und spricht mit seinen Kindern, die ihm schon fehlen, wie ich vermute.

Wir sind nach dem Abendessen trotz der Kraxelei aber noch aufgedreht, also büxen wir aus und stehlen uns in die Dorfkneipe von Žabljak. Völlig unerklärlicherweise werden wir dort sofort als Vollblut-Touristen identifiziert. Als ich nach unserer ersten Bestellung dem Kellner noch einmal freundlich winke, kommt der junge Mann an den Tisch gespurtet und nennt uns – ohne meine Frage abzuwarten, dabei aber gleichzeitig etwas gelangweilt durch das Lokal schauend – das WLAN-Passwort. Wir fühlen uns ertappt und finden ihn irgendwie unfreundlich, obwohl er ja durchaus effizient ist, da kann man nichts sagen.

Nataša will uns nicht unserer Wege ziehen lassen, ohne dass wir mindestens ein Katun von innen gesehen haben. Katun ist der Begriff für eine Almhütte. Der Fußweg von den Sommeralmen zurück ins Dorf war nach einem langen Arbeitstag oft zu lang, also haben die Bauernfamilien sich kleine Häuser am Berg gebaut, um den Sommer über oben bleiben zu können.

Wenn man die Panoramastraße am Durmitor-Massiv entlangfährt, kommt man an kleinen verlassenen Katuns vorbei. Es gibt aber auch größere, an denen heute meistens »Eko Katun« steht. Ein paar findige montenegrinische Familien haben nämlich ihre Chance im Wandertourismus erkannt und neben dem eigenen Haus noch kleine Holzhütten für Übernachtungsgäste errichtet, manche sogar mit Strom. So kann man mittlerweile von Katun zu Katun wandern und abends am Hüttenleben teilnehmen. Ein Freund von Nataša lebt mit seiner Familie in einem Katun, und sie bietet an, uns dorthin zu begleiten. Es liegt außerhalb von Žabljak auf tausendfünfhundert Metern Höhe.

Als wir das Auto parken, kommt uns ein junger Mann entgegen, begrüßt Nataša mit Küsschen rechts und links, uns alle mit Handschlag und stellt sich vor. Er heißt Ivan und lädt uns dazu ein, uns nach Lust und Laune umzusehen. Auch ein großer hübscher Hund kommt guten Tag sagen und teilt uns mit, dass wir okay sind.

Ich luge in eine der hölzernen Gästehütten: zwei Matratzen, Kissen, kleiner Schrank, fertig. Für Wanderer muss das reichen. Toiletten finden sich in einem Extrahäuschen.

Hinter den Gästehütten kommen wir zu einem älteren Katun,

das wie eine urige Skihütte anmutet. Auf der Wiese davor sitzen ein paar Leute, die alle freundlich grüßen. Hühner laufen umher. Neben dem Haus qualmt eine Feuerstelle, die gebaut ist wie ein Herd mit Rückwand. Ungefähr auf Hüfthöhe liegen aufgetürmte glühende Kohlen wie in einem Regal.

»Julia, das ist unter dem Sač«, erklärt Šućo.

Ich verstehe »unter dem Satsch« natürlich nicht, aber nach ein paar Worten von Šućo schichtet Ivan den Kohlehaufen zur Seite. Darunter kommt eine Art umgedrehter Wok zutage, und darunter – er lupft den Wok nur kurz an – brutzelt ein riesiges Stück Lamm und duftet betörend. Diese langsame Schmorart heißt »Unter-dem-Satsch-Grillen«. Im Prinzip ist es Grillen und Dämpfen in einem. Das Fleisch wird butterzart und die Kruste knusprig.

Bevor ich ohnmächtig vor Hunger werde, winkt eine kleine weißhaarige Frau aus dem Haus und ruft Ivan etwas zu. »Meine Großmutter«, sagt er und winkt zurück. Sie möchte nicht nach draußen kommen, aber sie gestikuliert, ob wir nicht mal reinkommen wollen? Ich nicke wie verrückt! Sie lächelt.

Der Raum ist vielleicht dreißig Quadratmeter groß, links steht ein hölzerner Tisch, daran zwei mit Fellen bedeckte Bänke, rechts ein gemütliches Sofa. Daneben thront ein alter Holzofen, und dahinter beginnt eine Art Küche mit einer Anrichte und unzähligen Regalen. In diesen reihen sich bunte Plastikschüsseln aneinander, gefüllt mit etwas Gelblichem. Wie eine riesige Vanillepudding-Manufaktur. Ivans Großmutter erklärt: Hier entsteht Kajmak. Frisch gemolkene Kuhmilch wird kurz erhitzt und in Schüsseln gefüllt. Nach zwölf bis vierzehn Stunden Sauerstoffzufuhr hat sich das Fett oben abgesetzt. Es wird abgeschöpft und mit Salz gemischt. Ganz frisch schmeckt Kajmak wie ein Zwischending aus Sahne und Salzbutter. Wenn man es noch weiter reifen lässt, wird das Aroma käsiger. Auf frisch gebackenem Brot: ein Traum.

Die kleine Omi schiebt noch einen Teigfladen mit Gewürzen in einer flachen Backform in den Ofen, dann bedeutet sie mir, mich hinzusetzen. Zu ihr aufs Sofa. Wir stellen uns vor.

»Julia!«

»Milena!«

Und dann drückt mir Ivan ein Gläschen in die Hand. Wenn man in Montenegro ein Haus zum ersten Mal betritt, dann ist es – egal zu welcher Tageszeit, egal ob Männlein oder Weiblein – eine heilige Pflicht, einen klaren Traubenschnaps mit dem Hausherrn zu trinken.

Das Schnaps-mit-dem-Hausherrn-Trinken ist nicht nur bei den Montenegrinern so. Es ist gewissermaßen eine jugoslawische Tradition. Und deshalb mache ich hier einen Einschub und versuche doch mal kurz, die Ex-Jugoslawien-Thematik etwas näher zu beleuchten. Das zu erklären ist allerdings eine Tretmine. Die Geschichte ist kompliziert und mit so vielen Emotionen, blutigen Ereignissen, mit Vorwürfen, Schuld und Verlust verbunden, dass man es eigentlich nur falsch machen kann. Ich will es mal so sagen: Das Gebiet von Jugoslawien war schon immer von vielen Völkern und vielen Glaubensrichtungen besiedelt, die eine Weile sehr gut miteinander klarkamen. Bis es in den siebziger Jahren eine Wirtschaftskrise gab, woraufhin die Menschen anfingen, sich voneinander abzugrenzen, hauptsächlich durch ihre ethnische, aber auch durch räumliche oder religiöse Zugehörigkeit. Und sie begannen, jeweils einer anderen Gruppe die Schuld an der Wirtschaftskrise zu geben. Der jugoslawische Präsident (sagen wir ruhig Diktator) Tito konnte noch mit Macht die Fäden zusammenhalten. Bis er 1980 starb. Danach wurden die Gräben größer. Es gab zwar Schnittmengen und Gemeinsamkeiten, aber auch absolut rote Linien.

Die Ersten, die gesagt haben: »So, Freunde, das war ja eine Weile ganz nett mit euch, aber wir steigen aus dem Team aus, spielt doch ohne uns weiter«, waren 1991 Slowenien und Kroatien. Dann folgte Mazedonien, kurz darauf Bosnien-Herzegowina. Vor allem die Serben wollten diese Abspaltungen aber verhindern und Jugoslawien unbedingt erhalten. Unterschiedliche Volksgruppen oder Nationen erhoben Anspruch auf die gleichen Flächen. Der erste Krieg auf dem Gebiet von Nochjugoslawien begann 1992, der letzte endete 1999.

Montenegro hat sich erst 2006 von Serbien abgespalten und seine Unabhängigkeit erklärt. Und Montenegro, das erzählt Šućo nicht ohne Stolz, ist das einzige Land, auf dessen Territorium keine Kriegshandlungen stattgefunden haben. Heute leben hier große ethnische und religiöse Gruppen entspannt nebeneinander, und Montenegro rühmt sich seines Vielvölkerstaats, ist multiethnisch und tolerant.

Das Thema Jugoslawien ist auch auf unseren Überlandfahrten oder auch beim Mittagessen immer wieder Thema. Unser Fahrer Vojo hat dazu seine ganz eigene, irgendwie wehmütige Theorie. Er ist überzeugt, dass Jugoslawien nicht auseinandergebrochen wäre, wenn es bei der Fußballweltmeisterschaft 1990 nicht im Viertelfinale (im Elfmeterschießen, wie tragisch) rausgeflogen, sondern unter die letzten Vier oder gar ins Finale gekommen wäre. Dann hätte es eine starke gemeinsame Identifikation gegeben. Ich kann dem Gedanken folgen – hätte Dragan Stojković bloß ein paar mehr Tore gemacht … Tja. Was wäre gewesen, wenn … Man hört schon hier und da ein bisschen Schwermut raus, wenn die Sprache auf Jugoslawien kommt. War doch nicht alles schlecht damals.

Mindestens genauso kompliziert wie die gesamte Jugoslawien-Historie ist, was Šućo mir mit dem »Sicherklären« erklären will. Es ist ein Thema, das er mir locker fünfmal auf unserem Roadtrip darlegt, aber immer ergeben sich nur NOCH mehr Fragen. Also: Auf dem Gebiet von Montenegro leben Montenegriner mit montenegrinischen Pässen. Verstanden. Das ist aber nur ihre halbe Zugehörigkeit. Denn dann folgt, als was sie *sich erklären*. Šućo zum Beispiel erklärt sich als Albaner. Seine Familie spricht Albanisch, und alle sind Muslime. (Ziemlich entspannte Muslime wohlgemerkt. Aber wir reden ja auch von Montenegro.) Seine Eltern leben – wie übrigens fast alle, die »sich als albanisch erklären« – in der Stadt Ulcinj, der südöstlichsten Stadt kurz vor der albanischen Grenze. Dort leben sie schon immer. Sie haben aber Verwandte in Albanien. Šućo sagt, zur Zeit Jugoslawiens konnten sie diese nicht besuchen, er vergleicht das mit den Verhältnissen zwischen der DDR und der BRD. Weiter gibt es erklärte Serben, Bosnier, Bosniaken, Kosovo-Albaner, Kosovaren und Kroaten. Das verwirrt mich. (Ich selbst bin ja zum Beispiel erklärte Vegetarierin. Obwohl ich ab und zu Fleisch esse, vor allem auf meinen Reisen. Manchmal auch im Restaurant. Obwohl ich erklärte Zuhausekocherin bin. Okay – ich weiß nicht, ob uns das jetzt weiterbringt.) Trotzdem möchte ich am liebsten ab sofort alle fragen, als was sie sich erklären.

Findet Šućo leider nicht meine beste Idee. »Das macht man aber nicht.«

»Nicht?«

»Nein. Es ist unhöflich.«

»Aber wie soll ich denn sonst rauskriegen, als was sie sich alle so erklären? Ich MUSS das wissen.«

»Aber, bitte, ich werde das nicht für dich fragen.«

»Und wie kriegen wir es dann raus?«

Dafür hat Šućo einen diplomatischen Vorschlag. »Wir beobachten sie. Hören ihnen zu. Wir sehen es an ihren Traditionen, daran, was sie servieren, welche Sprache sie sprechen.«

Das finde ich ja gleich noch spannender. Ab jetzt raunt mir Šućo immer hinter vorgehaltener Hand zu: »Ich glaube, sie erklären sich als Serben.« Oder: »Das waren erklärte Bosnier.« Oder (eine gute Meinung hat er von mir, der Šućo): »Julia, das konntest du sicher selber hören, das war ein erklärter Albaner.«

Zurück zu unserem Katun, wo wir nach dem Schnaps inzwischen bei frischem Holzofenbrot und Kajmak sitzen. Hier erklären sich die Familienmitglieder als Serben. Ich finde es selber heraus, bei der Verabschiedung. Oma Milena gibt mir nämlich drei Küsschen und sagt – weil ich mich nach zwei Küsschen wundere, dass da noch mehr kommt – in ihrer Sprache: »Nach serbischem Brauch.« Ich verstehe nur das »srbska«, und Šućo zwinkert mir zu. Alles klar, erklärte Serben.

Abends gehen wir wieder auf einen kleinen Absacker in unsere Kneipe. Der Kellner kommt mit offenen Armen auf uns zu und bringt uns strahlend zu unserem Tisch. Er möchte uns unbedingt eine Runde ausgeben, was wir strikt ablehnen, nachdem wir nun wissen, wer er ist. Es ist nämlich Ivan, der Sohn aus unserem Katun. Er arbeitet täglich ab Sonnenaufgang auf der Alm. Und seine Schicht in der Kneipe geht von vier Uhr nachmittags bis Mitternacht. Er lächelt und zuckt mit den Schultern. Nur in den Semesterferien! (Er studiert Tourismus.) Eins steht fest: Das nächste Mal, wenn Šućo mir weismachen will, Montenegriner seien faul, ziehe ich ihm die Ohren lang. Maximal ERKLÄREN SICH manche von ihnen für faul!

- 20 -

Irgendwas ist hier faul. Aber nicht die montenegrinische Hausfrau – die steht nämlich um FÜNF auf

Ich sitze in der winzigen Außenküche der Vranjak-Alm und soll auf die Pfanne aufpassen. Habe ich der Hausherrin Veselinka versprochen. Šućo bekommt nämlich heute eine Extrawurst gebraten, weil er doch kein Schweinefleisch isst. Dummerweise sind mir gerade die Paprika angebrannt, obwohl ich wirklich nur kurz draußen war, um ein Foto der beiden Zicklein vor der Tür zu machen. Als Veselinka wieder aus dem Hauptraum der Almhütte heraus und zu mir rüber in die Außenküche eilt, fällt mir brandheiß die Aufgabe ein, die ich gerade vernachlässigt habe. Wir können uns nur mit Händen und Füßen verständigen, haben aber eine Menge Spaß zusammen. Hatten. Jetzt ist Veselinka bestürzt, und ich habe ein schlechtes Gewissen.

»Crna«, sage ich nüchtern. Und etwas defensiv.

»Crna!« Veselinka bestätigt meine Beobachtung mit hauchdünnem Vorwurf in der Stimme.

Crna heißt schwarz.

»Ach, das merkt der gar nicht«, versuche ich, sie zu beruhigen.

Wir machen gerade Alm-Hopping und sind am Nachmittag im dichten Nebel auf der Vranjak-Alm angekommen. Im Biogradska Nationalpark soll es wunderschön sein, das muss ich gerade einfach mal glauben. Man sieht nämlich: nichts. Als der Herbergsvater Dragan die Fensterläden unserer Zimmer im Obergeschoss der Almhütte aufstößt, hängt der Nebel wie eine schlecht gewaschene Gardine davor. Außenaufnahmen können wir uns jedenfalls sparen. Was macht man stattdessen in Montenegro? Was Gutes essen.

Als Veselinka die Pfanne mit den leider etwas-mehr-als-medium gebratenen Paprika in die Almhütte trägt, um das Essen für aufgetischt zu erklären, kommt uns Šućo schon entgegen. Sie hält ihm die Pfanne hin und entschuldigt sich für die schwarz-gelben Schoten (die übrigens mit Käse gefüllt sind). Sie zeigt auf mich und dann auf die Paprika. Ich zeige fröhlich auf uns und dann auf die Paprika. »Von uns für dich, von Herzen!«

Da ich Veselinkas Worte nicht verstehe, sie meine aber wiederum auch nicht, kann ich mir ja eine kleine Unverschämtheit erlauben. »Das Schwarze …«

Šućo winkt schon ab. »Macht nix!«, sagt er.

Doch ich bin noch nicht fertig: »Das war ich nicht. Das war SIE!«

Šućo schmeckt sein Essen jedenfalls vorzüglich.

Nach dem Essen frage ich Veselinka mit Šućos Dolmetscherassistenz, ob es noch etwas anderes zu helfen gibt. Ich will ja schließlich was lernen. Vermutlich denkt sie: »Oh, bitte nein.« Aber sie nickt und sagt: »Morgen früh um fünf müssen wir Pita für die Männer machen.« Okay. Zwei Dinge, die mir daran nicht so hundertprozentig zusagen. Muss ich ja nicht extra ausführen. Pita jedenfalls sind gefüllte Blätterteigwunder, und die schmecken tragischerweise frisch am besten. Da steht die montenegrinische Hausfrau doch gerne mal anderthalb bis zwei Stunden vor den Herren der Schöpfung auf.

Die Julia aber nicht.

Wir einigen uns darauf, heute noch den Teig vorzubereiten und zu befüllen, damit wir die Pita morgen früh (sagen wir um sieben) nur noch in den Ofen schieben müssen. Und zwar ohne etwas anbrennen zu lassen.

Veselinka hat schon einen Teig aus Mehl, Butter, Salz und Wasser angesetzt und den Tisch mit einem sauberen Baumwolltuch bedeckt. Wir rollen ein tennisballgroßes Stück vom Teig so lange aus, bis es die Größe einer Familienpizza annimmt. Dann ziehen wir rundherum am Rand, bis der Teig so groß ist wie die gesamte Tischfläche (vielleicht eins sechzig mal neunzig?) und an den Kanten überhängt. Neue Vokabel: Polako! Langsam! Was überhängt, wird abgerissen und wie ein Wollknäuel aufgerollt. Das wird für die nächste Pita verwendet. Der Teig muss so dünn sein, dass man dadurch die Zeitung lesen kann, aber es darf kein einziges Loch entstehen. Loch im Teig gleich lausige Hausfrau.

Šućo ist sich nicht zu schade, unsere Mühen vom Spielfeldrand aus zu kommentieren und mir hilfreiche Tipps zu geben. »Nicht zu schnell!«

»Aber sie ist doch viel schneller als ich.«

»Ja, aber sie ist auch sehr präzise.«

»Wie darf ich denn das verstehen?«

»SIE kann das mit zugemachten Augen machen.«

»Mit zugemachten Augen.« Ich nehme kurz den Blick von meiner hochkonzentrierten Aufgabe, um ihn spöttisch anzufunkeln.

Er verteidigt sich sofort. »Ich weiß diesen Prozess sehr gut.«

»Du weißt diesen Prozess sehr gut? Hast DU das schon mal gemacht?«

»Nee, hab ich nicht, aber ich habe hundertmal bei meiner Frau gesehen, wie sie das macht.«

Schringg! Fünf Euro ins Emanzipationsschwein.

Veselinka und ich stehen uns jetzt gegenüber wie beim Tischtennis, sie macht vor, ich mache nach. Nacheinander heben wir das Baumwolltuch an jeder Längsseite an und klappen so den Teig am Rand um. Dann legen wir die Decke zurück, aber der Teig bleibt gefaltet liegen, und so entsteht ein sauberes, sehr schmales Rechteck.

Fehlt noch das Innenleben. Die erste Pita meines Lebens bekommt eine Füllung aus Kartoffeln mit Knoblauch, sorgsam löffelweise auf dem Rechteck verteilt. (In die zweite Pita kommen dann salziger Hüttenkäse und Spinat.) Ist die Mischung gut verteilt, rollen wir um die Wette die breiten Flanken ein, sodass sich zwei anderthalb Meter lange Würste in der Tischmitte begegnen. Die Doppelwurst wird in eine flache Backform gelegt – entweder als Schnecke oder als Serpentine.

Es fasziniert mich über die Maßen, echte traditionelle Speisen entstehen zu sehen und zu realisieren: Ja, ich könnte das auch. Es bräuchte Übung und Zeit (und ich würde das auch niemals so gut hinkriegen wie Šućos Frau), aber es ginge! Das Einzige, was ich mir nur so gar nicht vorstellen kann, ist, das andauernd zu machen. Ich frage Veselinka, ob ihre Tochter das auch alles kann. Können schon, erzählt sie, aber die junge Frau habe sich gegen ein traditionelles Leben entschieden und sei in die Stadt gezogen. Außerdem hätte sie jetzt »solche gestylten Fingernägel«, damit könnte sie diese Küchenarbeit ohnehin nicht mehr machen.

Die frisch gebackene Pita am nächsten Morgen knuspert beim Abbeißen, so dünn ist der Teig. Veselinka und ihr Mann Dragan packen uns den Rest ein, bevor wir uns zur Verabschiedung in den Armen liegen. Damit wir auf unserer Weiterreise durch Montenegro bloß nicht verhungern. (Unwahrscheinlich, sehr unwahrscheinlich.) »Srećan put!«, rufen sie uns hinterher. Glückliche Reise!

- 21 -

Hinten im Osten – an der Grenze zum Morgenland

Wir haben uns bis in den wilden Osten Montenegros in ein Tal im Prokletije-Massiv vorgearbeitet. Mittlerweile sind wir im Dreiländereck von Montenegro, Albanien und dem Kosovo, am Fuß der Nordalbanischen Alpen. In einem Nest namens Gusinje. Die Hauptstraße wird gesäumt von einer Moschee, Straßencafés, kleinen Läden und Grillstuben – und vom »Weißen Haus«. Baufällige Stützen an der Front werden demnächst restauriert, heißt es, dann wird das Weiße Haus als Gemeindehaus genutzt. Verstreut um die kleine Stadt liegen protzige, aber verlassene Villen.

Die Mehrheit der Bevölkerung hier ist muslimisch, man bemerkt das aber nur an der Moschee. In diese Ecke von Montenegro verirren sich ausschließlich Hardcore-Wanderer und -Biker oder solche, die sich so dermaßen in dieses Land verliebt haben, dass sie wirklich jede Ecke kennenlernen möchten. In dem kleinen Ort war es deshalb nicht leicht, eine geeignete Unterkunft zu finden. Das Hotel ist der Knaller, aber nicht im klassischen Sinn. Man könnte auch sagen: Es ist nichts für zarte Nerven oder Hygiene-Apostel. Irgendwie kann ich mich des Eindrucks nicht erwehren, dass unser Besuch überraschend kommt, denn von sauberen Zimmern kann keine Rede sein. Und ich meine nicht Kinkerlitzchen wie Handtuch nicht ordentlich gefaltet oder Schokolädchen als Betthupferl vergessen. Peanuts. Nein, wir reden von einem echten

Aftershow-Party-und-dann-vergessen-sauber-zu-machen-Ausfall. Ich werde dieses Hotel wegen anderer Attribute ins Herz schließen – um das gleich vorneweg zu spoilern –, aber nicht wegen des beindruckenden Ambientes und Zimmerservices.

Bevor wir das »Sternehaus« betreten dürfen, muss Šućo den abwesenden Rezeptionisten (oder Hotelbetreiber) telefonisch herbeizitieren und dann noch mit unserer ausgedruckten Buchungsbestätigung davon überzeugen, dass wir KEINE Überraschungsgäste sind. Nachdem Michael, Marius und ich unsere drei Rucksäcke und die Technik aus dem Bus gehievt haben – während Šućo, der auf einem Pitstop in Podgorica seine Schmutzwäsche gegen liebevoll gefaltete, duftende Poloshirts eintauschen konnte, mit seinem verschwindend kleinen Sporttäschchen bereitsteht –, komplimentiert uns der Hotelbesitzer die Treppe hinauf und weist jedem von uns ein Zimmer zu.

Die Zimmer sind auf originelle Weise mit Betten gefüllt: So viele, wie hineinpassen, sind auch drin. Spart den Teppich. Ich werfe meinen Rucksack auf eins der vier Einzelbetten und entdecke dabei, dass auf dem Nachttisch ein größerer Fleck ist. Ein erhabener Fleck. Ich stippe mit dem Finger rein – ist fest. Gummiartig, möchte ich sagen. Bing! Gehen alle Alarmglocken an. Keime! Alle mal herhören, hier sind KEIME!

Ich kann ja mit »Außendreck« in der freien Natur gut umgehen – macht mir nix. Aber »Drinnendreck«, der klebt? Geht gar nicht. Das Licht im Bad funktioniert nicht. Es stinkt nach altem Wasser und, ja, auch ein bisschen nach Zigarettenrauch. Die Duschwand ist so nah am Fenster platziert, dass sich dieses nur ein kleines Stück kippen lässt. (Kurze, innerliche Konstruktionsempörung: Wer baut denn so was?) Nach meinen vielen Rucksackreisen in aller Herren Länder und in oft sehr einfachen Unterkünften habe ich gelernt, als eine meiner ersten Aktionen im Hotelzimmer die Toilette-an-sich optisch auf verdächtige Spuren zu untersuchen und gegebenenfalls selbst zu desinfizieren. (Keine Sorge, ich nehme jetzt keine Proben – obwohl der Hobby-Laborant hier durchaus in einen Rausch verfallen könnte.) Bei Außentoiletten wie Plumpsklos spare ich mir das, da habe ich aber auch weniger faktische Berührungspunkte, und es ist eben draußen. Ich möchte auch betonen, dass es Länder östlich von hier gibt, in denen ein Inspizieren und Selberdesinfizieren fast nie nötig ist (Auskunft auf Nachfrage). Okay, mir fällt EIN Land ein. In Südostasien.

Egal. Wo war ich? Toiletteninspektion. Im spärlichen Licht meiner Handytaschenlampe sehe ich, a) dass ein oder mehrere Personen sowohl im Stehen als auch mit gebührlichem Abstand gepinkelt, aber das Prinzip der hochklappbaren Brille nicht begriffen haben oder b) dass sie zu betrunken waren, um ordentlich zu zielen, oder c) dass das Klo vor ihrem Besuch auch schon so eklig war, dass eine regelkonforme Nutzung sich schlicht ausschloss. Mehrfachantworten sind natürlich möglich.

Ich mache mich auf den Weg, den freundlichen Rezeptionisten wiederzufinden, und frage ihn, ob es wohl möglich sei, dass mein Zimmer beim Saubermachen vergessen wurde? Und ob es im Rahmen des Möglichen läge, das nachzuholen? Also am liebsten jetzt?

Er sagt: »Ja. Da kommt aber heute keiner mehr.«

Ich sage: »Dann übernachtet da aber auch heute keiner mehr.«

Er sagt: »Ja, was machen wir denn da?«

Ich denke: »Ja, diese Frage gilt es zu beantworten.« Mein Vorschlag: »PUTZEN?«

Er fängt wieder von vorne an bei seiner Argumentation. Dass da aber heute keiner mehr kommt. Offenbar befinde ich mich in einer Tonschleife.

Ich muss die Strategie ändern. Und frage, ob er MIR denn das Putzzeug geben kann, weil: Dann mach ich's eben selber. Das wiederum kratzt natürlich an seiner Hoteliers-Ehre, und er telefoniert seine Schwester herbei, die kurz darauf in einer fremden Sprache schimpfend mein Zimmer betritt. Ich sitze ganz vorne auf der Bettkante und versuche, nichts zu berühren. Und freue mich total, dass sie kommt.

Sie freut sich so mittel. »Wo ist es dreckig?«, lässt sie Šućo übersetzen.

»Überall?«, lautet meine mittlerweile doch etwas gereizte Antwort.

Sie schaut sich um, scheint ratlos zu sein. Šućo schaut mit.

Ich helfe mal ein bisschen nach. »Hier vielleicht?«, schlage ich vor und tippe auf den plastinierten Bier-oder-ich-will-gar-nicht-drüber-nachdenken-was-Fleck auf dem Nachttisch. Anschließend marschiere ich ins Bad und präsentiere die Toilette. »Oder hier vielleicht?« Ich meine, sie ist eine Frau, sie müsste das doch genauso eklig finden wie ich? Gleichzeitig fühle ich mich schuldig, dass ich hier so die Kunde-ist-König-Nummer abziehe und sie das ausbaden muss, obwohl sie gar nicht für die Sauberkeit im Hotel zuständig ist. Aber drei Wochen herumreisen und ohne Unterlass drehen gehen auch an mir nicht spurlos vorbei. Sie lässt klares Wasser in einen Eimer laufen und feudelt mit einem Lappen über die Klobrille, dann (kreisch) über das Waschbecken und die Armatur. Ich kann sie gerade noch davon abhalten, mit dem Lappen auch noch den Nachttisch zu wischen, und schiebe sie und Šućo dankend aus meinem Zimmer. Krame aus meiner Kulturtasche die Notfallpackung Desinfektionstücher hervor und beschließe, man kann auch SEHR gut mal ohne Duschen in einem Hotel wohnen. Sind sowieso keine Handtücher da. Ich passe mich dem Drecklevel jetzt einfach an.

Auf dem Flur treffe ich Šućo und den Rezeptionisten, der sich nun doch Sorgen um unser Wohl zu machen scheint. Der gesamte Flur ist gesäumt von leeren Stühlen (wie auf dem Amt) und über jeder Lehne hängt ein Handtuch.

Ich frage, ob wir hier innen filmen dürfen.

»Klar«, sagt er. Und erklärt dann vor laufender Kamera, das sei ein Service des Hotels, dass saubere Handtücher direkt vor den Zimmern hängen, jeder kann sich so viele nehmen wie gewünscht. Mannometer. Das ist mal ein außergewöhnlicher Service.

»Aber die sind ja noch nass«, gebe ich zu bedenken, als ich eins in die Hand nehme.

»Ja, die sind ja auch gewaschen«, sagt er stolz.

»Und eventuell schon wieder benutzt«, denke ich bei mir. Er ist aber so lieb und so Gewaltfreie-Kommunikations-mäßig freundlich zu uns, dass ich ihn ins Herz schließe. Und das ganze bekloppte Hotel gleich mit.

Geht nämlich noch weiter. Abendessen im Restaurant. Blaue Neonbeleuchtung, in jeder Ecke ein brüllender Fernseher, verstreute Einheimische, die rauchen. Julia wird heute auf eine sehr, sehr harte Probe gestellt. Fast fühlt es sich an wie eine sorgfältig nur für mich inszenierte Aktion von *Versteckte Kamera.*

Armer Šućo. Ohne ihn kann ich hier nichts ausrichten, also muss der arme Tropf in meinem Namen fragen, ob es möglich ist, bei einem der Fernseher den Ton abzudrehen, weil sich das dann besser schneiden lässt (wir wollen das Abendessen gerne drehen), und ob es weiterhin okay sei, wenn wir uns dann dahin umsetzen, wo es am leisesten ist. Wir dürfen. Der erste Gang wird serviert, frisch gebackenes Fladenbrot und Salat aus Tomaten und Gurken.

Marius sieht etwas mitgenommen aus. Will aber nicht so richtig raus mit der Sprache. Als Šućo einen Anruf entgegennimmt und den Tisch verlässt, platzt es aus ihm raus: »Seid mir nicht böse, aber ich kann hier keine drei Tage bleiben. Es ist wirklich mit Abstand der schlimmste Ort der Reise.«

»Haste Heimweh?«

Er nimmt ein Stück Brot und rupft daran herum. »Ich glaub schon.«

Dass es einer zuerst ausspricht, macht es für uns andere sofort leichter. Ich kann ihn so gut verstehen, mir geht es genauso. Reisen kann wirklich mürbe machen. Aber wir sind selbst daran schuld. Šućo hatte mich ja gefragt, welche Hotelkategorie wir möchten, und ich war eben sehr bescheiden und habe gesagt: »Maximal drei Sterne, wir sind total unkompliziert.« (PS: Unser Budget ist auch nicht so hoch.)

Wir tätscheln Marius den Arm, der extra gewartet hat, bis Šućo außer Hörweite ist, weil er nicht wollte, dass der sich unseretwegen schlecht fühlt. Dabei ist der ja auch »not amused« über den hiesigen Standard.

Bei der Hauptspeise – köstliche Forelle aus dem nahegelegenen Plav-See – frage ich unschuldig, ob es denn üblich sei, dass die Raucher im Restaurant ihre Selbstgedrehten durchziehen, während andere zu essen versuchen. Gegenfrage des Kellners, ob wir vielleicht draußen essen möchten? Das sei kein Problem.

Ich werfe einen Blick aus dem Fenster. Die Sonne ist bereits untergegangen, und die Kälte krabbelt bestimmt bereits die Berge hinunter. Daher zwei Gegenfragen meinerseits. Erstens: »WIR??« Und zweitens, ob nicht die Raucher, wenn sie nur trinken und quatschen wollen, das draußen tun könnten? Fast rutscht mir auch das gedachte »ALSO BEI UNS IN DEUTSCHLAND MACHEN DIE DAS« heraus. Es folgt eine stichfeste Argumentation, die meine westlich geprägte Fassungslosigkeit beinahe in alberne Hysterie umwandelt: Nein. Das geht leider nicht. Wenn man NICHT RAUCHEN MÖCHTE, kann man das gerne tun, aber bitte draußen. (Vor meinem geistigen Auge sehe ich zwei alte Männer in einer roten Plüschloge applaudieren.) Eigens zu diesem Zweck stehen auf der Terrasse ein paar Tische.

Ich frage: »Warum sollen denn die Nichtraucher rausgehen?«

Der Kellner antwortet wahrheitsgetreu (und ist sich der epochalen Komik nicht bewusst – oder er ist eben doch für *Verstehen Sie*

Spaß gecastet): »Weil die Raucher sonst frieren.« Kein Witz. WEIL DIE RAUCHER SONST FRIEREN! (Die zwei in der Loge hauen sich auf die Schenkel und stecken sich anschließend gegenseitig zwei dicke Zigarren an.)

Es wäre ja nicht zu verantworten, dass ARME RAUCHER sich zusätzlich zum Lungenschaden auch noch verkühlen. Ich verschlucke mich fast an meinem unausgesprochenen »Bei uns frieren die nie, und die rauchen sogar an Silvester vor der Tür, in Minirock und Glitzertop!« Ganz offensichtlich habe ich eine tiefenpsychologische Sperre, das hiesige Prinzip zu akzeptieren.

Der Kellner erklärt weiter: »Wissen Sie, wenn Raucher frieren, dann bestellen die keine Getränke. Und das ist dann schlecht für unser Geschäft.«

Jetzt hat er mich.

»Schlecht für unser Geschäft« ist das einzige Argument, das ich gelten lassen kann. »Schlecht für unser Geschäft« wollen wir auf keinen Fall für die Leute hier. Das hätte mir auch selber einfallen können. Also halte ich ab sofort meine nervige Nichtraucherschnauze. Wir essen vorzüglich, umweht von blauem Dunst und beleuchtet vom farblich darauf abgestimmten Schein der LED-Lampen. Und beschallt von den drei anderen Fernsehern, denn die haben sie jetzt etwas lauter gedreht.

Am nächsten Tag werde ich des Zimmermädchens ansichtig. Sie sitzt mit der Schwester des Rezeptionisten in einem der Gästezimmer und macht gerade Pause.

Zigarettenpause.

SIE RAUCHT! IM HOTELZIMMER!

Amerikaner werden diesen Ort wohl nie besuchen.

Obwohl, ich könnte mich täuschen. Amerika scheint hier nämlich extrem hoch im Kurs zu stehen. An der Rezeption steht eine kleine Freiheitsstatue, es fahren Autos mit amerikanischen Nummernschildern herum, und überall findet man kleine amerikanophile Merkmale in diesem Zweitausendseelenort. Man könnte fast sagen, Gusinje ist ein bisschen USA-verrückt. Die Erklärung ist so einleuchtend wie witzig.

Zur Veranschaulichung fährt Šućo mit mir zu den Ali-Pascha-Quellen ein Stück außerhalb der Stadt. Unzählige Rinnsale gluckern hier aus der Erde und ergießen sich in kleinen Seen und Flüsschen über das Tal. Die Quellen sind ein besonderer, fast heiliger Ort. Sie sind einem lokalen Volkshelden gewidmet, der hier im 19. Jahrhundert für Frieden und Freiheit gesorgt hat. Aber seit den sechziger Jahren haben die Quellen noch eine Funktion hinzubekommen: Seitdem sind sie ein Heiratsmarktplatz.

In Wahrheit gibt es nämlich viel mehr Gusinjer auf der Welt als nur die schlappen zweitausend hier im hintersten Winkel der Berge. Und einmal im Jahr, Anfang August, kommen viele von ihnen für ein paar Wochen wieder zurück.

Mitte des letzten Jahrhunderts zogen die ersten Gusinjer in die USA, um drüben ihr Glück zu suchen. Šućo erklärt ihr Dilemma: »Das hatte rein ökonomische Gründe. Die Gegend ist nicht wohlhabend. Die Natur ist super, Fleisch, Fisch, Obst und Gemüse, sind immer frisch und sehr gesund. Aber die Leute sind eben trotzdem arm.«

Also sind manche von ihnen ausgewandert. Das hat sich herumgesprochen und Nachahmer gefunden. Ich mag mir das Heimweh gar nicht ausmalen, das die Leute gehabt haben müssen, wenn sie von hier in eine anonyme Großstadt mit einer so fremden Kultur kamen. Klassischerweise wählt man zum Auswandern ja einen Ort, an dem schon jemand anderes aus der Heimat ist. So haben sich auch die Gusinjer auf ein paar Städte konzentriert. Heute leben angeblich mehr als fünfundzwanzigtausend Gusinje-Stämmige in New York, Chicago und Boston! Sukzessive hat sich dort eine – relativ gesehen – gigantische Diaspora gebildet. Es ist nachvollziehbar, dass die Gusinjer, schon allein wegen fehlender Sprachkenntnisse, in den USA nicht die Eins-a-Jobs bekamen, sondern eher die Dinge machen mussten, für die sich andere zu schade waren. Ähnlich wie die »Gastarbeiter«-Generationen bei uns. Aber in der Heimat, da waren sie wer. Da hatten sie es »in Amerika geschafft«. Also kam, wer irgendwann genug Geld für ein Flugticket hatte, zurück, um der Familie und den Nachbarn in der Heimat zu zeigen: Schaut mal her, euer Junge hat es zu etwas gebracht.

Und welch ausgezeichnete Gelegenheit, sich gleich eine passende Braut auszusuchen, um sie mit in die Neue Welt zu nehmen! Wenn die »reichen« Junggesellen hier wieder auftauchten, waren sie schwer gefragt. Angesehen und wohlhabend genug, um »ein Mädchen von zu Hause« zu heiraten. Und die hiesigen Familien erhofften sich für ihre Töchter eine bessere Zukunft in Amerika.

Nun kommen die Ali-Pascha-Quellen ins Spiel: Als es nämlich in grauer Vorzeit noch kein Internet und keine Online-Partnervermittlung gab (die Älteren von uns können sich vielleicht erinnern), ist man genau hier auf Brautschau gegangen! Die Quellen waren quasi das Tinder der Sechziger. Jeden Sommer waren sie *the place to be*! Hier hat man sich gesucht und gefunden.

Ich weiß nicht, wie viel von dieser Legende tatsächlich wahr ist, aber sie wird in Gusinje gerne und oft erzählt, und mich begeistert die Geschichte genauso wie Šućo.

Jetzt erklären sich auch die leer stehenden Villen am Ortsrand, die so gar nicht in die Landschaft passen wollen. Die stehen die meiste Zeit des Jahres leer, weil ihre Besitzer in den USA leben. Aber wenn diese nach Gusinje kommen, dann haben sie ein schickes Ferienhaus und können damit ihren Status zeigen.

Tatsächlich herrscht deshalb jeden Sommer im August Volksfeststimmung in Gusinje. All diejenigen, die sich ein Ticket leisten können, kommen zurück und tanken Heimat auf.

Und an den Quellen tanzt der Bär.

- 22 -
Einmal Čevapčići für die Ewigkeit

»When too perfect, lieber Gott böse.« Das ist der einzige Grund, warum in dem atemberaubend schönen Land mit dem blauesten Fjord, den hübschesten Buchten, den venezianischsten Städtchen, den grünsten Flüssen und überhaupt unverschämt schöner Natur, ein klitzekleines bisschen Müll rumliegt ... Nein, ich fange nicht schon wieder mit den Feuchttüchern im Grünen an. Und lasse mich auch nicht weiter über die Sofas und Matratzen mitten im Wald aus, weil Sperrmüll hier eben nicht jeden Dienstag auf Bestellung abgeholt wird. Vielleicht muss das einfach so sein, damit es eben nicht zu perfekt ist.

Ebenso verhält es sich mit dem montenegrinischen Essen. Weil die Sparte KULINARIK in Montenegro das Irdische sprengen würde – mit dem frischen Fisch, den Muscheln, dem weißen Bergkäse, dem Kajmak, dem Kačamak (einer Art Kartoffel-Mais-Polenta mit geschmolzenem Käse), dem Njeguši-Schinken, der Pita, den Tomaten, mit seiner unverschämt guten autochtonen Rotweinsorte Vranac (der Barrique: ein GEDICHT!) und seinen tausend Jahre alten Olivenbäumen (das Öl: welch AROMA!) –, weil das alles zu perfekt wäre, verderbe ich mir am letzten Drehtag so richtig den Magen. Aber wirklich so richtig.

Und das ausgerechnet in Šućos Heimatstadt Ulcinj. Wir sind an der letzten Station unseres Montenegro-Roadtrips angekommen und haben jeder ein kleines Gästezimmer im Haus bei Šućos Eltern bekommen. Von meinem Balkon aus sehe ich gleich am ersten Abend einen traumhaften Sonnenuntergang.

Weil schlechtes Wetter kommen soll und ich nicht wieder meine bedeutungsschwangeren letzten Worte (wie in Estland) im Regen verkünden will, beschließen wir dieses eine Mal, ein bisschen zu schummeln und »die Abmod« schon am vorletzten Tag aufzunehmen. Zur Sicherheit.

Nicht nur ist diese Entscheidung aus meteorologischen Gründen unheimlich klug, nein, ich gebe auch rein optisch wesentlich mehr her als nur vierundzwanzig Stunden später …

Am Tag nach der erfolgreich im Streiflicht des Sonnenuntergangs gedrehten Abmod zeigt mir Šućo den Wochenmarkt von Ulcinj und schleppt mich danach in die aus seiner Sicht beste Čevapčinica der Stadt. Čevapčići, wir alle kennen es, sind kurze Hackfleischwürstchen, die entweder gegrillt oder in viel Fett gebraten werden. In sehr viel Fett. Die Kombination Hackfleisch – ich bin ja erklärte Vegetarierin, und das vor allem wenn es um Hackfleisch geht – und viel Fett ist keine allzu gute für mein dienstbeflissenes Verdauungssystem. Es liegt deshalb sicher an mir und nicht an den Čevapčići, die wirklich toll gewürzt sind und gut schmecken. Aber seit diesem Mittagessen in Šućos Lieblings-Čevapčinica ist mir flau im Magen. Es fühlt sich an, als hätten sich die Čevapčići protestartig quer gestellt und wehrten sich nun mit in die Magenwand gekrallten Ärmchen dagegen, weiterzufahren und sich auf die unbekannte, ereignisreiche Odyssee durch meine Gedärme zu begeben. Ich bin ungewohnt still an diesem Nachmittag. Passend dazu ziehen dicke schwarze Wolken am Horizont auf. Wie gut, dass wir das Wichtigste im Kasten haben.

Am Abend fahren wir – wie wir es seit ungefähr drei Wochen besprechen – zum östlichsten Punkt an der Küste Montenegros an die Grenze zu Albanien. Es soll der krönende Abschluss werden. Im Delta des Grenzflusses Bojana liegt die dreieckige Insel Ada Bojana, die in den achtziger Jahren für westdeutsche Touristen eins DER Lieblings-FKK-Ziele war. Šućos Eltern besitzen am gegenüberliegenden Ufer seit eh und je eine Fischerhütte, in der sie die Wochenenden und die Ferien mit ihren Kindern verbracht haben. Hier hat Šućo also Deutsch gelernt.

Er taucht in die Vergangenheit ein und erzählt, wie strikt die Regeln für die Insel in der kommunistischen Zeit waren: Nur Touristen, die dort ihren Urlaub verbrachten, durften die lokalen Leistungen nutzen. Auf der Ada Bojana befand sich allerdings der einzige Laden in der ganzen Gegend, wo man Nahrungsmittel kaufen konnte.

»Damit wir nicht zehn Kilometer nach Ulcinj fahren müssen, nur um ein Brot zu kaufen, hat mein Vater mit dem Manager des Ladens vereinbart, dass ich jeden Tag von unserer Seite des Flusses bis zu einem Steg auf der Ada rudere, zehn Minuten zu Fuß bis zum Laden laufe, Brot hole und dann schnell wieder verschwinde.«

»Nackich?«, unterbreche ich ihn.

»Ich durfte angezogen sein. Bloß ich hatte diese Genehmigung! Ansonsten war nur dem Personal Kleidung erlaubt!«

Da war er fünf oder sechs Jahre alt. »Also übte ich, wie die Deutschen zu sprechen – die Mitarbeiter und Gäste durften ja nicht wissen, dass ich kein Tourist bin. Zu Anfang konnte ich nur Brot auf Deutsch bestellen, aber später auch andere Nahrungsmittel. Niemand hörte heraus, dass ich ein Einheimischer bin, und mich kannte dort auch niemand. Anders als meinen Vater oder meine Mutter, die dort vielleicht von irgendjemandem erkannt worden wären.«

Die Datscha am Fluss haben Šućos Eltern noch heute. Er zeigt sie uns von der Brücke aus, die vom Festland auf die Insel führt.

Šućo ist gerne hier, das merkt man sofort. Ein bunt gestrichenes Fischerhäuschen reiht sich ans nächste, alle mit Zugang zum Wasser. Ich frage mich, was die heute wohl wert sind. Außerdem gibt es hier diverse Fischlokale, eins davon will Šućo uns zeigen.

»Fisch? Aber doch nicht heute!«, greint mein Čevapčići-Magen.

»Schnauze, letzter Abend«, rüffle ich von oben zurück. Ich kann mich – was selten ist – schon an der Speisekarte nicht so richtig erfreuen und bestelle halbherzig etwas mit Tintenfisch (Applaus für diese Wahl). Die anderen sehen, wie sehr ich mich quäle, und so wird einstimmig beschlossen, dass wir nicht lang bleiben (Šućo wird sowieso wie jeden Abend um neun komatös und muss ins Bett). Diesmal verzichten wir also auf einen letzten Abend mit Musik und Tanz und fahren direkt nach dem Essen zurück nach Ulcinj. Ich verabschiede mich bei allen und lege mich umgehend ins Bett. Doch ich kann nicht einschlafen. Draußen gewittert es. Drinnen auch. Eine halbe Stunde lang debattiert mein Körper, ob oben oder unten, dann lautet die Antwort: egal. Alles muss raus.

Das war das. Die Čevapčići und ihr neuer Freund, der Tintenfisch, sind Geschichte. Und ich fühle mich wie neugeboren. Erleichtert und schlapp schlurfe ich in T-Shirt, Boxershorts und Badelatschen zu meinen Kollegen nach nebenan. Michael und Marius (Šućo ist tatsächlich schlafen gegangen) gönnen sich ein leises Dosenbier auf Marius' überdachtem Balkon und sind beeindruckt von meiner blitzartigen Wiederauferstehung.

»Ich könnte Bäume ausreißen, gehen wir noch aus?«, flachse ich.

»Schluck Bier?«, fragt Michael jovial.

»BITTE nicht. Aber sag mal, ist von den Čevapčići noch was da?«

Wir lassen die letzten drei Wochen Revue passieren. Es ist schön, noch eine Weile mit den beiden abzuhängen. Wir haben dieses Jahr so viel zusammen gedreht, in Estland auf Kihnu und jetzt in Montenegro. Ich weiß gar nicht, ob ich überhaupt noch ohne die beiden wegfahren kann. Ich frag mal meinen Mann, ob das okay wäre, wenn wir die ab sofort einfach immer mitnehmen. Marius' Sprüche werden mir fehlen, Michaels »Mpfhs« auch. Ab morgen legt mir keiner neue Batterien in die Funke ein und vermeldet dann trocken: »So, der Moderationsroboter hat wieder Saft!«

Šućos Mutter ist erschüttert, als ich ihr opulentes Frühstücksbuffet am nächsten Morgen auf der Sonnenterrasse vorm Haus verschmähe. Das fällt mir nicht leicht, aber ich möchte ein Unglück an Bord vermeiden. Mein Magen ist noch im Aufwachraum. Ich glaube, auch Šućo hat unsere Reise erschöpft. Es war halt anders als mit »normalen Touristen«. Er braucht jetzt erst mal Urlaub. Zusammen mit unserem Fahrer Vojo bringt er uns zum Flughafen in Podgorica, dort liegen wir uns dann zum Abschied in den Armen.

Mein Fazit über Montenegro: verschiedenste sensationelle Landschaftsformen und mannigfaltigste lukullische Köstlichkeiten auf kleinstem Raum. Montenegro ist wie eine gute Reduktion beim Kochen, die Quintessenz, das Beste, das Leckerste, das alle Sinne Erfüllende. Nur mit Čevapčići und ein bisschen Müll.

Eins steht fest: Ich komme wieder. Ob mit oder ohne Drehteam.

Sibirien

GUT ZU WISSEN:

Wo die Sprache viel lieblicher klingt als im Film (mit russischen Bösewichten) und die Menschen weit höflicher sind, als unsere Vorurteile vermuten lassen!

Bitte merken: Zum Anstoßen sagt kein Russe jemals: »Na sdarow-je!« Es heißt: »Sa sdarowje.« Beides sind zwar Gesundheitswünsche, aber das Erste ist: nur eine Antwort, wenn man jemandem Essen angeboten und derjenige sich bedankt hat (im Sinne von: »Lass es dir schmecken«).

- 23 -

FROSTWÄRTS in den russischen Winter

Wenn es ein Ziel gibt, das noch nie auf meiner Reisewunschliste stand, dann Russland im Winter. Ich kann nicht einmal sagen, warum – soll ja ganz schön sein. Aber irgendwie hatte ich das bisher nicht auf dem Schirm. Bis heute.

Da kommt nämlich ein sehr unerwarteter Anruf, und der geht so:

»Sag mal, hast du im Februar schon was vor?«

»Ja, ich schreibe mein zweites Buch.« (Das sage ich nicht ohne Stolz.)

»Willst du nicht lieber einen Film in Russland machen?«

»Im FEBRUAR?? Warte mal, ich denke drüber nach. So, ich habe drüber nachgedacht: Nein DANKE!«

»Wäre aber für *Ostwärts*.«

»Ach so. Ja nee, dann sage ich das Buch ab … Das war ein Scherz. Ernsthaft, ich kann nicht weg. Nicht nach Russland und nicht mal nach Thailand!« (Was mir für Februar weitaus charmanter erscheint, ich aber auch bereits abgelehnt habe.)

So klar wie meine Absage klingt – sie ist es nicht wirklich. Wochenlang treibt mich die Anfrage um, bis ich so mürbe bin, dass ich kleinlaut im Verlag anrufe und frage, wie viel Puffer eigentlich in meiner Deadline für das Manuskript eingerechnet ist und ob man die wohl ein paar Wöchelchen nach hinten schieben könnte, damit ich noch fix einen neuen *Ostwärts*-Film drehen kann. Stille und Zähneknirschen am anderen Ende der Leitung – bis ich die magischen Worte sage: »Ich fahre nämlich mit der Transsibirischen Eisenbahn.«

»Ich fahre mit der Transsibirischen Eisenbahn« ist eine Art Sesam-öffne-dich. Probiert es mal aus. Sagt es einfach irgendwo, wenn ihr an der Kasse im Supermarkt vorgelassen werden möchtet, einen Ad-hoc-Arzttermin braucht, vergessen habt, eine Rechnung zu bezahlen – oder eben, wenn ihr eine Deadline verschieben müsst: Die Reaktion auf »Ich fahre mit der Transsibirischen Eisenbahn« ist ungefähr dieselbe, wie wenn ihr sagen würdet: »Der Dalai Lama und ich, wir gehen jetzt zusammen«, oder auch: »Prinz Harry und Megan haben schon wieder angerufen und zum Scrabble eingeladen, die haben jetzt einfach Zeit.« Großes Erstaunen, unbändige Freude, Gesichter gehen auf, Herzen liegen einem zu Füßen. Bloß weil man vorhat, mit der Transsibirischen Eisenbahn zu fahren. Irre.

Der Verlag verschiebt meine Abgabe um ein paar Wöchelchen (wir bauen die neue Reise sogar gleich noch ins Buch ein), und ich sage die Produktion zu. Wenn jetzt ein Wunder geschieht und wir Visa bekommen, sind wir in der zweiten Februarhälfte in Moskau und steigen dort in den Zug Richtung Osten.

»Wir« sind wie immer zu dritt. Ich reise mit altbewährtem Michael an der Kamera und neuem dritten Mann namens Markus, der auch die zweite Kamera (eine zum Verschlucken kleine) bedienen wird. Mit der zweiten Kamera kann er fahrende Landschaften drehen, während Michael und ich uns in den Untiefen der Transsibirischen Eisenbahn schadlos halten. Zur Vorbereitung auf die Reise gehe ich in die Sauna, nehme Vitamine, kaufe mir einen dicken Steppmantel und Schuhe, die meine Füße bei bis zu minus vierzig Grad warm halten sollen (das entspricht den erwarteten Temperaturen am Baikalsee). Wir bestellen uns Thermosohlen und Handschuheinlagen, die aus Aktivkohle bestehen und bei Kontakt mit Sauerstoff warm werden. Wir bekommen die Visa und packen schon mal Probe.

Und wir finden einen Russen, der uns am Flughafen abholt und »Transsibirische Eisenbahn« mit zweitem Vornamen heißt. Davor heißt er Anatoly und danach Dolgov. Ich frage ihn, ob er Wünsche hat, was wir ihm aus Deutschland mitbringen können (und denke an etwas zu essen oder Wein). Aber Anatoly hat nur einen Wunsch: »Wenn es keine Umstände macht, könntet ihr mir auch ein Paar Heizsohlen mitbringen?« Das ist der einzige Wunsch eines Einheimischen? Ich bekomme Angst.

- 24 -

Moskau und m/seine Klischees

Wir sind keine vierundzwanzig Stunden in Moskau, da ruft schon der Sicherheitschef vom Hotel auf Anatolys Handy an. Eine Art Notfall. Ob ein Herr Michael bei uns ist? (Michael nimmt gerade das Puschkin-Denkmal in der Moskauer Morgensonne auf.) Die Zimmertür des Herrn würde weit offenstehen, und es sähe danach aus, als lägen sehr viele technische Produkte im Zimmer. Und ob er mal selber kommen wolle, um zu schauen, ob was fehlt.

OB WAS FEHLT??

Ich hechte Michael ins Bild, und nur wenige Sekunden später flitzen wir in einem leichten Anflug von Panik alle hintereinanderher ins Hotel. Michael, ich, Anatoly, Markus.

Zur großen Erleichterung aller stellt sich heraus, dass NICHTS fehlt. Nicht eine einzige kleine Batterie. Alles ist da, es war nur ein kleiner Pulsbeschleuniger für uns. Und sehr aufmerksam vom Hotelservice. Wenn sie noch aufmerksamer sind, reparieren sie mal die Tür. Die ist nämlich etwas träge und einfach nur nicht richtig ins Schloss gefallen, wie das andere Hotelzimmertüren sonst tun, noch bevor man festgestellt hat, dass man die Zimmerkarte drinnen am Lichtschalter vergessen hat.

Jedenfalls wissen im Hotel jetzt alle, dass wir das eifrige Filmteam sind, und wir wissen, dass sie sorgsame Gastgeber sind. Totale Win-win-Situation und die Widerlegung eines der vielen Russland-Klischees.

Anatoly ist ab jetzt »mein Russe«. Er kommt aus Kasan (ER sagt, eine der schönsten Städte in Russland) und spricht fließendes, hervorragendes Deutsch – aber mit einem zauberhaften russischen Akzent, der mir das Herz höherschlagen lässt. Wenn man mal Wut hat oder sich über etwas so richtig ärgert und so gar nicht aus der Zornesschleife herauskommt, hilft es ungemein, eine Russin oder einen Russen sprechen zu hören. Man wird ganz, ganz weich. Ich sollte mir einen deutschsprachigen Podcast einer Russin/eines Russen abonnieren. Einfach nur zum Was-Schönes-Hören.

Anatoly seinerseits kann sich ausschütten vor Lachen über den pseudorussischen Akzent der Bösewichte in Hollywoodfilmen. Außerdem findet er, wenn diese dann für das deutsche Publikum synchronisiert werden, »chat alles diesen charten Akzent«! Überhaupt kann Anatoly verdammt gut Stimmen nachmachen (auch von prominenten, sehr mächtigen einheimischen Politikern, und ich nenne jetzt keine Namen) oder ganze Dialoge mit mehreren Personen nachstellen. Wenn der Fernseher mal kaputt ist: Anatoly anrufen. (Vielleicht frage ich ihn, ob ER nicht vielleicht einen Podcast machen will.)

Heute bekomme ich Moskau im Schnelldurchlauf. Zackzackzack läuft Anatoly mit mir seine Highlights ab. Wir haben anderthalb Tage Zeit – denn morgen Abend geht es schon auf den Zug. Wir laufen die Moskauer Champs-Élysées, die Tverskaja-Straße, hinauf, vom Puschkin-Denkmal zum Roten Platz. Machen einen feudalen Zwischenstopp im Jelissejew-Supermarkt – nicht etwa, weil wir Kaviar, Wodka, Tee oder eine stapelbare Holzpuppe namens Matrjoschka brauchen, sondern weil es nach Abzug aller Bescheidenheit einfach einer der schönsten Supermärkte der Welt ist. Sofern man auf Schnörkel steht. Diese Neobarock-Schatzkiste müsste eigentlich ein Museum sein, wird aber einfach bloß wie eh und je als Feinkost-Supermarkt genutzt. Trotzdem: wie pompös, wie monströs. Wie prächtig. Für mich ist der Laden jetzt schon ein Sinnbild für Moskau, und ich habe fast noch nichts gesehen. Ich kaufe zwei kleine Flaschen Birnenlimonade mit kyrillischer Beschriftung auf dem Glaskörper, die ich mir irgendwann auf unserer Reise im Zug genehmigen und später zu Hause als Vasen verwenden will. Einfach, weil sie schön sind.

Wer Probleme mit der Unterkiefer-Aufhängung hat, darf schon aus medizinischen Gründen nicht nach Moskau kommen. Zu gefährlich. Es gibt so viele Ecken in dieser Stadt, an denen einem vor Verzückung die Kinnlade runterfällt. Das Moskau, das Anatoly mir präsentiert, schreit mir alle paar hundert Meter: »Nicht kleckern, Mädchen – KLOTZEN!«, entgegen. Der Rote Platz heißt auch nicht etwa so, weil er rot ist, sondern weil das russische Wort für »rot« gleichzeitig das Wort für »schön« ist. Dementsprechend korrekt wäre also auch die Übersetzung »Der Schöne Platz«. Passt halt nicht so gut in unser kommunistisches Bild.

Dazu herrscht unverschämtes Traumwetter für Februar – sieben, acht Grad bei Sonnenschein kann ich gut aushalten. Der Schöne Rote Platz mit der Basilius-Kathedrale im Hintergrund, dem Kreml (Russisch für Festung) auf der einen und dem legendär protzigen Kaufhaus GUM auf der anderen Seite wird bespielt von einem riesigen Weihnachtsmarkt. WEIHNACHTSMARKT? Im Februar? Ja, die Russen ziehen die Sache durch bis zur Butterwoche, die gerade beginnt, die russische Fastnacht. Sie läutet die Fastenzeit bis Ostern ein. Deshalb jetzt noch mal eine Woche lang reinspachteln, was geht. An zwei von drei Ständen gibt es Blini! Ihre Brüder und Schwestern sind bekannt als: Plinsen, Eierkuchen, Pfannekuchen, Crêpes, Blinschki, Omelett. Hier sind sie hauchdünn, mit Butter bestrichen und vielfältig süß oder herzhaft gefüllt. Butterwoche ohne Blini ist wie Weihnachtsmarkt ohne Glühwein. Drum herum mischen sich rote Weihnachtskugeln mit

Strohfiguren aller Art und den stilisierten Sonnen der Butterwochen-Deko an Tannenbäumen und Buden. Gaukler auf Stelzen laufen durch die Menge, auf einer kleinen Bühne werden volkstümliche Lieder geschmettert, die Menge davor grölt aus voller Kehle mit. Aus drei Richtungen höre ich unterschiedliche Musik. Am Samstagnachmittag ist hier so richtig Party.

Da Michael und ich nach »Sotschi-Gate« nie mehr in Russland festgenommen werden wollen, haben wir diesmal hieb- und stichfeste Drchgenehmigungen für jeden möglichen Ort besorgt und eine hochamtliche, zugelassene, offizielle, zertifizierte, superkompetente Stadtführerin gebucht. Vera ist Anfang sechzig und eine tolle Frau. Witzig, klug, sieht sofort, wann wir drehen und wann idealerweise nicht reingesprochen werden soll. Sie weiß, wo man am Roten Platz prima essen kann, ohne gleich die platinene Kreditkarte zücken zu müssen, wo man Geld tauscht, ohne betuppt zu werden, und wo man einen Kaffee bekommt, ohne ewig anzustehen.

Michael ist zur Basilius-Kathedrale geflitzt, weil das Licht gerade so hervorragend ist, und Markus macht einen Zeitraffer vom Roten Platz.

Ich stehe mit Vera vorm Lenin-Mausoleum, als sie mich am Arm nimmt. »Weißt du, was hier gerade so besonders ist?«

Ich schaue mich um. »Alles?«

»Schau mal, wie leer es ist.«

Leer? Der gesamte Platz ist ordentlich belebt. Auch außerhalb des abgetrennten Weihnachtsmarktes. Eine Kakophonie von Geräuschen. Unmengen von Selfies vor der bunten Basilius-Kathedrale mit ihren gezwirbelten Turmspitzen. Aber gut, ich war vorher noch nie hier. Und bei näherem Hinsehen fällt auf: Man kann gut von A nach B kommen, ohne sich mühselig durch Menschenmassen schieben zu müssen, und es sind beträchtliche Mengen an Bodenfläche zwischen den Menschen sichtbar. Scheint auf dem Roten Platz etwas Besonderes zu sein. Das bleibt aber nicht das Einzige, das mir erst auffällt, als mich Vera mit der Nase draufstößt.

»Und keine Chinesen«, freut sie sich. Da macht sie aus ihrem Herzen keine Mördergrube. Jetzt sehe ich es auch. Beziehungsweise sehe eben keine. Überhaupt sind nur eine Handvoll Asiaten unterwegs – eine kleine Hochzeitsgesellschaft, die ich anhand der weißen Filzhüte der Männer sofort als Kirgisen identifiziere. (Ich alte Kosmopolitin, ich unglaublich weltgewandte Globetrotterin, ich.) Das verhängnisvolle Corona-Virus hat den chinesischen Ferntourismus bereits lahmgelegt, und das bedeutet: etwas mehr Platz auf dem Platz.

Wir Westeuropäer sind aktuell noch in dem Stadium, in dem wir glauben: Ach was, das kommt nicht zu uns. Dennoch haben wir in der Drehvorbereitung sorgfältig abgewogen und schließlich entschieden, mit der Transsibirischen Eisenbahn nicht über die russisch-mongolische Grenze zu fahren. Das ist Michael, Markus und mir dann doch eine Spur zu nah an China. Zitat unser neuer dritter Mann: »Da bin ich ein Schisshase. Wenn ich unterwegs Husten bekomme, werde ich sofort denken, das ist Corona.« Abgesehen davon könnte unser legendärer *Ostwärts*-Mongoleitrip sowieso niemals getoppt und darf keinesfalls überschrieben werden. Konzentrieren wir uns auf Sibirien. Unser Rückflug geht in knapp zwei Wochen ab Ulan-Udé.

Aber noch bin ich auf dem krassen Roten Platz zwischen Lenin und Basilius. Natürlich muss ich das mit einem Angeber-Selfie für die soziale Ewigkeit festhalten. Ich in Moskau, mit meinen russischen Freunden Vera und Anatoly. OMG.

Ein Wort zu Anatoly. Er ist – wie soll ich das ausdrücken? – nicht der dickste Vertreter unter den Russen. Um nicht zu sagen: Manche Russen, die ich vom Strand in Sotschi noch in Erinnerung habe, waren deutlich properer. Um nicht weiterhin zu konstatieren: Anatoly ist spindeldürr. Er ist ein leidenschaftlicher Läufer und verbringt jeden Tag viele Kilometer durch die Gegend flitzend. Unser dritter Mann Markus wiederum ist ebenfalls so ein Spargeltarzan, und auch bei mir kommt jetzt nicht jedes Mal die Küstenwache, um mich wieder ins Wasser zu ziehen, wenn ich mal am Strand liege.

Wir drei hören, wann immer wir etwas Opulentes oder auch mal etwas unverschämt Kalorienreiches bestellen, ungefragt Sätze wie: »Na, SIE können's aber auch WIRKLICH vertragen.« Mitunter mit einem leichten Anflug von Vorwurf in der Stimme. Oder mit Stirnfurchen werfender Besorgnis. Es ist absolut erhellend und durchaus witzig, mit zwei Männern unterwegs zu sein, denen es auch manchmal auf den Keks geht, dass Dickere ihnen ungefragt Feedback zu ihrem Körper geben, obwohl sie das umgekehrt nie tun würden. Andersherum dünkt es ja gleich nach schlimmer Diskriminierung. Man stelle sich vor, ein Dünner würde zum Beispiel zu einem Dicken sagen: »Mensch. Gut, dass du mal ein paar Radieschen zu dir nimmst, die kannst du wirklich vertragen.«

Lustigerweise verbindet uns drei diese Erfahrung, und ich fühle mich mit den beiden Hungerhaken, die mir ja eigentlich noch fremd sein müssten, schon genauso wohl wie mit Michael. Wir sind ein gutes Team für diese Tour, das spüre ich ganz deutlich.

Und Anatoly macht deshalb alles richtig, als er beim Mittagessen für uns ordentlich viele Blini mit verschiedenen Füllungen bestellt. Zum Beispiel mit saurer Sahne und Kaviar (weil wir es uns wert sind) und zum Nachtisch eine süße Variante mit Quark. Dazu Sanddornsaft. Sehr russisch.

Am Abend unseres ersten langen Tages schleppt Anatoly mich dann noch in eine Bar namens Puschkin. Und bestellt zwei Baikal-Wodka, zum Anstoßen auf unsere Tour. Oje. Wie sage ich ihm jetzt, dass ich nicht so auf Wodka stehe? Ich sage gar nichts.

Der Kellner stellt zwei für EINEN Wodka viel zu große, eiskalte Gläser auf die Theke und misst mit einem Messbecher millimetergenau die unschuldig-klare Flüssigkeit ab, bevor er einschenkt. Damit es hinterher keine Beschwerden gibt.

»Nasdarowje! Ich trinke auf dich«, sagt Anatoly.

»Und ich trinke auf dich!« Wir prosten uns zu.

Dann erklärt er mir, wie man Wodka richtig trinkt. »Man atmet aus, trinkt alles auf ex, dann hält man ein kleines bisschen die Luft an, atmet weiter aus, und erst dann atmet man wieder ein.«

Er macht es vor. Ausatmen, pühhhh, trinken, zack, warten, omm, weiter ausatmen, püh, einatmen, hüp. Er sieht unheimlich lustig dabei aus.

Mein russischer Gastgeber grinst zufrieden. »Und dann kommt der ziemlich gut an.«

Na, das kann ja was werden.

- 25 -

Und wieder heißt es Mitkommen

Der zweite Moskautag ist optisch gesehen das diametrale Gegenteil vom ersten. Wolkenverhangen und nasskalt ist es. Ungemütliche Schneeregenfäden wedeln im Wind wie die langen grauen Lappen einer Autowaschanlage – es klatscht und haftet. Und schon fühlt sich die Kälte viel unangenehmer an als gestern. (Jetzt weiß ich wieder, warum ich Moskau im Februar nicht auf dem Zettel hatte.) Vera holt uns mit Regenschirm bewaffnet am Hotel ab und nimmt uns mit in das Zentrum der Macht: Putins Regierungssitz im Kreml. Sie hat vor Jahrzehnten mal für Jelzin gearbeitet (im Marketing) und kennt sich auf dem Burghügel über der Stadt gut aus. Ich finde es so mittelspannend hier oben.

Aber als wir später mit der Metro zum Bahnhof fahren, wird es unerwartet aufregend. Michael filmt, wie wir in die Metrostation hinein und an ihm vorbei zu den Ticketmaschinen gehen. Dort warten wir und lassen ihn mit Markus und Vera erst einmal die Schleuse passieren und auf der anderen Seite die Kamera wieder bereit machen. Zum anschließenden Drehen unseres »Schleusengangs« kommt es aber nicht, weil plötzlich wie aus dem Nichts Sicherheitsleute auftauchen, die auf Michael zeigen und »njet« fauchen. Vera zückt unsere Drehgenehmigung und redet in Ruhe mit den Wärtern. Die rufen die Polizei dazu.

Und ich habe ein böses Déjà-vu. Sotschi-Gate. Russland 2013. Drei Stunden eingebuchtet, von denen sich nur die erste halbe

Stunde so richtig nach Action anfühlte – die Zeit danach erst wieder rückblickend. Dazwischen ging Michael, unserem russischen Freund Mischa und mir ganz schön die Düse.

»Ich vermute, wir werden gleich abgeführt«, raunt Anatoly mir halb amüsiert, halb ernsthaft zu und macht mir damit nicht wirklich bessere Laune. Keine achtundvierzig Stunden zurück in Russland, und schon wieder heißt es barsch: »Mitkommen«?

Während Vera noch auf die Männer mit ihren dicken Jacken, Sprechfunkgeräten und dem außerordentlich finsteren Blick einredet, sehe ich aus den Augenwinkeln, dass ein Mann in schwarzen Klamotten schon eine ganze Weile sein Handy hochhält und versucht, uns zu fotografieren oder zu filmen. So ungefragt kann ich das ja gar nicht haben. Ich drehe mich weg, aber der Typ kommt hinterher. Läuft um mich herum. Der gibt sich nicht einmal die Mühe, das unauffällig zu machen!

Ich ziehe meine Kapuze ins Gesicht und drehe mich zu Anatoly, der versucht, so unbeteiligt wie möglich aus der Wäsche zu gucken. »Anatoly, siehst du das auch? FILMT der uns?«

»Dich«, korrigiert er mich. »Vielleicht ist er vom Geheimdienst.« Ich weiß nicht, ob er mich jetzt veräppeln will oder das ernst meint. »Bleib einfach ganz cool.«

Bleib ich einfach ganz cool.

Aber mal ehrlich, vom Geheimdienst würde ich doch etwas mehr professionelle Distanz erwarten. Gut, vielleicht hat der Typ erst neu angefangen oder macht sein Agenten-Praktikum. Eine große Karriere sehe ich im Moment nicht auf ihn zukommen. Dafür kommt er noch näher auf mich zu, bis er mir sein bescheuertes Handy quasi wie einen Spiegel vors Gesicht hält – und ich meine professionelle Distanz verliere. Ich brülle ihn an. (Nicht machen.) »Mann! Hau ab! GO AWAY! GO, GO, GO!« Wenig erfolgreich versuche ich, ihn fortzuwedeln. Anatoly schlägt wahrscheinlich gerade innerlich die Hände über dem Kopf zusammen und fragt sich: Warum habe ich mich auf die Bekloppten hier eingelassen? Aber nach außen hin ist er ruhig und besonnen.

Vera und die anderen kommen in Begleitung eines Polizisten und der Wachmänner durch die Ticketschleuse zurück. Unsere beiden Russen besprechen sich. Dann werden wir von Anatoly gebrieft: »Also wir gehen jetzt da mit und zeigen unsere Unterlagen, und dann schauen wir mal. Wichtiger ist«, jetzt schaut er ein bisschen streng, und es blitzt ein Fünkchen Sorge auf, »dass wir den Zug heute Abend bekommen. Denn der wartet nicht auf uns.« Da sind die Metro und das Filmen (und mein Stolz) weniger wichtig. Bestechende Logik.

Innerlich fluchend gehe ich an dem Agenten-in-Probezeit vorbei (wir werden leider nie erfahren, ob er seine Gesichtserkennungs-App zum Laufen gebracht hat und Karriere beim Geheimdienst machen wird), und wir folgen im Gänsemarsch dem wirklichen Profi der russischen Polizei.

Die Metrostation Novokuznetskaya ist ein gelb gestrichener, historischer Rundbau von 1943, aber tief drinnen ist sie nicht gelb. Da ist sie dunkelgrün. Und auch sonst dunkel. Und ein bisschen gruselig. Wir tapsen durch einen schmalen, schlecht beleuchteten Gang, der der Rundung der Konstruktion folgt und auf halber Strecke durch ein Metallgitter gesichert ist. Der Gang ist so schmal, dass er wirklich etwas James-Bondiges, Geheimdienstiges hat. Über eine steile, schmale Treppe nach oben erreichen wir eine weitere Rundung. Von dieser geht ein Wachzimmer ab und von dem eine Zelle mit Gitter (zweites schlimmes Déjà-vu). Drei Wachleute sitzen hier und stellen Vera und Anatoly Fragen, während wir uns um ein unschuldiges Antlitz bemühen. Was macht ihr, wieso dreht ihr, für wen, muss das sein und so weiter. Vera und Anatoly sind als Russen anscheinend verhörerfahren und verhalten sich absolut deeskalierend.

Ich bin hingegen gerade in meinem eigenen Film, denn ich stelle mal wieder fest, dass ich nicht weiß, wo genau ich heute Morgen meinen verdammten Pass hingetan habe. Man soll den in Russland ja immer griffbereit haben, aber eben auch nicht so griffbereit, dass jemand anderes ihn greifen und, sagen wir mal, »ausleihen« könnte. Was meinen Pass angeht, bin ich aber leider ein Eichhörnchen. Ich denke mir strategisch unheimlich kluge Orte zur Aufbewahrung aus, die ich umgehend vergesse, weswegen ich jedes Mal unter totalen Stress gerate, wenn ich ihn wirklich mal zücken muss. Ich finde ihn auch jetzt nicht, aber wir sind auch schon im Begriff, wieder hinauskatapultiert zu werden.

Es ist Sonntag, in der Hauptverwaltung der Metro ist niemand da, und die Beamten hier haben nicht so richtig Lust, jetzt das große Fass aufzumachen. Vielleicht merken sie auch, dass wir viel zu harmlos sind, um uns einer Investigativ-Reportage gegen das Regime zu widmen. Einer von ihnen lässt sich schließlich zu folgender Bemerkung hinreißen: »Tut uns bitte einfach den Gefallen und verschwindet von hier. Wir wollen euch HIER nicht filmen sehen. Was ihr woanders macht, ist uns wurscht. Guten Tag.«

VERSTANDEN. Sbasiba. Trollen wir uns.

Unten in der Station kommen wir wieder an dem Typ mit der Kamera vorbei. Der mittlerweile jemand anderen behelligt.

»Doch nicht vom Geheimdienst«, witzelt Anatoly, »einfach nur ein ganz normaler Verrückter.«

- 26 -

Jetzt aber! Abfahrt mit der Transsib und von einer Bar, die sich gewaschen hat

Der große Moment ist nah. Ohne weitere Zwischenfälle hat uns die Metro an der Komsomolskaja gegenüber vom prächtigen Kasaner Bahnhof ausgespuckt. Wir linsen in die alte Wartehalle, die heute als Business Lounge ihren Dienst tut. Noch so ein Kinnladenmoment. Oder mehr ein Zarenmoment. Man kann nicht hier drin stehen, ohne instinktiv die Hand nach seinem virtuellen Hermelin auszustrecken, um versonnen darüberzustreichen. Eine locker fünfzehn Meter hohe Gewölbedecke mit blauen und goldenen Ornamenten (aber die Heizkosten!) thront über türkisfarbenen Wänden mit großen Fenstern, riesigen Spiegeln (aber wer soll die putzen?), locker sechshundert Quadratmetern Parkettboden und unzählig vielen goldenen Schnörkeln. Hier kann man auch mal eine Verspätung verschmerzen. Bloß ausgerechnet in Russland gibt es die nicht. Doch dazu später mehr, denn schon schiebt Anatoly uns in die Bahnhofshalle …

Augen auf für den Zug! Ohren auf für die Fanfare! Die Transsibirische Eisenbahn ist zum Boarding bereit! Ich bin schwer beeindruckt und, ja, auch ein bisschen amüsiert. Auf Gleis eins steht nicht nur ein glänzender Zug, sondern – ohne Witz – eine siebenköpfige Blaskapelle in roten Uniformen, schwarzen Tschako-Helmen auf dem Kopf und goldenen Tröddelchen an der rechten Brust. Vergnügt spielen sie zum Einsteigen auf. Anatoly und ich schreiten den Prachtzug entlang und drücken uns die Nasen an den Fenstern platt. Da gibt es Abteile mit rotem Plüsch und Messing, andere in Beige gehalten mit gegenüberliegenden Sitzbänken. Und als ob das nicht genug geprotzt wäre, kommt der Speisewagen. Jesus, Maria und Josef. Hier ist gedeckt wie im Nobelrestaurant! Strahlend weiße Tischdecken und Servietten, Karaffen mit Wasser, Weingläser, große Schalen mit frischem Obst, Olivenöl und Balsamessig … Und auf jedem Platz steht bereits ein Teller mit einem Vorspeisensalat. Eine kurzhaarige blonde Kellnerin trägt die letzte Obstschale durch den Wagen und kneift uns im Vorbeigehen ein Auge zu.

Tragischerweise ist es nicht unser Zug. Denn, um mal ein großes Missverständnis aufzudecken: Die Transsibirische Eisenbahn ist nicht etwa EIN ZUG, sondern ein ganzes Streckennetz. Auf dem unzählige Züge fahren. Und das sich mehrfach verzweigt, zum Beispiel klassisch obenrum nach Wladiwostok oder neumodisch untenrum über die Mongolei nach Peking. Während in diesem Exemplar augenscheinlich nur devisenbringende ausländische Touristen reisen, zieht mich Anatoly am Ärmel vom Gleis weg und über den Bahnhofsvorplatz zum nächsten Bahnhof, dem Jaroslawer. Mal sehen, was für ein Modell uns dort erwartet.

Eine Sache macht mich aber schon etwas nervös. »Meinst du, wir haben auch so einen Speisewagen in unserm Zug?«

»Nein«, lautet die befürchtete Antwort. Und es kommt noch lebensbedrohlicher. »Um der Wahrheit die Ehre zu geben: Wir haben GAR keinen Speisewagen an Bord.«

Ich bin ja ohnehin schon aufgeregt vor meiner ersten ZUG-REISE, aber ohne Speisewagen? Da kommt dann doch so etwas wie Panik hoch. Ich warte darauf, dass Anatoly »SCHERZ!« ruft. Und sich auf die Schenkel haut. Macht er aber nicht.

Stattdessen sagt er: »Keine Sorge, ich habe etwas organisiert. Wir nehmen ein Proviantpaket mit.«

Und ich habe mein eigenes kleines Notfallpaket dabei (MAN WEISS JA NIE). Im Ernstfall werde ich eine Weile von Haferflocken und Nüsschen (über-)leben. Wie andere Eichhörnchen auch.

Als wir schließlich – abends um zehn – in unseren Zug steigen, ist der Kontrast dann doch beträchtlich. Also innen. Außen ist noch alles unverdächtig: Auch hier steht vor jedem Waggon eine Schaffnerin in dunkelblauem Mantel, dicken Stiefeln und einem roten Filzbarett. Anatoly zeigt die vorab gebuchten Tickets vor, zum Abgleich müssen wir unsere Pässe zeigen. (Meiner: im Tagesrucksack, Innentasche. Einfach mal merken.)

»Das ist unsere Provodniza«, erklärt Anatoly, »die Schaffnerin.« Die Schaffner sind fest für einen Waggon eingeteilt und merken sich genau, wer zu ihren Schäfchen gehört. Das Tolle daran ist, dass an keinem der kommenden Stopps Fremde einsteigen und sich in den Abteilen umsehen oder gar etwas mitnehmen können, während man selbst ahnungslos auf dem Bahnsteig auf und ab geht, um die Beinmuskeln an ihre Standardaufgaben zu erinnern und die Lungen mit neuem Sauerstoff (oder Nikotin) zu befüllen.

Unsere Provodniza heißt uns willkommen und bewacht weiter die Tür, während wir unsere Kabinen suchen. In diesem Waggon sind die Erste-Klasse-Abteile, wie ich erfahre. Tatsächlich wäre ich nicht sofort von allein drauf gekommen – weil das hier alles so gar kein bisschen Erste-Klasse-Flair hat. Nix dunkelblaue Ledersitze und vollautomatische Kabinenklimatisierung! Stattdessen graue Gesamtanmutung mit aufgeklebten Furnierholzwänden hinter (immerhin) roten Bänken und grauen Vorhängen. Schwups!, ist das nicht mehr Zarenkulisse, sondern Sowjetambiente, und ich fühle mich auch schlagartig nicht mehr wie Anna Karenina, sondern eher so'n bisschen wie Olga vom Industriebaukombinat.

Ou-kay. Da sind wir also. Auf den gepolsterten Bänken im Abteil liegen schon die Wolldecken für die Nacht. Am Fenster ein kleiner Tisch. Über den Bänken gepolsterte Lehnen an der Wand, darüber zwei kleine Gepäcknetze (für Bücher oder so). Oberhalb der Abteiltür gibt es ein großes Fach, von dem ich zuerst glaube, das sei das dritte Bett im Zimmer. Es ist aber die Gepäckablage.

Ich schaue mich mit großen Augen um, nehme alles auf. Anatoly sitzt mir gegenüber. Er beobachtet mich und versucht, meine Gedanken zu lesen. Er weiß, dass der erste Moment im Zug immer ein kleiner Schock ist und dass viele Passagiere anfänglich ein Hier-bin-ich-also-die-nächsten-Wochen-gefangen-Gefühl haben. Gekonnt lenkt er mich ab. »Das ist alles total durchdacht hier.« Er klappt die Sitzbank hoch und eine offene Truhe kommt zum Vorschein. »Da kannst du deine Sachen reintun, und die bleiben sogar kalt. Essen zum Beispiel oder Getränke.«

Stimmt, gibt ja keinen Speisewagen.

»Und weil du darauf sitzt oder liegst, kann dir auch nichts daraus geklaut werden.« Er klappt eine dreißig Zentimeter hohe Metallkonstruktion neben der Abteiltür herunter. »Und das ist die Leiter. Da oben«, er klettert hinauf, »kommt dein Gepäck rein.«

Das ist ja wirklich superpraktisch. Da hole ich mir erst eine Zerrung, um die Stufe, die auf Hüfthöhe ist, überhaupt zu erreichen, um mir anschließend mit dem Koffer in der Hand beim Abstieg das Genick zu brechen. Voll durchdacht.

Auf den zweiten Blick aber doch gar nicht so blöd. Alle, die nicht zum ersten Mal mit dem Zug durch Russland fahren, sind darauf eingestellt und packen dementsprechend clever: großes Gepäck nach oben, Socken, Schlüppis und Kulturbeutel vorne vor oder – noch cleverer – in ein kleines Handgepäck, das unter dem Sitz verstaut wird.

Da! Unser Zug setzt sich in Bewegung. Langsam, sehr langsam geht sie los, diese Reise mit der Transsibirischen Eisenbahn. Durch fünf Zeitzonen bis zum Baikalsee. Der Lebenstraum von so vielen, die, wann immer ich davon erzählt habe, sich als Kabelhilfen, Gepäckträger oder Tonangeln empfohlen haben.

Der Sternenstaub kommt sicher noch.

Wir haben drei Abteile in diesem Waggon – eine Tatsache, die durchaus dekadent ist. Wenn man den Rubel-Preis mit dem durchschnittlichen russischen Einkommen vergleicht, ist das ungefähr so teuer wie bei uns eine Flugreise über fünf Stunden. Für deutsche Verhältnisse (und in Relation zu deutschen Zugpreisen) wiederum wirklich in Ordnung. Michael bekommt ein Einzelabteil, weil er abends am längsten aufbleiben und das gefilmte Material sichern und außerdem sein technisches Gelumpe jederzeit griffbereit haben muss. Anatoly entscheidet sich, das Abteil mit Markus zu teilen. Bleibt eine der Luxussuiten für mich. Da sage ich nicht nein. Ein bisschen Privatsphäre in diesem noch fremden Fahrgeschäft tut sicher gut.

Unsere Provodniza kommt herein und fragt auf Russisch, ob wir Tee oder Kaffee wünschen.

Ich habe mit einer Sprach-App geübt. »Minja savut Julia«, verkünde ich stolz.

Sie schaut etwas verdutzt zu Anatoly, der lächelt, und sie antwortet: »Elena.« Wenn eine Russin das sagt, hört sich das an wie »Jeljena«.

Elena kommt nach einer kurzen Unterhaltung mithilfe von Anatoly zurück zum Business und fragt noch mal: »Tschai? Kofe?«

Das ist ja schon Erste-Klasse-Style, im Abteil bedient werden!

Elena hat in ihrem Waggon natürlich oft ausländische Gäste, die zum ersten Mal »Transsib« fahren. Auch mich nimmt sie unter ihre Fittiche und gibt mir eine Einweisung in die Geheimnisse eines russischen Langstreckenzuges. Das Wichtigste zuerst (bringen wir's hinter uns): die Bordtoilette. Die Unvermeidlichkeit einer solchen ist ja etwas, was viele und auch mich ein bisschen blockieren kann – und noch mehr beängstigt als die Abwesenheit eines Speisewagens. Sie bewegt sich. (Unter einem.) Ihre Benutzung kann körperlich so fordernd sein, dass manche sie am liebsten so lange wie möglich vermeiden möchten. Ich hab da mal recherchiert (im Sinne von: Ich war schon in diversen Zügen auf dem Klo): Man kommt rein, und sie stinkt. Sie ist laut. Rattert. Schreit einen förmlich an. Man möchte in der Kabine nichts berühren. Weder die Klinke noch die Brille. Sich nicht hinsetzen. Alles, wirklich alles ist igittigitt.

Und wenn man über zwei Tage in so einem Zug verbringt, dann MUSS man auch mal irgendwann länger (ich denke, wir kennen uns jetzt gut genug). Da funktioniert die kontaktlose Toilettenbenutzung nur, wenn man nebenberuflich Abfahrtsläufer ist. Kurzum: Die Zugtoilette-an-sich ist ein leichtes Stressmoment. Ich kann verstehen, dass allein deshalb für manche Menschen eine Bahnreise, so abenteuerlich sie auch sein mag, schlicht ausgeschlossen ist.

Elenas nette Einführung macht es ein kleines bisschen besser. Ich bin gerührt, weil sie mir dieses Konstrukt, das für ein verwöhntes Westmäuschen einen veritablen Ekelfaktor hat, so geduldig erklärt. Die Toilette ist komplett aus Metall und hat keine Brille (da brauche ich mir die Klapp-Frage also schon mal nicht zu stellen). Die Spülung betätigt man über einen Fußhebel, und sobald man den hinuntertritt, hat man eine hervorragende Aussicht auf die Gleise. Deshalb lassen sie einen ungern an Bahnhöfen auf die Toilette. Lieber über Land verteilen.

Über dem Metallwaschbecken in der Ecke ist ein Wasserhahn mit einem integrierten Blech-Pinökel. Nur wenn man den mit Schmackes nach oben schiebt, läuft Wasser. »Nicht trinken!«, warnt Elena. Dieses Wasser ist nur zum Hände- oder Gesichtwaschen. Okay, sagen wir zum Händewaschen. Wenn ich Trinkwasser bräuchte – nun nimmt sie mich wieder mit nach draußen –, dann bitte hier im Gang. Aus dem Samowar. Aber Vorsicht: sehr heiß.

Samowar. Ein magisches Wort. Sofort habe ich das Bild eines polierten, messing-glänzenden, bauchigen Behältnisses mit schnörkeligem Auslassventil vor Augen. Ist hier jetzt nicht ganz das Modell. Zwar sagen alle immer noch liebevoll »Samowar« dazu, es sieht aber heutzutage aus wie ein Tropf im Kriegslazarett. Das Wasser hat einen leichten Braunstich, ist jedoch – und nur das hatte sie versprochen – sehr heiß. In der schon mehrfach erwähnten Ermangelung eines Speisewagens kann man sich dort mit Tütensuppen, Haferschleim und anderen wasserlöslichen Delikatessen eins a selbst versorgen. Ist doch schön?

Elena zeigt mir auch, wie ich das Bett beziehe. Das will ich sofort tun und hole dazu in einer kleinen Akrobatiknummer mit der famosen Trittleiter aus dem Gepäckfach ein blitzweißes Plumeau, das ich vorhin entdeckt habe. Elena fragt, ob ich sicher sei, und dann beziehen wir das Bett sibirienmäßig. Wenn mir heute Nacht kalt wird, lege ich noch die Wolldecke drüber, das wird schon gehen.

Wir beschließen diesen ersten Abend mit einem kleinen Absacker an der Anatoly-Bar. Dafür hocken wir uns bei Markus auf die Pritsche und lupfen Anatolys Sitzbank an. Mir bleibt die Spucke weg. Für unsere zwei Tage hier an Bord finden sich: Wodka, Sekt, Rotwein, Weißwein und diverse Dosen Bier.

Kleinlaut frage ich nach Wasser. Anatoly ist entrüstet. »Aber ihr seid doch von der Presse! Die trinken doch nix anderes!« Erst lachen wir noch, doch er meint es ernst und plaudert dann ein bisschen aus dem Nähkästchen. Ich weiß nicht, ob ich jetzt für oder gegen meinen Stand arbeite, aber ich gebe zu Bedenken, dass wir ja auch TAGSÜBER an Bord mal Durst bekommen könnten und dass es vielleicht eher förderlich für unsere journalistische Distanz ist, wenn wir dann etwas NEUTRALES zu uns nehmen.

»Also ICH werde heute nichts trinken«, stelle ich klar.

»Ich schon!«, beteuert Anatoly freudig. »Und deine Kollegen sicher auch.«

Also wird ein Bierchen geköpft, und ich hole mir ayurvedamäßig ein heißes Wasser aus dem Samowar.

Gar nicht so ungemütlich, das Bett in meiner Kajüte. Muss ich sagen. Ich liege ganz gut auf den sechzig mal eins achtzig. Mein Kopf liegt passgenau am Fenster, nur noch ein Zentimeter bis zum Scheitel, meine Fußsohlen stehen im rechten Winkel an der Wand. Ich bin gewissermaßen eingerastet. Nächtliches Umdrehen ist zwar mit einem gewissen Risiko verbunden, geht aber, weil man die Bank ein Stück von der Wand abziehen kann und das Bett dadurch etwas breiter wird.

Ich stelle außerdem fest: Das Schuckeln des Zuges ist richtig gut. Die Erinnerung an wohl eine meiner ersten Empfindungen lässt mich zufrieden immer tiefer sinken – das Gefühl, im Kinderwagen über Kopfsteinpflaster geschoben zu werden.

Als ich morgens um drei aufwache, brauche ich eine Weile, um mich zu besinnen, wo ich bin. Erste Vermutung: in den Tropen. Die zweite: am Rande eines gerade im Ausbruch befindlichen Vulkans – wackelt auch so gefährlich unter mir. Die dritte: in einem Hochofen? Mein Kopf ist heiß und bestimmt ganz rot, es sind gefühlte dreißig Grad im Abteil. Das Fenster geht nicht auf. Bei näherer Untersuchung hat es auch keinen Griff: Es geht überhaupt NIE auf. Die Provodniza hat es wohl gut gemeint mit dem Heizen. Jetzt begreife ich, wie unpraktisch es war, mein Bett so hotelmäßig zu beziehen, und entledige mich der Wolldecke über den Füßen und des Plumeaus im Laken. DAS hatte Elena also gemeint, als sie fragte, ob ich sicher sei.

Ich öffne die Abteiltür, so leise ich kann, und schlüpfe auf den Gang. Abkühlen und Luft schnappen. Die Tür vom Nachbarabteil ist offen, dort sitzt ein Mann im Dunkeln. Als ich vorbeikomme, schaut er mich regungslos an. Ich hebe die Hand zum Gruß und sage lautlos: »Hi.« Keine Reaktion. Auf dem Weg zur Toilette komme ich an der winzigen Provodniza-Kabine vorbei, die gleichzeitig Bordbistro und Waggon-Cockpit ist. Da sitzt Elena, schaut mit schweren Augen aus dem Fenster und lächelt, als sie mich bemerkt. Dieses Abteil misst keine drei Quadratmeter, es beherbergt außer Elena, die auf einem von einem Schrank überdachten Sessel sitzt, einen Kühlschrank, eine Kaffeemaschine, ein Fenster mit Klapptisch darunter und Einbauschränke. Außerdem eine Schaltwand mit allen möglichen Hebeln und Knöpfen, die aussieht wie aus dem Cockpit einer alten Tupolev.

Als ich zurückkomme, sitzt der Mann, der nicht grüßen wollte, zwischen unseren beiden Abteilen auf einem ausgeklappten Sitz im Gang. Vielleicht ist ihm auch nur warm. Aber komisch ist das schon.

Auch als ich das nächste Mal wach werde, ist es noch stockduster im Abteil. Ich schiebe das lichtdichte Rollo ein Stückchen nach oben und werde sofort von gleißendem Licht geblendet. Tag allerseits! Obwohl es im Abteil immer noch affenheiß ist, haben sich – hinter dem Rollo – auf der Innenseite des Fensters Eiskristalle gebildet.

Ich vernehme ein Geräusch auf dem Flur und schiebe meine Tür ein Stück auf. Ein Staubsauger fährt vorbei. An seinem oberen Ende eine noch unbekannte Provodniza. Sie wieselt durch den Gang und beseitigt die Staubkörner und Krümel der ersten zwölf Stunden Fahrt. Das machen die also auch.

Als ich nach meinen drei Herren sehe, liegt Markus noch reichlich verpennt im Bett und winkt wortlos, während Anatoly – wie der Herrgott ihn geschaffen hat – bereits vergnügt auf der Bettkante sitzt. Bei zweitem Hinsehen (und zu meiner Beruhigung) entdecke ich, dass er immerhin eine knappe Unterbuxe trägt. Unser Russe streckt sich wie ein Kater, mit sich und der Welt offenbar im Reinen. Er ist der Einzige von uns, der klamottentechnisch auf tropische Zuginnentemperaturen eingestellt ist. Denn kurze Zeit später kommt er in Tarnshorts, T-Shirt und Flipflops über den Gang und steckt den Kopf in mein Abteil. Auch Michael ist leicht verknittert aufgetaucht und dreht schon wieder. Wir beschließen, bei mir zu frühstücken, da ist am meisten Platz. Anatoly verschwindet und kommt kurz danach mit der neuen Provodniza zurück. Sie heißt Swetlana (und klingt wie »Swjetlana«).

Elena hat seit heute Morgen für zwölf Stunden frei. In der winzigen Kabine neben dem Provodniza-Abteil holt sie gerade etwas Schlaf nach, ihre Schicht beginnt erst wieder heute Abend um sieben. In der Transsibirischen Eisenbahn teilen sich die Provodnizas und Provodniks jeweils zu zweit einen Waggon. Nach der Hälfte der Strecke beziehungsweise auf der Rückfahrt wechselt die Tages- mit der Nachtschicht.

Anatoly hat unsere Marschverpflegung gestern Abend bei Elena zur Aufbewahrung im Kühlschrank abgegeben. Aus diesem Proviantpaket stellt uns Swetlana nun das »kleine Zarenfrühstück« zusammen. Es gibt Brot, Butter, Blini, verschiedene Wurstsorten, Käse und Kaviar. Ja, wir sitzen im Zug und spachteln Kaviar! Aber nicht so eine Spatzenportion für den hohlen Zahn, nein. Einen Halblitereimer mit Henkel gibt es. Ich kann Anatoly gerade noch davon abhalten, auch noch den Sekt aus seiner »Bar« zu holen und die Korken knallen zu lassen. Ich bin sicher: Wenn wir von der schreibenden Zunft wären, hätte er das, ohne vorher zu fragen, eiskalt durchgezogen. Liebe Kollegen, DAS Image kann ich jetzt auch nicht mehr ändern.

Wir bleiben jedenfalls trocken. Vorerst.

- 27 -

Eigentümlichkeiten der russischen Bahn – und was wir daraus lernen können

Gegen Mittag macht der Zug seinen ersten nennenswerten Stopp in Kirov, tausend Kilometer östlich von Moskau. Inzwischen haben wir unsere Uhren zum ersten von fünf Malen um eine Stunde vorgestellt. Schwere Schneeflocken fallen vom Himmel, als wir uns auf dem Bahnsteig die Beine vertreten. Auch mein Abteilnachbar, der »unfreundliche Mann«, gönnt sich eine Zigarette. Komisch – irgendwie ist der immer da, wo wir sind.

Die Provodniza klopft mit einem Schieber dicke Eisstücke von den Bremsen und kontrolliert die Unterseite des Waggons auf Schneeklumpen. Nach zehn Minuten werden die Schaffnerinnen nervös und zählen ihre Schäfchen durch, denn in fünf Minuten ist Abfahrt. Die Zugchefin gesellt sich zu uns und redet kurz mit Anatoly. Oksana (die wie »Aksana« klingt) sieht dabei sehr ernst aus.

Anatoly nickt und wendet sich mir zu. »Wir müssen den Michael einfangen!« (Der gerade eine Totale vom Bahnhofsgebäude dreht.) »Hier darf man nicht bis zur letzten Sekunde auf dem Gleis stehen bleiben, wir müssen wieder rein.«

»Aber wir haben doch noch fünf Minuten!«, protestiere ich.

Und jetzt Achtung, bitte, für folgende Durchsage. Es kommt eine Wahrheit, die ich gern all denjenigen erspart hätte, die der Meinung sind, wir Deutschen hätten immer alles so sensationell im Griff, während andere – vor allem die im Osten – von uns noch lernen könnten. Ich kann das nicht für mich behalten, es muss raus. Bitte anschnallen.

Russische Züge haben NIE Verspätung!

Jetzt ist es raus. Atmen! Ein und aus. Sehr gut. Fakt ist: Hier in Russland wird pünkt-lich eingestiegen und pünkt-lich abgefahren! Ich persönlich verschlucke mich fast, als Anatoly mir das erzählt. Natürlich nicht ohne Stolz. (Also er.) Und ich schreibe es auch nur deshalb auf, weil ich mich persönlich davon überzeugt habe, dass er mir keinen russischen Bären aufbindet. Es ist tatsächlich so, dass das riesige Streckensystem nur funktioniert, weil alle Züge immer pünktlich sind. Nicht wenn, sondern weil. Diese so banale wie geniale Erklärung haut mich beinahe noch mehr um als die pünktlichen Züge an sich. In Russland sind die Züge pünktlich, weil sie es sein MÜSSEN. Weil das System sonst nicht funktioniert! Mensch, warum sagt einem das denn keiner?

Rufe doch mal bitte eben jemand bei der Deutschen Bahn an und gebe das weiter. Das ist Industriespionage vom Feinsten.

Spaß beiseite: In Russland wird auf niemanden gewartet. Wer zur Abfahrt nicht drin ist, friert vermutlich recht bald. Deshalb immer Mütze, Pass und Geld mitnehmen. Oder spätestens fünf Minuten vor der planmäßigen Abfahrt wieder an Bord sein. Bei uns sorgt die keinen-Widerstand-duldend dreinblickende Zugchefin höchstpersönlich dafür, denn wir sind ja noch neu im russischen Bahnreisegeschäft. Und stehen als Filmteam gewissermaßen unter besonderem Schutz. Ich komme mit ihr ins Plaudern und vermelde, wie gerne ich die anderen Kategorien im Zug sehen würde. Denn ich frage mich, wie wohl diejenigen reisen, denen die erste Klasse zu teuer, zu dekadent oder zu einsam ist. Außerdem ist es Zeit für eine neue Herausforderung. Mein erster Schreck über den Standard an Bord hat sich mittlerweile relativiert. (Das sage ich ihr aber nicht.)

Oksana nimmt also unsere kleine Filmkarawane mit auf eine Tour durch ihr Reich. Auf dem beschwerlichen Weg durch den Zug werden wir gegen Türen, Fenster und Abteilwände geschaukelt, was ein Bild für die Götter sein muss. Ich folge Oksana, Michael folgt mir, Anatoly folgt Michael. Markus hat sich mit der kleinen Kamera in den hinteren Zugteil abgesetzt und nimmt die vorbeiziehende Welt und »Subjektiven« auf – also das, was ich sehe, wenn ich durch den Flur gehe. Wann immer Oksana spontan stehen bleibt, um mir etwas zu sagen, bremse ich Michael aus, der ein Auge am Sucher hat, während er das andere abwechselnd entweder schließt oder damit die Kulisse außerhalb des Suchers inspiziert. Sobald aber Michael stehen bleibt, rempelt Anatoly ihn von hinten an.

Oder aber Oksana läuft voraus und redet und redet, ich aber bleibe aus Neugier an einem Viererabteil hängen, weil die Tür offen steht (neue Kategorie: Viererabteil). Ich rücke so weit wie möglich zur Seite, um Michael hineinfilmen zu lassen, und stecke meinen Kopf neben der Kamera durch. Anatoly, der für mich übersetzen muss, quetscht sich auf die andere Seite neben die Kamera. Die Leute im Abteil müssen sich vorkommen wie im Zoo, es entbehrt nicht einer gewissen Komik. Diese russische Familie hat es sich in Joggingklamotten gemütlich gemacht, ein Geschirrtuch als Tischdecke ausgelegt, Trinkbecher und Kekse parat. Sie können sogar ein paar Worte Deutsch, der Vater legt los: »Guten Tag. Wie geht's dir? Ich bin Viktor!« Sie fahren von Moskau aus tausendfünfhundert Kilometer in die Industriestadt Perm, die östlichste Millionenstadt Europas, noch vor dem Ural. Einer der Jungen klettert demonstrativ auf sein Bett im Oberdeck, wo Comics und Hausaufgaben liegen, während die anderen sich im Erdgeschoss gegenübersitzen. Nett bei denen.

Die Vierbettabteile sehen wirklich anständig aus. Aber wie das wohl ist, wenn vier Fremde hier drin klarkommen müssen? Und jeder sein Essen auspackt? Speisen dann alle zusammen an dem DIN-A3-großen Tisch? Witzig fände ich die Erfahrung schon.

Oksana will mir noch eine weitere Kategorie zeigen: das Platzkartny-Abteil – den Sammelschlafwagen. Großraumwagen nur mit Sitzen, wie wir es gewohnt sind, gibt es hier nicht. Keiner muss im Sitzen schlafen, jedes Ticket: eine sichere Bank. In Richtung dieser günstigsten Ticketkategorie werden die Gänge sukzessive schmäler, und ich bilde mir ein, dass die Luft etwas dicker wird. Schon von weitem hört man, dass da vorne »Platzkartny« kommt: Fröhliche Stimmen und Gelächter dringen bis zu uns. Die Zugchefin Oksana flitzt unauffällig voraus und sorgt für Ruhe. Dann kommt sie uns mit einer unglaublich lieb aussehenden Provodniza entgegen und bietet an, dass ich dieser Fragen stelle.

Olga heißt die gute Seele und lächelt, als ich frage: »Na, spuren die alle, oder machen die Party?«

»Heute sind sie brav«, antwortet Olga freundlich, und mir entgeht, weil ich ja kein Russisch kann, dass Oksana ihr eine Korrektur zuflüstert. Anatoly erzählt mir später, wie sie Olga berichtigt: »Sie sind natürlich IMMER brav.« Olga sagt das dann auch. Und ist ein bisschen eingeschüchtert. Aber sie bittet uns herein wie in ein großes Wohnzimmer, und man kann sehen, sie arbeitet gerne hier. Das sind alles ihre Kinder.

Aber jetzt festhalten! Hier sind FÜNFZIG Betten in einem »Abteil«!

Man kommt kaum durch. Besonders wenn man etwa meine Größe hat, muss man sich vorsehen: Diverse Käsefüße hängen auf Augenhöhe in den Gang. Ein paarmal bekomme ich aus Versehen ein paar Zehen vor die Nase – jugendliche Füße, die lange in Turnschuhen gesteckt haben (oder zu lange im gleichen Paar

Socken). Die Stimmung ist allerdings wirklich Bombe, das reinste Klassenfahrtskommando.

Auf einer Seite des Gangs sind jeweils vier Betten (immer zwei Stockbetten gegenüber) quer zur Fahrtrichtung angeordnet, wie auch im Viererabteil. Darüber gibt es eine dritte Ebene fürs Gepäck. Auf der anderen Seite des Gangs hängen zwei Einzelbetten übereinander, parallel zur Fahrtrichtung. Die Zweierteams, die nachts übereinanderschlafen, sitzen sich tagsüber auf dem unteren Bett gegenüber, mit ausgestreckten und ineinander verschränkten Beinen, neben sich das Fenster. Hier entstehen Erinnerungen fürs Leben.

Oksana kennt die Gruppen am zweiten Tag schon ganz gut. »Die hier haben gerade die Karate-Meisterschaft gewonnen, das sind alles Preisträger!«, übersetzt Anatoly die Zugchefin. Sie zeigt auf eine Horde Mädchen, von denen die größeren mit ihren Handys beschäftigt sind und die kleineren Karten spielen. Die Kids in diesem Wagen reagieren entweder eingeschüchtert, als sie Michaels Kamera sehen, oder schnappen gleich etwas über, winken und schneiden Grimassen. Um einen O-Ton aufzunehmen, sind sie zu »gruppendynamisch«, keiner möchte die volle Aufmerksamkeit auf sich ziehen. Und wenn doch, dann nur als Clown. Warum sollte das auch anders sein als bei uns?

Plötzlich ruft Anatoly an Michael vorbei: »Julia, bleib mal stehen, ich glaube, hier will jemand mit dir sprechen.«

Ich drehe mich kurz um und scherze: »Meinst du die beiden Verbrecher da oben?« Sie sind älter als die anderen Jugendlichen, aber eben auch ernster.

»Gib mir eine Sekunde«, setzt sich Anatoly durch und fragt die jungen Männer, was sie machen. Die Verbrecher spielen Cello und Schlagzeug. Sie sind nämlich Mitglieder eines Moskauer Sinphonieorchesters und auf dem Weg zu einem Konzert nach Perm. Da sag ich's doch mal wieder, man soll nicht nach dem Äußeren urteilen. (Das schreib ich jetzt hundertmal.) Ein paar Bänke weiter sitzen einmal Fagott, zweimal Geige und eine weitere Cellistin. Die Instrumente haben sie im Gepäckfach über ihren Köpfen verstaut. Ihr Dirigent sitzt im nächsten Wagen, erzählen die Musiker. »Ach, ist das wieder erste Klasse?«, will ich von Oksana wissen. Aber die sagt, da kommt noch ein fünfzig-Mann-Schlafwagen. Alle im Platzkartny. Respekt.

Da habe ich eine Idee. Ich frage Oksana, ob hier für die kommende Nacht noch irgendwo eine Bank frei ist. Wäre doch eine coole Erfahrung. Aber bestimmt auch ziemlich schlaflos. Halb wünsche ich mir, dass sie ja sagt, halb hoffe ich, dass nicht. Sie sagt JEIN. Im Moment ist alles belegt, aber am späten Abend, wenn die Karate-Kids und das Orchester in Perm aussteigen, wird etwas frei. Ich habe also noch genug Zeit, mich psychisch darauf einzustellen.

Beim nächsten Halt sehen wir die Jugendlichen aus dem Platzkartny-Abteil am Bahnsteig im Schnee – die besonders lässigen in Boxershorts und Flipflops! Mit meiner sibirischen Grundausrüstung komme ich mir plötzlich arg verzärtelt vor.

Der unfreundliche Mann ist übrigens auch wieder in der Nähe. Beobachtet der uns? Ich mache Anatoly auf ihn aufmerksam.

Er zuckt unbeeindruckt mit den Schultern. »Ach so, der. Ich tippe auf Geheimdienst.«

»Diesmal wirklich?« Ich weiß nicht so recht, ob ich das eher cool oder bedrohlich finden soll.

»Hör mal. Ihr seid als Presse akkreditiert, wir haben die Tickets online gebucht, was glaubst du denn?«

Ja, was glaube ich denn?

»Aber der macht das ja nicht mal unauffällig!«, entrüste ich mich wieder einmal.

»Muss er doch auch nicht«, entgegnet Anatoly.

Ich beschließe daher, mich von der besten Seite zu präsentieren, und grüße unseren finsteren Beschatter ab jetzt extra freundlich.

- 28 -
Mein Bett im Platzkartny

Draußen gleiten verschneite Landschaften vor einem unbeleuchteten, farblosen Himmel vorbei. Wir rattern über den nordrussischen Landrücken in Richtung Ural, der Grenze zu Asien. Noch sind wir in Europa. Schwarzpappeln wechseln sich mit Birken und Tannen ab, weite Schneefelder mit kleineren Ortschaften unter weißen Dächern. Still sieht es aus da draußen. Eichendorffmäßig still. Ich genieße ein paar Minuten Ruhe und lasse meine Augen über die russischen Weiten schweifen.

Um Viertel nach sieben beginnt wieder Elenas Nachtschicht. Sie ist schon lange wach und auch ein bisschen im Einsatz gewesen, denn Elena und Swetlana helfen sich gegenseitig, wenn alle Gäste etwas gleichzeitig möchten, aber trotzdem zweimal täglich gesaugt, der Müll entsorgt und die Toilette gecheckt werden muss.

Ich locke die beiden nacheinander mit Anatolys Hilfe in mein Abteil, weil ich neugierig bin.

Swetlana, die blonde Kurzhaarige, lässt sich zu ihrem Schichtende einen Tee lang von Elena vertreten und setzt sich mir gegenüber. Sie ist zweiundfünfzig, hat Wirtschaft studiert und vor zwanzig Jahren bei der russischen Bahn angefangen, als ihr Sohn vierzehn wurde. Ihr Mann ist auch bei »Er-Sche-De« (wie die russische Bahn РЖД ausgesprochen wird), und zwar als Lokführer (hier heißt der »Maschinist«). Swetlana mag ihren Job, weil sie immer genauso lange freihat, wie sie zuvor gearbeitet hat. Zwölf Tage an Bord, zwölf Tage zu Hause – könnte mir auch gefallen. Man darf sogar ein bis zwei Monate am Stück arbeiten, sagt sie, dementsprechend lange darf man dann pausieren. Swetlana muss aus ihrer Heimat Tula (»wo der Samowar herkommt«) immer erst zweihundert Kilometer nach Moskau fahren, um den Dienst anzutreten. Dafür sei ihr Job sicher, und zweimal im Monat würde ihr Lohn überwiesen. Außerdem bekommt man als Bahnangestellte eine gute medizinische Versorgung, darf in die privilegierten Krankenhäuser und bekommt später zusätzlich zur (sehr bescheidenen) staatlichen Rente noch eine von der russischen Bahn. Es gibt extra Konzerte für die Angestellten und für ihre Kinder Sommerlager. Sozialistisch eben. Swetlana wird mit sechzig in Rente gehen, die Männer arbeiten fünf Jahre länger. So ist das hier.

Elena, die Dunkelhaarige mit den tollen geschwungenen (und vielleicht ein ganz klein bisschen aufgepimpten) Wimpern, ist nur ein Jahr jünger als Swetlana und fährt circa tausend Kilometer zur Arbeit nach Moskau. Sie hat vor knapp zwanzig Jahren bei der russischen Bahn angefangen und erzählt, dass sie den Job unbedingt wollte: neue Städte, neue Gesichter, neue Menschen sehen! Damit meint sie sowohl Kollegen als auch Passagiere. Sie unterhält sich gerne mit den Gästen und liebt ihren Job – obwohl er anstrengender sei, als er aussähe. Ich frage, was denn ihr eindrucksvollstes Erlebnis in der Transsibirischen Eisenbahn war, und sie überlegt. Schlimme Ereignisse waren zum Glück keine dabei, in neunzehn Jahren nicht, keine Brände, keine Unfälle, toi, toi, toi. Aber dann werden ihre Augen plötzlich feucht. Eine Geburt! Einmal sei im Zug ein Kind zur Welt gekommen, das sei unglaublich aufregend und irre schön gewesen. »Es ging sehr schnell! ALLE im Abteil haben mitgeholfen. Wir haben einen Arzt angerufen, und der Lokführer hat die Position durchgegeben, um zu planen, wo ein ›Medizinischer Halt‹ gemacht werden kann.« Dort seien dann mehrere Ärzte eingestiegen, und der Zug habe nur so lange gehalten wie nötig (NUR SO LANGE WIE NÖTIG!), bis das Kind heile auf die Welt gekommen war. Hinterher hätten sie alle ein bisschen geweint.

Elena bekommt ein schlechtes Gewissen, weil Swetlana gerade Überstunden macht, wo sie doch jetzt dran ist mit ihrer Schicht. Vielleicht hat sie auch ein wenig Sorge, dass Oksana nicht einverstanden sein könnte, dass sie in einem Abteil sitzt und Geschichten erzählt.

Eine Frage habe ich trotzdem noch. »Wo ist denn das Baby auf die Welt gekommen?«

Sie lacht. »Im Platzkartny-Abteil!«

Wir essen eine weitere Portion Kaviar und von Swetlana in der Mikrowelle heiß gemachte russische Kostbarkeiten wie überbackene Pilze und gefüllte Pelmeni (russische Teigtaschen). Um zehn Uhr abends packe ich meinen kleinen Rucksack und melde mich bei Elena ab. Kurz darauf steigen Anatoly, Michael und ich begleitet von Zugchefin Oksana in Perm aus der ersten Klasse aus, laufen über den Bahnsteig durch die riesige Traube von Kindern, die ihren Eltern in die Arme fliegen, und steigen im Platzkartny-Abteil wieder ein. Auch hier heißt die Provodniza Swetlana, sie händigt mir ein frisches Bettlaken und ein Handtuch aus. Dann fragt sie, ob ich etwas zu trinken kaufen möchte und wann sie mich wecken soll. Ich muss ja schließlich mitten in der Nacht aussteigen (warum, kommt gleich).

Wie cool ist das denn? Geweckt werden ist wirklich ziemlich schnafte. Vor allem nach einer langen, späten Fahrt. Wie oft bin ich erst kurz vor dem Ziel aufgewacht und in Panik verfallen, obwohl ich mir vorgenommen hatte, NICHT zu schlafen, oder vor lauter Du-darfst-nicht-schlafen völlig gerädert angekommen. Diese Sorge muss ich in einem russischen Zug nicht haben. Nicht mal im Platzkartny-Abteil.

Mein Bett ist im Obergeschoss. Im Erdgeschoss liegt bereits eine Frau unter der Decke und versucht einzuschlafen. Sie sagt trotzdem nett hallo und hat nichts dagegen, dass wir drehen. Dann wünscht sie mir aber auch ganz schnell gute Nacht. Wir müssen leise sein, im tagsüber noch so lebhaften Großraumschlafwagen ist bereits Ruhe eingekehrt.

Für mich hängt die Pritsche auf Schulterhöhe. Anatoly und ich haben trotzdem Mühe, es zu beziehen, weil wir der Frau unter mir nicht auf die Decke oder Füße treten möchten. Anatoly zeigt mir den akrobatischen Kniff, wie man relativ sportlich, aber eben auch würdevoll sein Bett oben erreicht: Je einen Fuß am Fußende der unteren gegenüberliegenden Betten aufstellen (nun trete ich doch auf das fremde Bett), die Absturz-Präventions-Bügel der oberen Betten greifen und dann wie vor hundert Jahren im Schulsport am Barren, hepp!, hochstützen und den Po mit Schwung auf das obere Bett katapultieren. Wie Unsportliche das machen, weiß ich nicht. Vermutlich buchen die einfach »Platzkartny, Erdgeschoss«.

Als ich schließlich liege (hier, so habe ich beschlossen, werde ich nicht die übliche Schlafanzug-Nummer durchziehen (Klamotten aus, Schlafanzug an, Puschelsocken an, Halstuch um, Handcreme drauf, Lippenpflege drauf, Taschentuch unters Kopfkissen, Ohrstöps… Okay, ich hör schon auf), es muss auch mal in einer Wohn-Jeans gehen), hängen meine Füße weit in den Flur hinein. Ansonsten ist es aber viel ruhiger als erwartet. Ganz ehrlich? Kann man machen. Ein Abenteuer ist es allemal.

Für mich allerdings ein sehr kurzes. Um drei Uhr morgens muss ich zurück in der ersten Klasse sein und meine Sachen zusammenpacken, damit wir um zwanzig nach drei gemeinsam, natürlich mit laufender Kamera, aussteigen. Schlafhygiene beim Dreh? Sonst gerne. Aber nicht auf diesem Trip. Der Zug hält nun einmal zu dieser unwirtlichen Stunde in Jekaterinburg.

Willkommen im Ural.

- 29 -

Gerädert bei Kilometer 1769 oder: Apfelromantik zwischen Baggern und Bauzäunen

Jekaterinburg, drei Uhr zwanzig, Nachtfrost – das Haar sitzt. Müde, aber irgendwie auch aufgedreht vom Schlafmangel und den langen Drehtagen purzeln wir mitten in der Nacht aus einer der Transsibirischen Eisenbahnen. Provodniza Elena und die Zugchefin Oksana (mittlerweile kein bisschen streng mehr) verabschieden uns herzlich am Bahnsteig. Oksana mit einer Küsschen-rechts-links-Kombination, Elena mit einer festen und langen Umarmung und der Einladung, wir sollen wiederkommen, am besten im Sommer. Es fällt mir tatsächlich schwer weiterzuziehen. Wie muss das erst nach zehn Tagen an Bord sein?

Wir fahren durch eine leere Stadt in ein Hotel und haben von halb fünf bis halb zehn Freizeit (= Schlafenszeit), das ist der strategisch letzte Zeitpunkt, um noch ein leckeres Hotelfrühstück zu bekommen, und das wollen wir auf keinen Fall verpassen. Ich dusche mir den Zug vom Körper und stelle dabei fest: Ich schwanke ein wenig. Bin irgendwie immer noch auf Gleisen.

Nach vier Stunden Schlaf im gemütlichsten Bett der Welt tapse ich zum Frühstück. Meine drei Kollegen sind genauso müde wie ich. Aber wir wollen schließlich was sehen! Und am späten Nachmittag müssen wir bereits wieder am Bahnhof sein. Also heißt es: zusammenreißen – ausruhen können wir uns wieder in Deutschland.

In der Lobby wartet bereits Frau Irina auf uns. Man muss hier nämlich von jemandem mit örtlicher Lizenz begleitet werden, und so unterstützen wir jetzt den lokalen Tourismus. Heute allerdings ist das ein bisschen holprig. Um nicht zu sagen, es ist skurril. Unsere Stadtführerin scheint es nicht zu kennen, mit Gästen unterwegs zu sein, die eigene Pläne haben, geschweige denn, mit ihnen interagieren zu müssen. Nachdem wir uns in der Lobby vorgestellt haben, erläutere ich kurz, wie wir als Drehteam arbeiten – dass bei uns alles immer etwas länger dauert und wir kein Standard-Touri-Programm bewältigen wollen, sondern sie eher um ihre Unterstützung als Ortskundige bitten möchten. So in etwa war das auch vorab per E-Mail besprochen. Nun lässt sich das aber offenbar überhaupt nicht mit ihrer Berufsehre vereinen. Vielleicht befürchtet sie auch eine nachträgliche Beschwerde – ich könnte mir vorstellen, dass sie so etwas schon erlebt hat. Jedenfalls spult sie von dem Moment an, als wir den Minibus besteigen, das klassische »Zur-Rechten-sehen-Sie …«-Programm ab.

Markus macht große Augen. Anatoly tut so, als gehöre er gar nicht zu uns. Michael bastelt an seiner Kamera herum. Ich bitte Frau Irina um Verzeihung, dass ich sie unterbreche. Wir wollen nicht unhöflich sein, aber wir müssen kurz über den bevorstehenden Drehort sprechen. Und da wir die Einzigen im Bus sind, ist es ja sinnlos, dass sie weitererzählt (finde ich zumindest). Sie fügt sich. Aber als bei unserer Besprechung eine kurze Pause entsteht, weil alle nachdenken, nimmt sie das Busmikrophon, testet geräuschvoll den Ton und setzt völlig ungerührt ihre Stadtführung fort.

Was macht man in einer solchen Situation?

Eigentlich ist es zum Schreien komisch! Da sitzt eine dienstbeflissene Stadtführerin, die wirklich Ahnung hat und offensichtlich vom örtlichen Reiseunternehmen für eine STADTFÜHRUNG UND NICHTS ANDERES gebucht wurde, inmitten von vier Fremden, die sich scheinbar kein Fünkchen für Jekaterinburg interessieren, sondern lieber über etwas anderes reden, und versucht, uns mit dem Mikrophon zu übertönen. Das darf durchaus mal zum Schmunzeln gefunden werden.

Ich bin allerdings zwischen Amüsement und leichter Irritation hin- und hergerissen, weil ich der Meinung bin, wir hätten das vorher abgesprochen. Auch Anatoly weiß nicht so recht, wie wir der netten Dame vermitteln wollen, dass wir ihre Informationen zwar sehr schätzen, aber NICHT JETZT. Dazu muss man wissen, Russen sind wesentlich höflicher als wir! WESENTLICH! Da kann man zum Beispiel nicht einfach den Busfahrer bitten, die Heizung etwas runterzudrehen, weil man gerade in voller Polarausrüstung in eine liebevoll vorgeheizte Dreißig-Grad-Fahrgastzelle eingestiegen und kurz vorm Hitzekollaps ist. O nein. Nicht machen.

Anatoly, der ja viel mit deutschen Touristen unterwegs ist – und sich natürlich auch schon das eine oder andere Mal (völlig zu Recht) königlich über UNS amüsiert hat –, erklärt, wie viel blumiger man das in Russland grundsätzlich angeht. Das hört sich dann in etwa so an: »Würde es Ihnen etwas ausmachen – aber bitte, wir wollen nicht unhöflich sein –, nur hier hinten, verstehen Sie, da ist es etwas warm, aber wenn es für Sie so angenehm sein sollte, dann wollen wir nichts gesagt haben – schließlich sind Sie ja der Fahrer, und als Fahrer müssen Sie sich wohlfühlen –, aber gesetzt den Fall, dass Sie sich ebenfalls ein wenig zu warm fühlen, würden wir hier hinten es außerordentlich schätzen, wenn Sie den Wärmeregler ein ganz kleines Stückchen, so ein, zwei Millimeter, wieder herunterdrehen. Sofern es beliebt.« DIE REDEN WIRKLICH SO!

Ich persönlich finde zwar: »Sergej, sei so gut und dreh mal auf eins runter, ja?«, effizienter und irgendwo auch eine Spur präziser, aber klar: andere Länder, andere Sitten. Mit »Ruhe, wir drehen« brauche ich hier jedenfalls niemandem zu kommen.

Insofern ist mir auch bewusst, wie unhöflich es rüberkommen muss, dass wir uns nicht über die Maßen für die Kathedrale auf dem Blut, das Sevastyanov-Haus oder die Jekaterinburger Oper interessieren, selbst wenn wir uns alle um größtmögliche Freundlichkeit bemühen. Wir machen das hier alles falsch.

Dabei gibt es in der Hauptstadt des Urals und der viertgrößten Stadt in Russland viele wirklich schöne Ecken, aber auch Plattenbauviertel voller seelenloser Hochhäuser. In so einem Kiez parkt gerade unser Bus, und Frau Irina ist kurzzeitig verstummt. Oder verstimmt? Ich hoffe nicht. Überall sind Baustellen, wird noch etwas Neues hochgezogen. Schnee liegt auf den Schotterhaufen, Container stehen herum, Kräne, Bagger, Absperrungen. Ein Traum in Betongrau. So mittelschön. Doch mitten in diesem Betonwald soll ein winziges Kleinod zu finden sein, das lange vor den Hochhäusern da war und sich heftig dagegen auflehnt, hier vom Spielfeld gefegt zu werden wie ein Männchen beim Mensch-ärgere-dich-nicht. Ein von unbeugsamen Galliern bevölkertes Haus mit Garten hört nicht auf, den Eindringlingen Widerstand zu leisten.

Auf einem Metallzaun steht, gesprüht in kyrillischen Buchstaben: »Museum«. Wir steigen aus und folgen dem Weg. Markus schlendert mit der aufgeregten Stadtführerin etwas hinterher. Vielleicht erklärt er ihr, was beim Dreh wichtig ist, wenn wir da jetzt alle reingehen. Wir wollen nirgendwo als riesiges Filmgeschwader einfallen, und normalerweise habe ich ungern Zuschauer dabei. Jede Person mehr bringt Unruhe und macht meistens auch die Protagonisten nervös. Markus selber muss aber mit, weil er Fotos macht und ein alter Filmhase ist. Er kann sich lautlos bewegen, weiß, in welchem Winkel zur Kamera er unsichtbar ist, hält Michael unauffällig davon ab, Treppenstufen rücklings hinunterzufallen, hat stets einen Ersatzakku in der Tasche und ist einfach eine große Hilfe. All das kann man auf Dreh lernen. Anatoly hatte nach einer Stunde raus, was wichtig ist. Mal sehen, wie Irina sich so schlägt.

Michael, Anatoly und ich haben also einen kleinen Vorsprung auf dem provisorischen Baustellenweg. An dessen Ende steht ein zweistöckiges altes Holzhaus mit einem verschneiten Garten voller knorriger Obstbäume. Das Holz des ehemaligen Herrenhauses ist ausgedunkelt – es sonnt sich schon seit Ende des 18. Jahrhunderts hier, aber ob es auch den derzeitigen Bauwahn überleben wird, steht in den Sternen.

Ein gut und gerne siebzig Jahre alter Mann in schwarzem Anzug und mit Fliege öffnet uns die Tür des Apfelmuseums. Ja, Apfelmuseum! Er verneigt sich galant und stellt sich vor. Gestatten, Gennadi Wassilijewitsch Karalenko.

Kleiner Exkurs: Der mittlere Name bei Männern im Russischen ist immer das Patronym, also der Vorname des Vaters, ergänzt durch »owitsch« oder »ewitsch«. Das entspricht einem »Sohn von«. Folglich ist unser Gastgeber der Sohn eines Wassilij. (Und Anatolys zweiter Vorname ist doch nicht Transsibirische Eisenbahn, sondern Borisowitsch.)

Ergeben schütteln wir ihm die Hand. Im Innern geht es ein paar Stufen hinauf zu einem mintgrünen Flur, von dem eine gewundene Treppe nach oben und diverse weiße Holztüren abgehen. Die Wände sind behängt mit Plakaten, einem alten Stadtplan von Jekaterinburg und Schwarz-Weiß-Fotografien. Eine Katze schleicht in den Flur und setzt sich demonstrativ in Pose: Mein Reich – dass das klar ist. Gemütlich sieht es hier aus, gar nicht wie im Museum.

Der momentane Hausherr wirkt ein bisschen aufgeregt und redet sofort auf Russisch los. Ich lege Anatoly eine Hand auf den Arm, er bittet nach einem Satzende um eine Pause, damit er für seine deutschen Kollegen (und für die Kamera) übersetzen kann. Herr Karalenko spricht aber weiter, ohne Punkt und Komma referiert er über das Haus und seinen Besitzer (vermute ich). Michael macht ein sehr leises »Mpfh«. Anatoly unterbricht den armen Herrn noch einmal, doch noch während er so knapp wie möglich für mich übersetzt, legt Herr Karalenko schon wieder los. Zu wichtig ist ihm, was sich hier alles zugetragen hat – zu schade, dass meine Zuschauer es nun eventuell nie erfahren werden.

Jetzt erbitte ich mir eine Pause, um zu erläutern, wie der Kameramann am besten arbeiten kann (das klingt weniger unhöflich als ihm trocken mitzuteilen, wie wir das jetzt machen – ich lerne ja dazu) und wie ich mir unseren Dreh wünschen wollen würde, wenn ich dürfte – natürlich nur, sofern der Hausherr unter Umständen damit einverstanden wäre. Er lächelt verlegen und entblößt eine komplette Reihe vergoldeter Zähne.

Mittlerweile sind auch Markus und unsere Stadtführerin eingetroffen. Frau Irina stimmt umgehend in die russische Unterhaltung ein – sie wusste natürlich von dem Haus, war aber noch nie hier (ja, mit UNS kann man was erleben!) – und beteiligt sich rege an der Konversation. Fast bin ich enttäuscht, dass sie das Mikrophon aus dem Bus nicht mitgebracht hat. Es konferieren: der Hausherr, die Stadtführerin und Anatoly. Reihenfolge des Vortrags: alle gleichzeitig. Dreimal Russisch für die Atmo? Hier bitte. Läuft.

Ich klappe meinen Mund zu, atme tief ein und aus und möchte für einen Moment einfach wieder in dieses wirklich sehr weiche Hotelbett zurück. Markus schaut mir kurz in die Augen, schließt seine, Verständnis signalisierend, und hakt dann jovial die Stadtführerin unter. »Wir zwei Hübschen gehen mal in die Küche. Hier gibt's doch sicher eine Küche, oder?« Dafür könnte ich ihn küssen.

Michael und ich übergehen daraufhin die Regeln der reinen Reportage und drehen die Begrüßung mit dem Hausherrn noch mal. Schon viel besser, und ruhiger. Herr Karalenko ist einfach deshalb so aufgeregt, weil er dieses Haus retten will. Retten MUSS. In diesem Gebäude beziehungsweise in dessen Garten hat der frühere Besitzer, ein Dmitri Ivanowitsch Kazantsev (richtig, Sohn eines Iwan!), so lange mit Äpfeln herumexperimentiert, bis er 1923 eine Sorte geschaffen hatte, die den uralischen Winter übersteht. Uralwinterharte Obstbäume! Das war eine Riesensache für die Gebirgsbewohner. Ein paar der damaligen Obstbäume stehen sogar noch hier im Garten, der älteste ist hundert.

Weil das so einschneidend und so besonders war, haben ein paar Geschichte-der-Apfelzucht-Begeisterte aus dem alten Haus ein Museum gemacht. Und dann kommen diese Immobilienhaie und wollen das Kleinod einfach abreißen! Aber DANN kommt ein deutsches Fernsehteam, und das ist die Chance auf internationale Publicity. Da muss man doch ohne Punkt und Komma reden! Sehe ich ein.

Der Apfel-Flüsterer hat außerdem uralklimafeste, megafrostbeständige Birnen und Pflaumen gezüchtet und ist für seine Mühen wirklich gefeiert worden. Den magischen Garten wollen wir natürlich auch aufnehmen, aber just als wir zu dritt aus dem ehemaligen Wohnzimmer hinaus auf die Veranda treten, erklingt aus dem Nebenzimmer ohrenbetäubend lautes Geklimper auf einem ungestimmten Klavier. Michael bricht ab, und ich eile nach nebenan, um nachzuschauen, was passiert ist. Eine Frau, die offensichtlich auch hier im Museum arbeitet, haut tüchtig in die Tasten. Sie möchte eben mal was vorspielen. Daneben unsere begeisterte Stadtführerin und daneben, mit gequälter Miene, Markus. In den Fängen zweier Best Ager. Sein Blick will mir sagen: »Ich habe versucht, sie davon abzuhalten, ich schwör's!«

Ich gebe den Spielverderber und bitte die beiden Damen noch einen letzten Moment um Ruhe, damit wir fertig drehen können. Danach dürfen sie wieder Lärm machen. (Machen sie auch.)

Der winterliche Obstgarten ist zauberhaft. Schmale verschneite Wege führen zu den standhaften alten Bäumen, die der wuchtigen

Umgebung trotzen wie lauter Davids dem Goliath. Im Frühling muss das hier herrlich sein. Wenn man sich die Hochhäuser im Hintergrund wegdenkt. Und die düstere Zukunft. Eine kleine Gesellschaft von Hobby-Pomologen und Museumshelfern hält das Kleinod hier am Laufen, aber ob sie auf Dauer stark genug gegen die lokalen Baulöwen sein werden, ist leider sehr ungewiss. Wir bekommen Kostproben von Apfelsaft, Apfellikör, Apfeltaschen, Apfelgelee, tischtennisballgroßen Äpfelchen (vom dienstältesten Baum im Garten), Birnen, dazu natürlich schwarzen Tee und jede Menge Informationen.

Anatoly – dem zwischendurch untypischerweise einmal der Geduldsfaden gerissen ist (was Schlafmangel so mit einem macht) und der dem guten Mann tatsächlich angedroht hat, dass wir unseren Dreh abbrechen, wenn er ihn jetzt nicht mal EINEN Satz fertig übersetzen lässt – ist mittlerweile selber Feuer und Flamme und will bei seinem nächsten Besuch in Jekaterinburg einen Setzling aus seinem Garten in Kasan mitbringen. Er ist nachhaltig begeistert von Herrn Karalenkos Leidenschaft. »Wie einer dieser religiösen Fanatiker, aber eben in Bezug auf harmlose Äpfel! Solche Leute bringen viel voran, weil sie wie besessen sind.« Vom Apfel besessen.

Der Apfel-Fanatiker Karalenko begleitet uns mit guten Wünschen, Postkarten und natürlich noch weiteren Informationen (er kann es nicht lassen) aus dem alten Haus zum hölzernen Tor. Als sich die Tür dieser Obst-Oase hinter uns schließt, stehen wir wieder in einer tristen grauen Wüste aus Beton.

- 30 -

Das letzte Dorf in Europa

Jekaterinburg liegt bereits in Asien. Wir haben aber, dank unserer Stadtführerin Irina – und deshalb will ich auch NICHTS gesagt haben –, auf der anderen Seite der euroasiatischen Grenze eine Einladung zum Mittagessen in einem »uralischen Dorf«.

Daher fahren wir vierzig Kilometer zurück Richtung Westen und sind wieder in Europa. Unterwegs stoßen wir auf einen Obelisken, der die Grenze zwischen den Kontinenten schmücken soll. Der Grenzverlauf soll der Wasserscheide im Ural entsprechen (also der Linie, von der das Wasser im Boden auf der einen Seite Richtung Asien und auf der anderen Richtung Europa abfließt). Bloß ist die hier angeblich gar nicht. Egal. Ist symbolisch gemeint. Im Sommer wandert hier bestimmt das ein oder andere Souvenir über die mobile Touri-Buden-Theke. Wir sind heute die Einzigen weit und breit.

Anatoly besteht darauf, die Besonderheit des Ortes in einem ebenso touristischen wie sportlichen Fotomotiv zu demonstrieren. »Mach mal einen interkontinentalen Spagat, Julia!«

Da ich jetzt nicht der Dehnkategorie einer russischen Bodenturnerin entspreche, sondern eher dem Typ mitteleuropäischer Yogibär, gehe ich stattdessen beim nächsten Einatmen in die Berghaltung (gerade stehen, Schultern zurück, Scheitel zum Himmel). Beim Ausatmen spüre ich in einem Bein Europa und im anderen Asien. Omm und Tadaa! Transkontinental-Tadasana.

»Fühlst du irgendwas?«

»O ja. Diese Seite ist kälter. Die sibirische.«

Da gewesen, abgehakt. Ich habe Hunger.

In Perwouralsk – wo der europäische Fuchs und der asiatische Hase sich gute Nacht sagen – stehen am Ortseingang Plattenbaumehrfamilienhäuser. Doch nur zwei Straßen weiter liegt eine alte Siedlung voller bunt gestrichener, traditionell gezimmerter Häuser mit großen Vorgärten und hölzernen Gartenzäunen – wie bei Tom Sawyer und Huckleberry Finn. Vereinzelte Birken passen sich mit ihrer weißen Rinde in das Winterwunderland ein. Die Fenster der Häuser werden von handgeschnitzten bunten Zierrahmen mit Schnörkeln umrandet, es gibt unzählige Farbkombinationen: dunkelgrüne Holzhäuser mit hellblauen Fensterrahmen, braune mit weißen, rostrote oder mintgrüne mit blauen. Fast alle Häuser sind eingeschossig mit Dachboden, die Holzbalken vieler Hausfassaden und Giebel sind kunstvoll diagonal angeordnet. Diese ganze Idylle liegt dazu noch unter einer weichen weißen Schneedecke, sanft beleuchtet von einer milchigen Nachmittagssonne. So lebt sich's also im Ural.

Kaum dass wir die richtige Straße gefunden und geparkt haben, springen uns zwei bellende Hunde entgegen. Eine Mittdreißigerin mit naturgewuschelten nussbraunen Haaren und gelben Augen läuft ihnen hinterher und ruft uns entgegen: »Die sind freundlich! Sie merken, dass ihr es auch seid!« Die Frau heißt ebenfalls Irina und hat extra für uns gekocht. Wir sind allerdings fast eine Stunde zu spät. Und nicht nur das, ich setze mich auch gleich in die Nesseln.

Irina bewohnt mit ihren zwei Kindern ein früher mal dunkelgrünes, jetzt verblichen-abgeblättertes Holzhaus, das wir durch die Garage betreten. Die kleine Tochter musste zum Nachmittagsunterricht und hat geweint, weil sie nun die Gäste aus Deutschland verpasst, doch der vierzehnjährige Sohn Anton ist da, und eine

Freundin namens Maria. Wir entledigen uns am Eingang unserer Schuhe, und ich begrüße die Familienmitglieder in der Küche per Handschlag vom Flur aus, indem ich einen langen Arm mache (das kann ich). Zunächst sagt keiner was, und ich bemerke auch nichts, aber dann kommt Anatoly aus der Deckung. Höflich, wie er ist, redet er um den heißen Brei herum, also muss ich konkret werden.

»Hab ich was falsch gemacht?«

»Also aus russischer Sicht schon.«

»Oh. Was denn?«

»Wenn die Hand gegeben wird, dann soll dazwischen kein Hindernis sein, also irgendeine Tür oder so.«

Oh. Das wollte ich natürlich nicht. »Habe ich jetzt Unglück gebracht?«

Anatoly winkt ab. »Macht nichts, das ist ja Aberglaube. Normalerweise würden die Russen aber entweder zu Anton hineingehen«, er tritt in die Küche, »und ihm dort die Hand drücken«, nun schreitet er rückwärts wieder aus der Küche, »oder Anton wird herausgezogen, und dann wird ihm hier die Hand geschüttelt.«

Ich bin schuldbewusst, weil Aberglaube ja sehr stark sein kann. »Wir machen das jetzt alles wieder gut, pass mal auf.«

Und dann mache ich alles wieder gut, indem ich den armen Anton aus der Küche ziehe und die Freundin der Familie gleich mit. Zack, wieder hingebogen. Anatoly lacht. Ich habe schon wieder etwas falsch gemacht.

»Also in Russland … Die MÄNNER begrüßen einander schon, aber …« Anatoly amüsiert sich köstlich. »Die Frauen geben den Männern nicht die Hand.«

Nicht? Ja, dann eben nicht.

Dafür ernte ich beim Aufsagen meines Namens immer große Zustimmung in Russland. Fast jedes Mal, wenn ich mein »Minja savut Julia« herausflöte, kommt folgende Reaktion: »Oh! Ein russischer Name!« Also bringe ich auch Freude. So ist das.

Unsere Gastgeberin Irina bittet uns ins Wohnzimmer, das sie extra für uns umgeräumt hat, und an den gedeckten Tisch. Dort stehen schon Graubrot, Plinsen, saure Sahne, Gurken-Tomaten-Salat, dicke Salzgurken und ein riesiges Einmachglas mit ganzen Äpfeln in Kompott bereit. Irina bringt Teller mit Rote-Beete-Suppe aus der Küche. Ich liebe Borschtsch!

Weil mir das keine Ruhe lässt, frage ich, ob es denn auch positiven Aberglauben gibt. Etwas, was Glück bringt.

»Ja! Wenn die Gäste kommen!«, übersetzt Anatoly Irinas Antwort. Und sie setzt noch einen nach: »Wenn Katzen an der Tür sitzen und sich das Gesicht putzen, dann bedeutet das so viel wie: ›Bald werden Gäste kommen.‹« Irina ist ganz ernst. »Die Katzen wissen von diesem Aberglauben nichts, aber heute Vormittag haben sie die ganze Zeit ihre Gesichter geputzt.« Sie lächelt. »Und dann seid ihr gekommen.«

Nach der Suppe gibt es etwas, das ich vor dieser Reise lange nicht gegessen, aber neuerdings andauernd auf dem Speisezettel habe: Kotlety. Bei uns auch bekannt als Frikadellen, Buletten, Fleischpflanzerl, Klopse. »Das ist das klassische russische Abendessen in jeder Familie dieses Landes. Klassischer geht es nicht«, findet Anatoly.

Irinas Frikos sind die besten, die ich je gegessen habe (neben denen von Mama, ist ja klar). Ich entlocke ihr das Rezept, kann aber nichts Spektakuläres daran finden, das verrät, warum die so sensationell schmecken: gemischtes Hack, Zwiebeln, Knoblauch, Pfeffer und zum Schluss etwas Graubrot. Klingt nach Standard, zieht mir aber trotzdem die Schuhe aus. Wir kommen der Sache näher. Das große Geheimnis lautet: MECHANISCH durch den Fleischwolf drehen, bloß nicht elektrisch! Denn dann, warnt Irina, wird das Fleisch wie Püree. (Ich sehe meinen Metzger sich schon an die Stirn tippen.) Dazu gibt es Kartoffelpüree, noch so einen Klassiker. Ganz ehrlich? Dafür lasse ich jeden Kaviar stehen.

Irina ist geschieden und muss jeden Rubel zweimal umdrehen. Details erzählt sie nicht, aber ihr Gesicht verdunkelt sich für einen kurzen Moment, bevor es wieder wie vorher leuchtet. Nun arbeitet sie Vollzeit als Busfahrerin (ich frage mich, wie diese zierliche Person das riesige Lenkrad umrührt, ohne den Fußkontakt zu den Pedalen zu verlieren, aber sie scheint das hinzukriegen). Ihr Sohn Anton, der gerade in die Pubertät einsteigt, ist rührend freundlich und offen. Als er aus seinem Leben und von der Schule erzählt, sitzt seine Mutter auf der Lehne des Wohnzimmersofas und sieht ihm liebevoll beim Sprechen zu. Er ist jetzt der Mann im Haus. Ich vermute, aus Gewohnheit – und weil sie vergisst, dass wir da sind – streicht sie ihm einmal liebevoll durchs Haar. Es ist nur eine ganz kleine Geste, ein kurzer Moment, aber mir geht sofort das Herz auf. In diesem Haus ist ganz viel Wärme, das kann jeder von uns spüren. Eine Botschaft schwingt durch die Räume, die leise flüstert: »Alles ist gut.«

Als ich mal muss, nimmt mich Irina mit in den Flur, ich soll meine Winterstiefel wieder anziehen. Sie öffnet die Hintertür der Garage zu ihrem tief verschneiten, sonnigen Garten und entschuldigt sich lächelnd. Ein schmaler frei geschaufelter Pfad führt zu einem Holzhäuschen. Es ist ein – im Rahmen seiner Möglichkeiten – gemütliches, sauberes Plumpsklo mit Plastikbrille auf einer breiten Holzbank. Kalt ist es trotzdem, und ich frage mich, wie das bei minus zwanzig, minus dreißig Grad sein muss, hier aufs Klo zu gehen. So lebt sich's auch im Ural.

Der Abschied kommt viel zu früh. Irina ist bedröppelt, weil wir schon gehen müssen, ich bin es auch. Doch unser Zeitplan wird von der Transsibirischen Eisenbahn diktiert. Also machen wir noch ein Abschiedsfoto, liegen uns in den Armen, und dann bellen die Hunde uns wieder freudig auf den Weg.

- 31 -

Ein Traum aus Plüsch und Plum – im Sonderzug zwischen dunkelrotem Samt und Messing. So reist die Zarin!

Eine Viertelstunde bevor der Zug abfährt, schieben wir eilig unseren Kram und die Kamera durch die Röntgengeräte in der Bahnhofshalle von Jekaterinburg. Ich bin aufgeregt, weil ich ja nun gelernt habe, dass das für russische Verhältnisse ganz schön knapp ist. Anatoly ist aufgeregt, weil wir im Begriff sind, seine Gefilde zu betreten. Nachdem wir den transsibirischen Regelzug ausgiebig getestet haben, will nun der Sonderzug unter die Lupe genommen werden. Der Zug, in den wir (hoffentlich) gleich einsteigen werden, wird jeden Sommer zu Anatolys zweitem Zuhause. Als ich von diesem das erste Mal hörte, habe ich mich ernsthaft gefragt, wer denn bitte schön einen Zug »Zahngold« nennt. Auf der Suche nach dem richtigen Gleis flitzen wir durch Hallen und Treppenhäuser – und wieder zurück, weil wir uns vertan haben. Dann sehe ich es vor mir, in goldener Schrift auf dunkelrotem Untergrund: ZARENGOLD.

An der Waggontür, auf die Anatoly im Endspurt zusteuert, wartet ein junger Schaffner und begrüßt uns eilig. Er kontrolliert uns auch gar nicht groß, dafür ist keine Zeit mehr (guter Trick). Ich vermute, die bloße Anwesenheit von Anatoly ist Nachweis genug. Der Prodovnik schiebt uns regelrecht die kleine Treppe hoch. Und dann bleibt mir die Spucke weg. Und es jauchzt in meinem Innern. Ich stehe in einem langen Flur mit rotem Teppich, links furnierhölzerne Abteile mit goldenen Fensterornamenten, rechts die Waggonfenster mit messingfarbenen Geländern davor, zwischen den Fenstern hübsche Lampen und kleine Lautsprecherschalter in Retro-Optik. Wie vintage ist das denn bitte hier? An den Abteilen stehen die Namen der Reisenden (für einen kurzen Moment fragt sich der mitteleuropäische Spießer in mir, wie datenschutzkonform das wohl ist), und fast habe ich Sorge, dass meiner nicht dabei ist. Doch ganz am Ende dieses unglaublich feudalen Korridors, an der letzten Abteiltür, steht mein kleiner Name dran. Schwarz auf weiß. Gott sei Dank. Mit ein bisschen Herzklopfen öffne ich die Tür … und stehe im Filmset von *Doktor Schiwago*. In einem Traum aus Dunkelrot, Holz und Messing. Rechts ist eine Sitzbank, die später wohl mein Bett sein wird. Gegenüber schmiegt sich ein Einzelsitz in die Nische unter dem Radio und dem FERNSEHER (der ist jetzt nicht ganz so retro), dazwischen ein kleiner Tisch mit abgerundeten Ecken.

Anatoly tippt auf die schmale Schublade darin. »Da kannst du deinen Pass und dein Geld reinlegen«, sagt er.

Ja klar, denke ich und ziehe eine Augenbraue hoch.

Anatoly beteuert: »In all den Jahren, die ich hier im Zug arbeite, ist noch nie, und Julia, ich schwöre dir, NOCH NIE etwas weggekommen!«

Also gut, probieren wir's aus.

Hoch über der Sitzfläche ist ein weiteres Bett unauffällig an die Wand geklappt. Neben dem Einzelsitz ist eine Tür. Ich öffne sie und schaue in die – ich krieg's im Kopf – EIGENE DUSCHE! Mit Waschbecken! Nicht eklig! Mit Seife, Duschgel und ähnlichem Hotelgedöns, mit Holzboden über dem Ablauf und frischen weißen Handtüchern. Allerdings auch mit einer Tür gegenüber. Gerade geht sie auf, und Markus streckt staunend die Kinnlade ins Bad. »Hallo, Nachbar.«

In meinem Abteil stecken lauter Fünf-Sterne-Überraschungen. Eine kleine Matrjoschka als Schlüsselanhänger, ein Fläschchen Wodka (für alle Fälle), eine Schale mit Obst (die hatte ich zuletzt auf der Fähre ins Baltikum), ein paar vorfrankierte Postkarten, ein weißer Frotteebademantel und passende Badeschlappen. Ich weiß nicht, was das jetzt über mich aussagt, aber nach ein paar Tagen besonders bescheidener Beherbergung bringt mich das hier alles fast zum Weinen vor Glück.

Ja, jetzt kann ich es deutlich fühlen. Ich bin Anna Karenina. (Nur ohne das tragische Drumrum.)

Anatoly beobachtet mich beim Entdecken und Staunen, ähnlich, wie er das auch schon im Regelzug in Moskau getan hat. Er schmunzelt. »Gefällt's dir?«

Ich nicke selig.

Anatoly bringt auch Michael zu seinem Abteil, bevor wir uns in Kürze im Speisewagen wiedertreffen wollen. Der Zug ist ausgebucht, und wir wohnen verstreut.

Nachdem ich das Nötigste in meiner Luxussuite verstaut habe, schlendere ich los, durch einen weiteren Waggon in Zarenrot und dann in ein etwas helleres Wagenmodell. Hier dominiert eher ein sanftes Bolschewikisch-Beige. In der Mitte von allen das Abteil meines Kameramanns. Er macht mir auf, und ich stehe in einem Technikparadies. Bei Michael sind wie im Regelzug beide Betten einander gegenüber, eins davon hat er komplett mit seiner Ausrüstung, der Kamera, dem Laptop, den Akkuladestationen und lauter Zubehör vollgestellt. Es sieht aus wie die Auslage in einem Elektroladen.

Zwischen der »Auslage« und Michaels Bett ist gerade so viel Platz, dass man sich knapp einmal umdrehen kann. Mich überkommt sofort das alte Schuldgefühl, als Prinzessin des Teams und als »die vor der Kamera« das tollere Zimmer bekommen zu haben.

»Und?«, frage ich. Mehr Kluges fällt mir nicht ein.

»Allet jut.« Mehr Kluges fällt ihm auch nicht ein.

Ich denke, damit ist alles gesagt.

»Ich hab was vergessen«, fällt mir dann doch ein, und ich flitze zurück in den Plüsch-und-Plum-Waggon. Hole ein paar der Süßigkeiten aus meiner Obstschale und den Wodka-Flachmann und eile damit zurück zu Michael. Drücke sie ihm in die Hand.

»Ach, Julitschka«, seufzt er, »dit musste doch nich.«

»Muss ich wohl«, schlucke ich.

Ich finde zwar nicht, dass er sich sein Abteil jetzt schön trinken müsste, aber ich finde, die Kluft zwischen seiner und meiner Unterbringung soll wenigstens IRGENDWIE GESEHEN werden.

Dafür bekommt Michael im Speisewagen den schönsten Platz (von dem aus er das ganze Abteil überblicken kann, während Markus und ich gebannt auf die geöffnete Küchentür schauen). Später stellt sich heraus, dass er mit Abstand am besten von uns schlafen wird, weil sein Abteil am weitesten entfernt ist von den Achsen. Aber dazu komme ich noch.

Das Konzept hier im Speisewagen lautet: feste Sitzplätze, feste Zeiten zum Essen, feste Speisenfolge. Niemand muss sein Handtuch auslegen, um den besten Platz oder das letzte Bœuf Stroganoff zu bekommen. Außer beim Frühstück, da darf man kommen, wann man möchte, und hat freie Platzwahl. Als kleines Tribut an die Anarchos unter den Zarengold-Reisenden. Auf jedem der Tische (die wir ja in Moskau bereits von außen betrachten konnten) steht außer dem edlen Essig-Öl-Gedeck auch ein Fläschchen Handdesinfektionsmittel – vom meinem Abteil bis zum Speisewagen habe ich dreizehn Türklinken runtergedrückt. Anatoly beschwört uns, im Zug immer die Hände zu desinfizieren. (Und zwar völlig unabhängig von Corona, das uns momentan ja noch weit weg erscheint.)

Ich studiere die Speisekarte, die für die gesamte Reise vorgeplant ist. Jeden Tag wird uns mindestens ein typisch russisches Gericht kredenzt. Sehr einverstanden. Heute gibt es einen meiner Top-Ten-Favoriten der russischen Küche: »Salat Olivier«. Der (auf vielfältige Weise) aufgepimpte Kartoffelsalat hat im 19. Jahrhundert einen französischen Koch namens Lucien Olivier im Zarenreich berühmt gemacht und fehlt heute auf keiner Feier in ganz Russland. Obwohl er das genaue Rezept ungewollt mit ins Grab genommen hat, denn er starb erstens jung und zweitens plötzlich. Die alltagskonforme Sparvariante ist ein Kartoffelsalat mit Salzgurken, Fleischwurst, hart gekochten Eiern, Karotten, Erbsen und Mayo. Ob Lucien sich dafür im Grab rumdrehen würde, weiß ich nicht, aber die Bekanntheit über Russland hinaus, von Spanien bis Südostasien, und vor allem den Namen »Salad Olivje« fände er bestimmt ziemlich cool. Sein Originalrezept enthielt noch Kalbszunge, Kaviar, Krebse, Kapern, Salat und eine geheime Soße auf Mayonnaise-Basis. Hier an Bord gibt es eine sehr edle Variante irgendwo dazwischen. So wie auch alles andere ziemlich verdammt edel ist, was aus der fahrenden Miniküche kommt. Man sollte den Gästen bei der Buchung raten, mitwachsende Bordkleidung einzupacken. Umstandshosen oder so.

Was übrigens nett ist: Man wird vorab gebeten, auch wenn es die Transsibirische Eisenbahn ist, etwaige Hermeline und Diademe zu Hause zu lassen – die Leute an Bord sind allesamt enorm »normal« angezogen.

In der Küche wird gewuselt, dass Markus und ich schon allein vom Zuschauen Bluthochdruck bekommen. Zwei Kellner bespielen den ganzen Speisewagen, man sieht sie nur eilen, aber auch immer lächeln. Die Kellnerin Swetlana hatte uns in Moskau bereits zugezwinkert. Ihr Mann, der wuchtige Restaurantchef Juri, geht nach der Hauptspeise mit einem Tablett und eisgekühlten Gläsern von Tisch zu Tisch. »Wodka?«, fragt er mit einer breit gebleckten

Zahnreihe und einem Blick voller Schelmenhaftigkeit, und ohne die Antwort abzuwarten, schenkt er aus einem knappen Meter Abstand in die Gläser ein. Ich drehe mich um und schaue unauffällig über meine Lehne. Ja doch. Der Wodka wird vom Fahrgast im Allgemeinen durchaus gut angenommen.

Der Schlafmangel und der lange, volle Drehtag sorgen für lähmende Müdigkeit. Markus hat sich gleich nach dem Essen verabschiedet. Michael und ich sitzen noch ein Weilchen bei Anatoly, aber relativ schnell sagen auch wir »spakojni notschi« für heute. Ich trete den langen Weg nach Hause an, ostwärts bis Wagen fünf. Unterwegs sehe ich offen stehende Abteiltüren mit zähneputzenden Leuten, bereits gemachten Betten (das übernehmen tatsächlich die Provodnizas, während die geschätzten Gäste beim Abendessen weilen). Es sind französische, US-amerikanische, niederländische, italienische, australische und jede Menge deutsche Touristen an Bord. Eine Gruppe Mittvierziger aus New York und Umgebung lockt mich auf ein Gläschen Champagner, einen Teelöffel schwarzen Kaviar und einen Schwatz in ihr Nostalgie-Abteil. Sie sitzen sich zu sechst gegenüber und feiern das Leben. Weil sie schon ein paar Tage an Bord sind, erkennen sie mich sofort als Neuzugang.

Was es an Bord nicht gibt, sind russische Passagiere. Das ist wohl der größte Kontrast zum Regelzug. Russisch ist hier nur das Bordpersonal.

Als ich in meinem Abteil ankomme, frage ich mich, ob Markus heimlich das Rauchen angefangen hat. Ich gehe dem Qualm nach und sehe, dass eine Tür offen steht, die zum Vorraum des Waggons und zur Außentür führt. Zwei Gäste im Bademantel stehen dort am Fenster und quarzen eine. Ihre Antlitze und mein Bauchgefühl sagen mir sofort: Das sind Landsleute.

»Ach IHR seid das«, sage ich, und weil mir – wie wir ja inzwischen wissen – beim Thema Rauchen jedwede Toleranz flöten geht, füge ich wenig diplomatisch hinzu: »Ich habe mich schon gefragt, ob jemand in meinem Abteil geraucht hat. Riecht ganz schön nach Zigaretten. Nicht nur im Flur.«

»Das hier ist das einzige Fenster im Zug, das man öffnen kann«, verteidigt sich die Frau. »Und Rauchen ist eigentlich verboten.« Sie schaut ein wenig schuldbewusst aus dem Bademantel.

Ich verkneife mir mein auf der Zunge liegendes und dringend rauswollendes »Ach so, na dann raucht doch einfach nicht«. (Und möchte jetzt auch dafür gelobt werden.) Stattdessen sage ich: »Dann seid doch so gut und macht die Tür zum Waggon zu.«

»Aber dann frieren wir ja«, argumentiert der Mann. »Das ist hier saukalt!« Hm. (Diese Argumentation hat mich doch schon mal schwer beeindruckt, wo war das noch gleich?) Sie stehen im Zwischenraum der Waggons, wo die Übergangsbrücken kontinuierlich aufeinanderschlagen und sich Eiskristalle sammeln, weil es wirklich frostig ist. Ja, da herrschen jetzt sibirische Außentemperaturen, im Februar am Fenster der Transsibirischen Eisenbahn. Erschwerend kommt vielleicht dazu, dass die beiden mit nackten Beinen in Frotteebadeschlappen stecken. Da würde ich auch als Nichtraucher frieren.

Nachdem ich also für meinen Teil alles gesagt habe und auf taube Ohren gestoßen bin, empfehle ich mich und inspiziere stattdessen die Waggontoilette. Also, die kann sich sehen lassen. Holzbrille, pieksauber, helles Licht, weißes Waschbecken mit goldenen Retro-Armaturen, Seife, Desinfektionsmittel, alles da. Ultrasauber. Darüber vergesse ich die beiden Raucher gerne.

Mein Bett ist bereits ausgeklappt und bezogen, der kleine Tisch über eine abgefahrene Hydraulik zur Seite geschwenkt. Im Vergleich zum vorigen Zug ist es ganz schön schattig im Abteil. Und im Moment ganz leise. Der Zug steht schon seit einiger Zeit, es ist ungewohnt still. Ich wurschtle eine ganze Weile mit meinem Gepäck herum – dem großen Rucksack, dem Tagesrucksack und dem Rollköfferchen –, schreibe ein paar Nachrichten nach Hause und an die Redaktion, verschicke sie über unseren Hotspot auf dem russischen Ersatzhandy, bringe es dann Michael, der sich auch zu Hause als »am Leben und in Sicherheit« melden möchte.

Als ich endlich so weit bin, die Äuglein zuzuklappen, setzt sich der Zug gerade wieder in Bewegung.

Rat-tat-tat.

Tsch-tsch-tsch.

Kawumm-rat-tat.

Ach du armer Körper. Schmerzlich lerne ich, was es bedeutet, das zeitliche Sandmännchen-Fenster verpasst zu haben, denn jetzt ist nichts mehr zu machen: Ich kann absolut nicht einschlafen. Es poltert. Es lärmt. Es ist bitterkalt. Es ist zum Heulen. Ich kann die Anzeige der Klimatisierung nicht deuten und drehe in die falsche Richtung. Es wird noch kälter. Der Zug rattert so laut, wie ich es noch nie erlebt habe – fast fühlt es sich an, als kampierte ich ungepolstert auf der Achse zwischen den beiden Waggontüren. (In der inoffiziellen Raucherecke.) Von der Temperatur her fühlt es sich jetzt so an wie in einem US-amerikanischen Supermarkt, Gemüseecke. Eiskalt.

Ich weiß nicht, wie oft ich in dieser Nacht das Licht wieder anmache, den Tritt neben der Tür ausklappe und in der Gepäckablage etwas im Rucksack suche. Ich brauche einen Schal. Und die dicke Mütze. Ich muss die Leuchtanzeige der Klimaanlage mit einer Visitenkarte abkleben, weil sie im Dunkeln das ganze Abteil blau ausleuchtet und ich das auch mit geschlossenen Augen sehe. Ich suche meine Ohrstöpsel. Ich brauche die Wollsocken.

Am Ende döse ich in meinem sibirischen Überlebensmantel, der aussieht wie ein Schlafsack mit Ärmeln, vor mich hin und rede mir ein, RUHEN ist auch gut. Ruhen ist wichtig. Bestimmt sogar besser als schlafen.

Am nächsten Morgen tapse ich zu unserer Provodniza und stelle mich als »die Neue« vor. Die aus dem letzten Abteil. Sie fragt, ob ich gut geschlafen habe. Soll ich nun a) höflich oder b) wahrheitsgetreu antworten? Nachdem ich mich für ein freundliches b) entschieden habe, schaut sie nach der Waggontemperatur. Stellt es etwas wärmer. Bittet mich aber: »Sagen Sie es nicht den Amerikanern in unserem Waggon.« Postwendend bekommt sie von ebenjenen eine Beschwerde, es sei ja plötzlich unerträglich heiß, ob da vielleicht etwas repariert werden müsse und ob sie die Klimaanlage bitte wieder auf »kalt« stellen könne? Clash der Kulturen. Da sind mir die Russen plötzlich ganz nah.

Das Versprechen, sie interviewen zu dürfen, nimmt die Provodniza am nächsten Tag zurück. Ihr Kollege, mit dem sie sich die Schichten teilt, richtet uns das aus. Er will nicht so recht raus mit der Sprache, warum. Ich werde das aufklären – unter Frauen. Ich lauere ihr in der kleinen Provodniza-Küche auf, die der im Regelzug sehr ähnlich ist, nur mit mehr rotem Polster.

»Keine Kamera!«, ruft sie und hält die Hand hoch.

»Nein, nur ich, kein Problem.« Ich halte beide Hände hoch.

Die hübsche Provodniza will mich kaum anschauen. Was hat sie denn auf einmal? Resolut stellt sie klar, sie könne unter gar keinen Umständen vor die Kamera.

»Aber warum nicht?«

»Das sieht man doch!« Verständnislos schaut sie mich an. Als ob ich blind wäre. Ich sehe sie an. Sieht alles spitze aus. Schuldbewusst zeigt sie auf ihre Oberlippe, und ich denke: Ja, schöne Lippe, die kommt auch mit drauf.

Doch in einem Tonfall, in dem man auch sagen könnte: »Ich habe fünfzehn Jahre auf Bewährung bekommen«, sagt sie mit Grabesstimme: »Hier. Herpes.«

Oha. Schlimme Sache. Diesen Herpes, von dem sie spricht, sieht man zwar nicht. (Also ich nicht.) Aber: Eine Russin filmen zu wollen, wenn sie nicht hundertzwanzigprozentig perfekt aussieht, ist wie im Nationalpark darum zu bitten, eine geschützte Art einfangen und dann gegrillt mit Ketchup essen zu dürfen. Nicht machen. Niemals.

Merke auf, liebe Russin-to-be: Wimpern, Nägel, Lippen, Haare (mein Gott, die HAARE) – alles muss perfekt sein. Ich akzeptiere, dass sie maximal gestresst ist, tröste sie und sage: »Kein Problem.«

Sie sagt: »Danke!«, und hat eine Träne im Augenwinkel.

Nun drängt sich mir natürlich die Frage auf, was die Russinnen davon halten, wenn ich meinerseits verpennt, strubbelig und ohne Einsatz von Glätteisen, weiterhin ohne angeklebte Fingernägel oder mal mindestens Nagellack und dann NICHT EINMAL mit angeklebten Wimpern oder rotem Lippenstift vor die Kamera trete. Ich muss ein absoluter Alien für sie sein. Ein hässlicher, naturbelassener, so mittelknackfrischer Alien im Rollkragenpullover. (Jetzt ist es raus.) Aber da müssen die jetzt durch.

Markus hingegen sieht wirklich erbärmlich aus, als ich bei ihm klopfe. Er hat kaum Stimme und röchelt etwas, das wie »Halsschmerzen« klingt. Na, Hauptsache kein Herpes.

»Du wirst dir doch nicht dieses Co-ro-na eingefangen haben?«, versuche ich einen kleinen Scherz.

Im Vorfeld der Reise haben wir natürlich über mögliche Ansteckungsrisiken gesprochen, schließlich fahren wir hier schnurstracks in Richtung China, also direkt auf Corona zu. Deshalb fährt der Zug auch nur noch bis in die Hauptstadt der Mongolei, nach Ulan Bator, und nicht weiter nach Peking wie ursprünglich geplant.

»Sehr witzig.« Markus hüstelt und erzählt unter Kraftaufwendung, nein, er habe einfach nur tierisch gefroren in seinem Abteil. Also, in Amerika wird der schon mal nicht froh, so viel ist sicher.

- 32 -

Ein Traum in Weiß – im Zentrum von Sibirien

Weiße Ebenen und ewige Weiten ziehen an mir vorbei und streicheln meine Seele. Bei einem schwarzen Tee im obligatorischen russischen Glashalter lasse ich die wilde, fremde Welt draußen vorbeigleiten. Ich werde ruhig. Bin beseelt. Der Name Sibirien kommt vom mongolischen »sibir« – schlafendes Land.

Sibirien ist so weit weg von allem. Das Magische und Wunderbare an dieser Reise können ihr weder unterkühlte Abteile oder Lärm im Sonderzug noch fiese WCs und Fünfzig-Mann-Schlafwagen im Regelzug nehmen. Das entschleunigte Reisegefühl und die unberührte Landschaft vor meinem Fenster sind einzigartig. Wieder wird mir bewusst: Ich mache das gerade wirklich. Jetzt. In diesem Moment erfüllt sich der Lebenstraum Transsibirische Eisenbahn.

Transsibirische Eisenbahn. Diese unglaubliche Bahnstrecke wurde nur gebaut, um an die Bodenschätze in Sibirien heranzukommen und sie Richtung Sankt Petersburg und Moskau, also Richtung Zivilisation, transportieren zu können. Ein gigantischer Kraftakt, der fünfundzwanzig Jahre dauerte, von 1891 bis zur offiziellen Einweihung der Gesamtstrecke Moskau–Wladiwostok 1916. Tausende Strafgefangene mussten an der Transsib mitschuften, und angeblich kamen insgesamt zehntausend Arbeiter ums Leben. Abgesehen von vielen Unfällen hatten sie im Winter mit der sibirischen Kälte und im Sommer mit Massen von Schlamm zu kämpfen.

Weil der Bau so lange dauerte, sind entlang der Strecke Dörfer entstanden. Erst siedelten sich die Arbeiter an, dann Bauern. Die Dörfer wuchsen. In Nowosibirsk, bei Kilometer 3280 gezählt ab Moskau, vertreten wir uns am Bahnsteig die Beine, hauchen Wolken in die Luft und machen Selfies vor dem frisch gestrichenen Bahnhofsgebäude und einem blitzblauen Himmel. Nowosibirsk, das klingt nicht nur verdammt weit weg, das ist es auch. Und es ist die drittgrößte Stadt in Russland. Ohne die Transsibirische Eisenbahn wäre sie das nicht.

Nach einer weiteren durchratterten, schlafarmen Nacht hält der Zug für mehrere Stunden in Krasnojarsk. Mittlerweile haben wir über viertausend Kilometer Gleise in den Knochen und viermal die Uhren vorgestellt. In der Transsib haben die Tage nur dreiundzwanzig Stunden.

Krasnojarsk liegt an der Grenze zwischen West- und Ostsibirien, und hier ist es knackig kalt. Minus sechzehn Grad. Die verschiedensprachigen Gruppen werden mit ihren Zugbegleitern (Anatolys Kollegen) von lokalen Reiseleitern und Bussen abgeholt und machen eine Stadtrundfahrt. Uns holt die Sibirierin Anna Torgaschina ab, die hauptberuflich Bücher aus dem Deutschen übersetzt und ganz ohne roten Lippenstift und angeklebte Wimpern auskommt. Unter der Wollmütze lugen dunkelblonde Haare und gelbgrüne Augen hervor.

Anna ist ganz angetan vom heutigen frühlingshaften Wetter. »Ihr habt Glück, heute ist es richtig warm!«

Gut – das würde ich jetzt nicht unbedingt unterschreiben. Wir wurden sogar im Zug per Durchsage darauf hingewiesen, unbedingt die dicken Schuhe anzuziehen und auch lieber im Eisbärkostüm als im Übergangsjäckchen an den Start zu gehen. Anna lacht und sagt, normalerweise seien um diese Jahreszeit in Krasnojarsk so minus dreißig Grad.

Wäre Krasnojarsk nicht so weit weg, wäre es ein Wallfahrtsort. Für Helene-Fischer-Fans. Es ist ihre Geburtsstadt! Ihre Babuschka, die Großmutter, wohnt hier heute noch, GENAU WIE FRÜHER, weiß Anna, und sei auch sonst ganz normal.

Die Sibirierin (das heißt wirklich so) fährt mit uns auf die südliche Seite des mächtigen Jenissei und dann am Ufer entlang aus der Stadt heraus. Der Jenissei fließt von der mongolischen Grenze im Süden bis ins Polarmeer und teilt Sibirien in West- und Ostsibirien. Dampf steigt vom Wasser auf, die Luft ist klirrend klar.

Im Uferdorf Owsjanka steigen wir aus und stapfen über den blitzweißen Schnee. Es ist ein typisches sibirisches Dorf, ein Traum aus Holz und Natur. Ich sehe ähnlich romantische Häuser wie auch schon im Ural, mit bunten, verschnörkelten Fensterrahmen und gestrichenen Zäunen. Die Sonne wirft ihr magisches Winterlicht durch die Kälte, und das einzige Geräusch kommt von einer Omi im roten Kopftuch, die, gebückt, mit einem Strohbesen energisch trockenen Schnee von der Straße vor ihrem Haus fegt. An einer im Herbst vergessenen Vogeltränke aus einer umgedrehten Plastikflasche hängt ein riesiger Eiszapfen.

Der Schnee knirscht am zugefrorenen Flussufer unter unseren Füßen, als würden wir auf Glasscherben laufen. Eine Entenfamilie schwimmt ungerührt ihre Runden und wärmt sich wahrscheinlich von unten. Eisschollen driften vorbei, als wollten auch sie kurz hallo sagen. Das gegenüberliegende Ufer ist siebenhundert Meter entfernt (etwas weiter flussaufwärts wird der Jenissei gestaut und ist satte acht Kilometer breit!), dort ragen karstige Felsen bis ans Wasser. Verstreut zwischen den Felsen leuchten in der Sonne Häuser aus hellem Holz zwischen weißen Birken.

Hier in Owsjanka wurde 1924 ein Junge geboren, der zum sibirischen Nationaldichter geworden ist: Viktor Astafjew. Bei uns kennt ihn keine Socke, aber hier ist er so dermaßen berühmt, dass Gorbatschow und Jelzin ihm ihre Aufwartung machten und Putin sein Grab besuchte.

In seiner Geburtsstadt gibt es jetzt ein Museum, das aus zwei Häusern besteht. Das erste ist das Haus, in dem Astafjew groß wurde. Beziehungsweise dessen Nachbau, weil das echte viele Jahre lang einer anderen Familie gehörte und später aufgrund von deren Armut verfiel. Der Dichter war da längst weggezogen und supererfolgreich geworden, kaufte sich aber in der gleichen Gasse ein ähnlich altes sibirisches Häuschen als Sommerresidenz zum Schreiben. (Davon träume ich auch.) Er renovierte es, legte einen Garten an mit Bäumen, die mittlerweile riesengroß sind, und schrieb seine größten Werke, bis er 2001 starb. Und das kann jetzt auch besichtigt werden – so, wie er es hinterlassen hat.

Ich bekomme eine Exklusivführung von seiner Cousine Galina, die mit kerzengerader Haltung im Nerzmantel voranschreitet. Was bei mir vor allem hängenbleibt, sind zwei Dinge. Erstens: Die Frauen am Jenissei haben früher jeden Tag mit einem großen Bügel über den Schultern, an dessen Enden rechts und links schwere Holzeimer hingen (die ich leer schon kaum heben kann), Wasser aus dem Fluss geholt, viele Male pro Tag. Zweitens: Der Dichter verlor als Siebenjähriger seine Mutter bei einem Bootsunfall auf dem Jenissei, als sie – furchtbar tragisch – seinem Vater Essen ins Gefängnis nach Krasnojarsk bringen wollte, wo er als politischer Gefangener einsaß, und ihr Ruderboot umkippte. Der Junge wurde deshalb von seiner Großmutter aufgezogen. Astafjew, so lese ich, wird für seine menschliche Sicht auf die Welt geschätzt, hat über das Leben der einfachen Leute geschrieben. Seine Kritik soll vor allem sozial ausgerichtet und nicht nur politisch gewesen sein, herzzerreißend soll er geschrieben haben. Vielleicht liegt das im eigenen tiefen Schmerz begründet, ist meine romantisierte Schlussfolgerung.

Romantisiert sitze ich auch in seiner guten Stube am Schreibtisch vor dem Fenster und fühle mich in die Dichterseele ein – hier hat er Formulierungen gesucht, seine Seele erforscht, Gefühle in eine Form gegossen. Wow.

Cousine Galina ist auch ganz aus dem Häuschen. Allerdings wegen etwas anderem. »Da hat er gesessen! Wo du jetzt sitzt.«

Ja, der Dichter, denke ich. Schön. Auf so 'nem einfachen Holzstuhl. Nix Lordosenstütze und Wippgedöns.

»Der PUTIN!«, ruft sie.

Ui, der. Ich stehe wieder auf.

»Wir müssen auch los, sonst fährt der Zug ohne uns weiter.« Markus hat wie immer die Uhr im Blick. Und tatsächlich – diesmal müssen wir sogar rennen und sind die Letzten, die vom armen, gestresst aussehenden Provodnik hineingeschoben werden. Wir können uns nur noch winkend und »Ich schreibe dir« schreiend von Anna verabschieden. Schön war das, in Krasnojarsk. Und schon rollen wir weiter nach Ostsibirien.

Zurück an Bord entschließe ich mich zu etwas ganz Verrücktem: Ich werde duschen. Um mich aufzuwärmen. Zu diesem Zweck wird zwar auch schon wieder Wodka angeboten, aber ich möchte meinen Körper lieber »von außen wärmen« und meiner Leber eine kleine Verschnaufpause unter Freunden gönnen.

Die Dusche in meiner Kategorie ist nichts für, sagen wir mal, ÜPPIGERE Menschen. Und schon gar nichts für Seekranke oder sonst wie zur Kinetose Neigende. Die sollten besser auch nicht versuchen, sich die Füße zu waschen, das ist nur etwas für fortgeschrittene Matrosen. Markus und ich sind gut gewählt für dieses Abteilmodell, aber auch als Lulatsch darf man nichts fallen lassen, weil man sich nur bei geöffneter Tür bücken kann. Ich klettere in die Kabine und schließe die Verriegelung (wie bei der Umkleide im Schwimmbad, entweder gehen beide oder keine Seite zu), parke das Handtuch auf dem Waschtisch und ziehe den Duschvorhang um mich herum zu. Die Fläche, die ich jetzt noch habe, ist gefühlte zwölf mal fünfzehn Zentimeter groß – ich kann also nicht umfallen, sollte der Zug eine scharfe Kurve nehmen oder plötzlich bremsen müssen. Dafür klebt der Duschvorhang. An mir. Überall. Egal. Es ist alles blitzsauber, und ich bin es dann schließlich auch. Und warm. Krabble ungläubig ob des Luxus in den weißen Bademantel. (Und ziehe die Mütze auf, wegen der Klimaanlage.) Ich fühle mich fünfsternemäßig privilegiert. Dabei bin ich nicht mal in der besten Klasse untergebracht – es gibt allen Ernstes zwei noch höhere Kategorien. (Wahrscheinlich wird man da von livrierten Dienern in Honigmilch gebadet und bekommt den Rücken mit einer goldenen Bürste abgeschrubbt.)

Michael hingegen duscht im Waschraum seines Wagens nach Anmeldung, dazu musste er sich für einen Viertelstunden-Slot auf dem Klemmbrett an der Badezimmertür eintragen. Sechzehn Passagiere mal eine Viertelstunde, da sind in vier Stunden alle sauber. Durch zwei für morgens oder abends, minus derer, die mittags oder nachmittags duschen, minus derer, die nicht jeden Tag duschen. Geschwitzt wird ohnehin nur im Regelzug. Dafür haben sie bei Michael im Wagen – im Gegensatz zu uns Möchtegernzaren – ein durchaus geräumiges fahrendes Bad zur Verfügung, und deshalb gibt es auch in diesem Wagen etwas zum Freuen.

Transsib rockt.

- 33 -

Vorübergehend auf Eis gelegt

Ich liege auf dem Bauch und schaue in tiefstes Blau. Unter mir Hunderte, vielleicht auch schon tausend Meter Wasser. Zwischen mir und der Tiefe: siebzig Zentimeter Eis. Mit leichten Rissen. Ich hatte keine Vorstellung, wie das sein würde, den Baikalsee endlich zu erblicken. Jetzt liege ich auf ihm und mag nicht mehr aufstehen. Der tiefste See der Erde ist mein Höhepunkt dieser Reise. Fühlt sich verdammt gut an.

In Irkutsk haben wir bei minus fünfundzwanzig Grad den Zug verlassen und uns in die Hände von Olga Korolenko begeben. Eine taffe Irkutskerin, die nicht nur ihre Stadt – Achtung: das Paris Sibiriens! –, sondern auch die Wildnis und die Naturparks am Baikalsee von Kindesbeinen an kennt. Wir müssen uns erst wieder an das Gefühl gewöhnen, auf festem Boden zu laufen. Noch schwankt es etwas unter meinen Füßen, wann immer ich einen Moment still stehe.

Irkutsk ist die ehemalige Sammelstelle der nach Sibirien Verbannten. Man kann fast sagen: die Glücklichen! Und das kam so: Sechstausend Kilometer weiter westlich nämlich, in Sankt Petersburg, zettelten eines schönen Dezembertages vor knapp zweihundert Jahren aufmüpfige Adlige und Offiziere einen Aufstand gegen ihren Zaren an. Dabei flogen sie auf und kurz danach raus. Ab nach Sibirien ins Straflager! Die Frauen einiger dieser Revoluzzer, die den Namen »Dekabristen« erhielten, sind ihren Männern aus Liebe in die Verbannung gefolgt. Und kamen nach Irkutsk. Dort haben sie sich vermutlich gedacht: »Wenn wir schon mal da sind, machen wir's uns hübsch«, und bauten prachtvolle Stadthäuser und Villen aus Holz. Viele der sogenannten Dekabristen- oder auch Dezembristen-Häuser stehen heute noch. Allerdings gehen sie langsam unter, weil der Permafrostboden unter ihnen schmilzt. Anatoly zeigt mir, woran man deutlich sehen kann, dass die alten Häuser kontinuierlich sinken: Die Fensterbänke sind mittlerweile auf Kniehöhe. Vor manchen Gebäuden müssen sogar Gräben ausgehoben werden, das Erdgeschoss ist nun Souterrain.

Irkutsk ist eine sinnliche Stadt, eine fürs Auge. Den Paris-Vergleich würde ich unterschreiben und die Fußnote »Paris von früher« hinzufügen. Wir kommen an Straßenzügen mit rasend schönen Altbauten vorbei und werden mit Schwung von klappernden, nicht mehr ganz so aktuellen Straßenbahnen überholt. In Irkutsk ist viel Retro.

Manchmal fast zu viel. Wir quatschen einen jungen Mann an, der an der Straße vor einem eingesunkenen Dekabristenhaus auf einer kleinen Eisfläche balanciert und Wasser aus einer öffentlichen Pumpe in einen riesigen Kanister füllt. Ich kann kaum glauben, was er uns erzählt: Diese Häuser haben keine Wasserleitungen! Wir belatschern ihn so lange, bis er zusammen mit dem Achtzig-Liter-Kanister auch uns in seinem Auto mit nach Hause nimmt. Zwei Straßenecken weiter holt er seine Mutter an die Tür, die aufgrund der Corona-Nachrichten keine weitgereisten Fremden ins Haus lassen möchte. Verstehe ich. Ich frage nach den Wasserleitungen und ob das denn tatsächlich sein kann. Sie ist wirklich frustriert, weil ihrer Familie seit x Generationen Wasser- und Sanitärinstallationen versprochen würden. Dann zeigt sie auf das Plumpsklo im Hof und schimpft, dass sie alle auch bei minus vierzig Grad dahin müssten, selbst wenn sie krank seien und Fieber hätten, das solle ich mir mal vorstellen. (Kann ich kaum.) Ich frage sie, was sich ändern müsste. Leise sagt sie: »Die Regierung?«

Mir schießt der Satz in den Kopf: Was geht's uns doch gut. Natürlich wohnt diese Familie zwar in einem – zumindest kann ich das von außen sagen – traumhaft schönen Haus, die Mutter hat aber nicht einmal fließendes Wasser, um ihr Baby zu waschen. Das Wasser muss erst der große Bruder von der Straße holen, dann muss es auf dem Herd erhitzt werden. Und wir reden von einem Stadtviertel einer Metropole – keinem abgelegenen Dorf in der Verbannung –, noch dazu einer Universitätsstadt.

Mit meiner spontanen Stippvisite habe ich Olgas Zeitplan durcheinandergebracht. Sie hat so viele Programmpunkte organisiert, dass sie immerzu auf die Uhr schaut und neu berechnet, wann wir am nächsten Ort sein werden, und dann eine Nachricht dorthin schickt. Olga ist eine SUPER Organisatorin, das will ich ganz laut sagen, aber das setzt mich massiv unter Stress.

Jetzt steht Troika- und/oder Hundeschlittenfahrt auf ihrer Liste. Wir kommen zu einem sibirischen Bauernhof außerhalb der Stadt. Es ist strahlender Sonnenschein, blauer Himmel, krachend kalt. In Sibirien ist der Winter wirklich so prächtig wie im Bilderbuch.

In diese Idylle rollt ein großer Reisebus hinein, und ich erkenne Leute aus UNSEREM ZUG, die aussteigen und sich um den kleinen Hundeschlitten drängen, vor dem zwei Schlittenhunde auf ihren großen Einsatz warten. Der erste Mutige probiert es aus, darf mitfahren. Ich verfolge das Treiben und wundere mich: Die Strecke ist gerade mal geschätzte fünfzig Meter lang. Also fünfzig Meter KURZ.

Markus sieht auch, was ich sehe. Selfie-Tourismus. »Willst du das aufnehmen?«, fragt er.

Ich presse die Lippen zusammen. Versuche, den hochkommenden Frust zu unterdrücken. Tatsächlich weiß ich gerade nicht, ob ich Lust habe, fünfzig Meter Schlittenhundetour zu fahren, schon gar nicht fürs Fernsehen – wäre das nicht Fake? Auf jeden Fall ist das hier keine supertolle Reiseerfahrung, von der ich unbedingt erzählen möchte. »Ich kann doch die Leute nicht veräppeln und sagen, guck mal hier, Schlittenhunde, die können einen meilenweit ziehen, hab ich gemacht, voll klasse, Daumen hoch.«

»Sollen wir was anderes suchen?«, fragt der lösungsorientierte Kollege. »Soll ich Olga fra…?«

»Markus. ICH WEISS ES NICHT.«

Große Augen. So scharf hat er das noch nicht von mir gehört. Aber ich bin grad wirklich überfragt und überfordert. Ich will das so nicht aufnehmen, aber ich kann auch nicht sagen, dass ich es NICHT aufnehmen will. Weil ich ja nicht weiß, was noch kommt und wie es da dann ist. Ob ich mich nicht hinterher ärgern werde.

Michael, der Gute, der Beständige, stapft gerade sonst wo durch den Schnee, er hat sich direkt nach der Ankunft mit einem »Ick mach ma'n paar Bilder« abgesetzt.

»Lass mich mal ein paar Minuten alleine«, bitte ich Markus. »Ich schau mich ein bisschen um, atme in 'ne Tüte, dann bilde ich mir 'ne Meinung und sag Bescheid, okay? Und …«

»… ich beschäftige Olga«, ergänzt er.

Guter Mann.

Manchmal, wenn ich beim Dreh in so eine Zwickmühle gerate, brauche ich irrwitzigerweise eine ganze Weile, um zu erkennen, dass die Lösung NATÜRLICH auf der Hand liegt: Erzähl es, wie es ist. Das ist ja unsere Devise bei *Ostwärts*. Nach einer kleinen Ewigkeit fällt es auch mir wieder ein. If it's wrong, it's right for television. Ich werde es so erzählen, wie ich es wahrgenommen habe: Schlittenhunde-Mikrotour zum Zweck des Fotobeweises. Und zwar nicht, weil die Familie, die das hier anbietet, die Leute veräppeln möchte. Den Leuten, die so etwas veranstalten, darf man keinen Vorwurf machen, die bieten das an, was ihre Gäste wünschen. Es liegt an der Mehrzahl der Touristen, die hierherkommen. Viele haben weder Zeit für noch Interesse an dem großen Naturerlebnis. Das Wichtigste für sie ist ein gescheites Selfie: Ich auf dem Hundeschlitten, ich bei der Troika-Kutschfahrt. Ich vor der Basilius-Kathedrale (ups – habe ich auch gemacht), ich im Zug (oje – das auch). (Mist, ich bin genauso.) Vielleicht sind wir bald alle so, wollen immer weniger Zeit für immer mehr Erlebnisse investieren, und alles muss maximal dokumentiert werden.

In manchen, sagen wir mal ASIATISCHEN, Kulturen ist das aber eben noch extremer als bei uns, da geht es wirklich ausschließlich um den Fotobeweis für zu Hause, weil Reisen dort ein wichtiges Statussymbol ist. Auf DIESE Gäste haben sich die Gastgeber hier eingestellt, da reichen dann eben auch fünfzig Meter Hundeschlittenstrecke und ein paar Minuten in der Pferdekutsche. Im Gegenteil, länger wäre ein Grund zur Beschwerde.

Also rege ich mich wieder ab, und wir drehen alles genau so, wie es ist. Michael nimmt die Streckenlänge komplett ins Bild. Ich gebe mich unheimlich sportlich auf dem Hundeschlitten. Versuche, am Ziel vorbeizuziehen, um mir eine Verlängerung zu verschaffen, doch der Mann am Ende der Strecke hält die Hunde auf. Nach dreizehn Sekunden ist Schluss. Die Troikafahrt dauert exakt VIER Minuten. Kann ich ungeschnitten senden! Topp!

Abhaken.

Beim Abendessen lerne ich einmal mehr, wie man anständig Wodka trinkt. Auch in Sibirien kippt man nicht einfach sein Pinnchen hinunter – o nein.

»Man trinkt nie alleine«, sagt Olga, »und immer nach schamanischem Brauch, das heißt mit den jeweiligen Geistern vor Ort. Den Beschützern eines Flusses oder eines Waldes. Wenn man trinkt oder isst, muss man ihnen unbedingt eine Opfergabe lassen, ein Stückchen vom Essen hinwerfen oder »einen Schluck Wodka verspritzen«. Olga hebt die linke Hand in die Höhe (dunkelroter Nagellack, sehr schick) und stippt mit ihrem Ringfinger erst ins Glas, dann ein paarmal kurz auf den Tisch. Das wiederholt sie dreimal. Wir machen alles brav nach. So bekommen wirklich viele Geister etwas ab. »Dann kann man trinken. In der zweiten Runde reicht einmal spritzen.« (Sonst kriegen die Geister einen Schwips.)

Später erzählt sie, wenn man es ganz perfekt machen will, dann opfert man zuerst für den Vater »Ewig Blauer Himmel« (also Gott), dann für die Mutter Erde, anschließend in alle vier Himmelsrichtungen und zuletzt für Feuer und Wasser. Olga beteuert: »Das machen auch die Orthodoxen und die Christen. Alle machen das.«

Anatoly seinerseits erinnert noch mal an die richtige Atem-Schluck-Technik (ausatmen, schlucken, abwarten, weiter ausatmen, einatmen), damit der Wodka »gut ankommt«. Und schon haben wir wieder alle einen sitzen. Hört das denn nie auf?

Kurz vor Sonnenaufgang, um halb acht, holt uns Olga knackfrisch in unserer Unterkunft am Ufer der Angara ab und fährt mit uns auf der Uferstraße zum Baikalsee. Der hat über dreihundert Zuflüsse, aber nur einen Abfluss: eben die Angara. Sie fließt von hier Richtung Norden und transportiert das Seewasser an Irkutsk vorbei in den Jenissei und gießt es letztlich im Polarmeer aus.

Am Seeufer wartet schon ein Luftkissenboot auf uns! Wir laufen über die Eisfläche und klettern an Bord. Im milchigen Licht der aufgehenden Morgensonne gleiten, ach was, fliegen wir über das Eis dieses magischen Sees, durch eine Sphäre, von der ich nicht wusste, dass es sie gibt. Ich drücke meine Nase ans Fenster und wünsche mir, dass jemand sagt: »Du kannst noch eine Weile hierbleiben. Bleib doch noch ein bisschen, hier in der Verbannung.«

Wir brettern gefährlich nah an der Eiskante entlang, wo der (gefrorene) Baikalsee in die (nie zufrierende) Angara übergeht. Mit dem Luftkissenboot ist das aber nicht gefährlich, weil sich das Gewicht verteilt (und ein Luftkissenboot im Idealfall sowieso nicht untergeht). Zu Fuß könnte man aber schon einbrechen.

Trotzdem halten wir immer wieder an und steigen aus, um zu filmen. Olga nimmt Michael, den Gefahrensucher, mit über abgebrochene, wankende Eisschollen, damit er den Übergang von Eis zu Wasser drehen kann. Markus und ich wechseln uns lieber mit »Ich kann da nicht hinsehen!«-Seufzern ab.

Aber wir lassen uns dann doch anstecken. Markus bringt es sogar auf eine Idee: Ich sitze gerade im Boot und krame in meinem Rucksack, als er von draußen ruft, ich solle ihn mit dem Handy filmen. Dann kommt er winkend auf mich zu. Kurz bevor er das Boot erreicht hat, bricht er ein. Also natürlich bricht er nicht ein, aber es sieht von innen so aus. Weil ich natürlich nicht sehen kann, dass er sich einfach vor dem Boot aufs Eis hat fallen lassen, der alte Komiker. Ich mache mir fast in die Hose vor Lachen, und wir drehen beim Warten auf Michael diverse alberne Videos von uns beim Einbrechen.

Weiter östlich, wo uns kein Wasser und kein dünnes Eis mehr gefährlich werden können, verschwindet Olga im Packeis und kommt mit einem großen Eisklotz auf dem Arm wieder. Den lässt sie auf den Boden sinken und fängt an, mit einem Fahrtenmesser daran herumzuschnitzen.

Ich laufe währenddessen »Schlittschuh« mit meinen sibirischen Winterschuhen und knalle aufs Knie. Macht nichts, ist ja genug Eis zum Kühlen da.

In acht Stunden am See bekomme ich keine kalten Füße.

Ich liege auf dem Bauch und schaue ins Eis.

Ich lasse unsere Reise Revue passieren.

Ich will hierbleiben.
Bin ganz ruhig.

Doch diese Ruhe herrscht momentan nur hier bei uns. In den zwei Tagen, die wir glücklich und ein bisschen selbstvergessen am Ufer des Baikalsees verbringen, verändert sich zu Hause unsere Welt. Die nüchterne Corona-Beobachtung aus sicherer Ferne schlägt in echte Besorgnis um. Nun heißt es in den Nachrichten, dass NOCH keine Hamsterkäufe stattfinden und dass NOCH keine offizielle Pandemie ausgerufen wurde.

Unser Zug wird nicht einmal mehr in die Mongolei einfahren. Aus dem Nachbarland gibt es keine Fallzahlen, bloß die beunruhigende Nachricht, alle öffentlichen Einrichtungen seien auf Wochen geschlossen. Also ist zu befürchten, dass der Zug – wenn er überhaupt über die Grenze gelassen wird – direkt nach der Einreise für zwei Wochen in Quarantäne muss.

Wir gehören zu den wenigen Passagieren, die ohnehin nicht dorthin fahren wollten und deshalb fest gebuchte Rückflüge ab Ulan-Udé haben. Durch Anatoly bekommen wir mit, was alles hinter den Kulissen im Zug organisiert wird. Für alle Gäste werden Heimflüge gebucht, und bei der russischen Bahn wird eine Sondergenehmigung eingeholt, dass der Zarengold von der Grenze aus mit seinen Passagieren wieder zurück nach Irkutsk fahren darf, denn dort ist der größte Flughafen.

Doch auch wir kommen nicht ganz ruckelfrei heim. Am letzten Drehtag unserer Reise, in einer Jurte in der Nähe von Ulan-Udé, werde ich mir (oh, welche Ironie) so schlimm den Magen an »Buuz« verderben – mit Lamm und Fettschwanzschaf (!) gefüllte Teigtaschen –, dass ich den Rückflug nur überstehe, weil Michael, Markus und Anatoly meine Sachen tragen und mir alles abnehmen.

Nur wenige Tage nachdem wir heile zurück in Deutschland sind, wird Russland alle neu Einreisenden in Quarantäne schicken. Kurz danach wird der deutsche Lockdown beginnen und Russland schließlich seine Grenzen komplett dichtmachen. Und dann ist Reisen erst mal Geschichte.

Aber noch liege ich sorglos auf dem Eis und weiß das alles nicht. Julia on the rocks. Gerührt und nicht geschüttelt. Und bin gedanklich in den vergangenen Tagen und nicht in den kommenden. Moskau liegt nur eine gute Woche zurück, und doch kommt es mir viel länger her vor, seit ich mit Anatoly zum ersten Mal angestoßen habe. Fünf Zeitzonen haben wir durchquert bis hierhin, sind mehr als fünftausend Kilometer Gleise gefahren.

Morgen werden wir mit dem Zug das Herzstück dieser Route fahren: die berühmte, für den Linienverkehr schon lange stillgelegte Bahntrasse am südwestlichen Ende des Baikalsees, die nur noch als Panoramaroute zur Verfügung steht.

Olga ist mittlerweile fertig mit ihrem Schnitzwerk und ruft uns vom Spielen zurück. Michael, Markus, Anatoly und ich versammeln uns um den Eisblock. Ich sehe kleine runde Löcher. O toll! Wollen wir Minigolf spielen?

O nein. Aus ihrem Rucksack holt Olga eine Flasche Wodka und ein paar Strohhalme, dann schenkt sie ein und verteilt die dünnen Röhrchen in den Löchern. Schaut uns an. Und freut sich wie eine Schneekönigin.

»Wodka auf Eis!«

EPILOG

Es müssen nicht immer die großen Abenteuer sein, die einen lebensverändernd vom Hocker reißen. Manchmal reicht schon eine scheinbar kleine Begebenheit, um nachhaltig etwas in mir anzurühren. Gelegentlich begreife ich überhaupt erst im Nachhinein, was ein Ereignis, eine Begegnung tatsächlich ausgelöst hat.

Sehr oft verdanke ich solche Begebenheiten meinen einheimischen Reisebegleitern. Die Mares, Šućos, Anatolys und Olgas dieser Welt sind meine Augenöffner für andere Gewohnheiten, anderes Denken und anderes Handeln. Erst erscheinen sie mir noch fremd (und ich ihnen), und manchmal verwundern oder amüsieren sie mich sogar. Nach einem Stück gemeinsamen Weges sind sie zwar immer noch anders, aber nicht mehr fremd (und ich ihnen auch nicht mehr). All diese exzellenten Amateurbotschafter öffnen mir freien Herzens die Tür zu ihrer Kultur und ihrem Leben. Letztlich liegt es an mir, ob ich eintrete (vorher ziehe ich meine Schuhe aus) und wie genau ich mich umsehen und darauf einlassen möchte.

Und jede Begegnung – ob in gebrochenem Russisch, Estnisch, Montenegrinisch, Englisch, ob in akzentfreiem oder in mit äußerst charmantem Einschlag versetztem Deutsch oder nonverbal mit Händen und Füßen – schafft einen Austausch, der mir nicht nur etwas über die anderen, mir vermeintlich Fremden erzählt, sondern auch über mich (die mir vermeintlich Bekannte). So komme ich nicht nur ihnen näher: Unabhängig von der Zahl der zurückgelegten Kilometer, egal ob auf Schienen, zu Fuß oder im Beiwagen eines alten Motorrads, ist es jedes Mal auch eine Entdeckungsreise zu mir selbst. Und so verschmelzen die verschiedenen Touren und Abenteuer letztlich zu der einen großen Reise.

Reisen schafft Erinnerungen: Bilder im Kopf (und auf dem Handy), zu erzählende Geschichten (im Fernsehen, im Buch, am Esstisch). Was jedoch vor allem bleibt, sind die Verbindungen, die auf dem Weg entstanden sind: ein Netz aus Zuneigung und Freundschaft, das sich langsam weiterspinnt, weiter ostwärts, rund um den Globus, und das durch keine Reisebeschränkung auf der Welt zerstört werden kann.

DANK

Es sind ja verrückte Zeiten, seit dieses bescheuerte Virus unterwegs ist, da sind wir uns wohl alle einig. Mir wird schwindlig, wenn ich realisiere, welch unverschämtes Glück wir mit dem Timing unseres Sibirien-Trips hatten. Von einem Tag auf den anderen ist Reisen nicht mehr das Selbstverständlichste der Welt. Jetzt wird mir erst recht bewusst, wie froh ich sein kann, dass es bisher immer wieder ostwärts gegangen ist, ich immer wieder Ziele mit Seele und Gastgeber mit Herz gefunden habe. Aus dieser Schatzkammer der guten Erinnerungen bediene ich mich nun jederzeit nach Bedarf.

Ebenso dankbar bin ich für die Umstände, die zum Entstehen dieses zweiten Buchs geführt haben. Ohne Sabbatjahr keine Reiseberichte, ohne die kein Fernsehpraktikum, ohne das keine eigene Sendung, ohne die keine neuen Reisen – und schon gar kein Buch. Und ohne das erste kein zweites. Für diese beiden Bücher will ich dem Knesebeck Verlag aus voller Kehle meinen herzlichen Dank entgegenschmettern: Antonia Bürger, Thomas Hagen, Hans-Peter Buohler, Christin Nase, Caroline Kaum und allen Kollegen. Und danke für das Vertrauen in mein Einhalten der knappen Deadline, weswegen ich noch ganz fix mit der Transsibirischen Eisenbahn fahren konnte. Danke Corona (und lieber Gott), dass du in Deutschland gewartet hast, bis ich heile wieder zu Hause und der Kühlschrank voll war (Klopapier war noch da).

Dank

Oh, Nina Schiefelbein. Wenn du nicht Lektorin wärst, würde ich dich immer im Rucksack »vorne vor« dabei haben wollen. Danke für deine effiziente, kreative und humorvolle Arbeit mit mir!

Michael Matz. Ein Auge am Sucher. Dass du immer wieder mit mir ins Unbekannte fortziehst, frierst, schwitzt und schlecht schläfst, um mich ins rechte Bild zu setzen, ist ein Hammer – obwohl wir beiden Expeditions-Leguane uns ja manchmal bange fragen, ob wir wohl irgendwann zu alt sein werden für solchen Unfug – noch sind wir es nicht. (Brauchen halt nur etwas länger zum Regenerieren.) Liebe »Dritte Männer« – Markus, Marius und Torsten –, danke für euer stilles Mit-uns-Sein, fürs Sachen-Tragen, Ton- oder Zweite-Kamera-Machen und eure trockenen Sprüche, wann immer die Situation eine kurze Auflockerung vertragen konnte. Danke liebe Christina Herßebroick und allen wackeren Produzenten vom und für den MDR für das Möglichmachen dieser verrückten Reihe. Claudia, Pete und Anja: Das gilt auch für euch.

Mare, Šućo, Anatoly – stellvertretend für alle Gastgeber*innen und Begleiter*innen: Ihr seid die lächelnden Aushängeschilder eurer Länder! Danke von ganzem Herzen für eure Zeit und eure Nerven, an denen ich so herrlich herumsägen durfte, und für eure beeindruckende Gastfreundlichkeit. Mögt ihr bald wieder so viel Besuch aus dem Ausland bekommen, dass eure aktuellen Sorgen sich legen werden. Bleibt wie ihr seid, und bleibt gesund.

Liebe mannigfaltige, wild verstreute Familienmitglieder und Freunde! Was es bedeutet, mit euch verbunden zu sein, ist mir in der Corona-kann-mir-gar-nix-weil-ich-schreib-einfach-mein-Buch-Isolation noch bewusster geworden. Dank euch konnte ich jeden Tag mindestens einmal laut auflachen, habe Mut gemacht bekommen, liebevolle Tipps (und Arschtritte) erhalten, wenn es nötig war. Ist schön so mit euch auf dieser Welt.

Dank

Ein großer Dank geht ans Universum (und ja, auch an die Regierung), dass niemand, der mir lieb ist, bisher erkrankt ist und dass die Monate der Beschränkungen haargenau in die Zeit des Schreibens gefallen sind. (Jetzt muss ich bloß noch den Keller aufräumen – bin, glaub ich, die Letzte.)
Unbeschreiblich froh bin ich über eine Erfahrung, die ich ohne das Schreiben nie gemacht hätte: Lesungen. Ich hab ja nicht geahnt, wie bereichernd es ist, wenn Menschen mir beim Lesen und Schwadronieren zuhören! Jeder dieser Abende macht mir enorm viel Freude, und (so abgedroschen es klingt): Da kommt was zurück. Daher mein riesengroßer Dank an euch Lesungspilger*innen, die ihr mit mir ostwärts reist, mitlacht, mitzittert und mitfühlt. Manche von euch ziehen sogar anschließend selbst los, um die Welt da draußen im Osten zu erkunden. Das berührt mich ungemein.

Liebster. Dein ehrliches Feedback, ob aus der Ferne oder am Küchentisch, ob amüsiert oder streng, ist mir das Wertvollste und Wichtigste. Dir als Erstem will ich alles erzählen. Danke, dass du dir immer die Zeit dafür nimmst. Und fürs liebevolle Krönchen-Richten, amtliche Schultern-Massieren und verdammt leckere Kochen. Ach ja, und dass du meinen Corona-bedingten Panikanruf aus der Transsib so ernst genommen und umgehend Gefriergemüse in Bio-Qualität gekauft hast. (»Was halt noch da war.«) Jetzt können wir jederzeit die Erbsendiät machen. Mit allem, was du tust und was du bist, hast du mir geholfen, dieses Buch zu schreiben. Ich schätze, du hast schon wieder was gut.

Herzlichen Dank für die freundliche Überlassung der Fotografien
an Marius Drachholtz und Markus Cebulla

Deutsche Originalausgabe

Umschlagfotos: Vorderseite Markus Cebulla
Projektleitung: Hans Peter Buohler, Knesebeck Verlag
Lektorat: Nina Schiefelbein, Holzminden
Fotografien: Julia Finkernagel, Offenbach, außer: Marius Drachholtz (Bildteil S. 8 oben); Markus Cebulla (Bildteil S. 23 oben und Mitte, S. 26 Mitte und unten, S. 27, S. 30 Mitte und unten)
Labelentwicklung, Coverdesign & Layout: Favoritbüro, München
Satz und Herstellung: Arnold & Domnick, Leipzig
Druck und Einband: Livonia Print, Riga
Printed in Latvia

ISBN 978-3-95728-406-8

www.knesebeck-verlag.de

FSC www.fsc.org
MIX
Papier aus verantwortungsvollen Quellen
FSC® C002795